L'ALFA E L'OMEGA DEL DRAGONE

Sviluppo e Affermazione della
Repubblica Popolare Cinese
nel Nuovo Ordine Multipolare

MICHELE AMITRANI

www.micheleamitrani.com

ISBN-10: 1494277506
ISBN-13: 978-1494277505

Signori imperadori, re e duci
e tutte altre genti che volete
sapere le diverse generazioni
delle genti e le diversità delle
regioni del mondo, leggete
questo libro dove le troverrete
tutte le grandissime maraviglie
e gran diversitadi delle genti
d'Erminia, di Persia e di
Tarteria, d'India e di molte
altre province.

Marco Polo, *Il Milione*

INDICE

PREFAZIONE

Nell'inverno del 208 d.C., verso la fine della dinastia Han, il regno di Wu alleato al regno di Shu si scontrarono con il regno di Wei in una delle più famose battaglie della storia militare cinese: la battaglia di Chibi.

Lo stratega Zhou Yu del regno di Wu voleva distruggere le navi da guerra del nemico, ma a causa della stagione invernale soffiava solo il vento del nord, mentre le navi di Zhou Yu si trovavano ad est e quelle di Cao Cao, il comandante dell'esercito avversario, si trovavano ad ovest.

Tutto era pronto, ma fino a quando non avesse soffiato il propizio vento dell'est non avrebbe avuto luogo la battaglia finale.

Da quel lontano avvenimento nacque in seguito un proverbio enigmatico eppure carico di significato: "tutto è pronto, manca solo il vento dell'est". Questo proverbio si riferisce alle situazioni in cui manca soltanto l'elemento fondamentale alla realizzazione di un'impresa.

Lo scopo di questo libro è proprio quello di raccontare la realizzazione di un'impresa attraverso la descrizione di un lento, graduale e ormai inevitabile cambiamento in atto da diversi decenni in procinto di sfociare in una vera e propria rivoluzione che interesserà la storia delle relazioni fra Stati. Il cambiamento in questione è l'ascesa dei paesi in via di sviluppo e la progressiva perdita di influenza di quelli cosiddetti sviluppati in un nuovo contesto multipolare e globalizzato che è l'erede del vecchio ordine mondiale passato alla storia come "guerra fredda".

Questa "storia in divenire" sarà raccontata attraverso le vicende del paese che fu il teatro dello scontro di Chibi, l'antico Regno di Mezzo oggi Repubblica Popolare Cinese, la nazione che più di ogni altra testimonia questa nuova fase internazionale.

Questo testo si rivolge ad un pubblico di lettori ampio e diversificato, consapevole dell'ormai diffuso interesse per quel paese che monopolizza sempre di più l'attenzione dei media e che, lo si "ami", lo si "odi", lo si rispetti o che non desti alcun interesse, sembra comunque destinato a rivestire un ruolo da protagonista e, parallelamente, sembra dover ricoprire il ruolo di "elemento fondamentale", di "vento dell'est" capace, con le sue tradizioni millenarie e la sua crescente influenza, di plasmare la storia del ventunesimo secolo.

Per ciò che riguarda lo stile del testo e il contenuto di alcune sue citazioni è stata fatta una scelta precisa. La maggior parte dei nomi di persone e di luoghi geografici sono stati traslitterati con il pinyin, il sistema di trascrizione ufficiale del "cinese standard" anziché con il Wade-Giles, il sistema di notazione fonetica e traslitterazione in scrittura latina. In questo modo, ad esempio, Mao Tse-tung viene chiamato Mao Zedong e Chiang Kai-shek viene chiamato Jiang Jieshi; allo stesso modo, Pechino viene traslitterata come Beijing, Nanchino come Nanjing, Canton come Guangzhou, Hong Kong come Xianggang.

Alcune citazioni, quando lo si è ritenuto opportuno, sono state mantenute nella lingua originale per preservare la fedeltà del contenuto.

I. UN NUOVO MONDO SORGE A ORIENTE

È il dicembre del 2009 e gran parte del mondo si prepara alle imminenti festività natalizie e all'inizio dell'anno nuovo. In questa atmosfera di celebrazioni, consumismo e ferventi preparativi, quando mancano ormai pochi giorni al termine del primo decennio del nuovo millennio, qualcuno pensa sia giunto il momento di rendere il mondo intero partecipe di un particolare bilancio.

Cogliendo forse qualcosa dallo spirito tipico dei Guinness World Records e destando una curiosità non molto dissimile da quella solitamente suscitata dall'omonimo, voluminoso libro sgargiante, il Global Language Monitor (un istituto nordamericano fondato nel 2003), attraverso un particolare algoritmo che traccia le frasi e le parole più presenti on-line (in blogs, quotidiani, social media, ecc.), basandosi su più di 50.000 fonti cartacee e calcolando la frequenza e il contesto in cui compaiono, i trend di lungo periodo e la velocità con cui si impongono all'attenzione del pubblico, decide di presentare la classifica delle notizie più lette del decennio[i].

La prima impressione che potrebbe nascere da un tipo di indagine come questa è che, apparentemente, ci si trovi di fronte ad un compito molto, molto arduo. Ed infatti in quanto a Notizie, con la "N" maiuscola, il decennio in questione non sembra avere davvero nulla da invidiare ai suoi predecessori.

Gli anni dal 2000 al 2009 sono stati testimoni di grandi eventi e periodizzanti cambiamenti. È in questi anni che il mondo ha contemplato la massiccia ed esitante schiera di oltre due milioni di donne e uomini dare il loro ultimo omaggio a Papa Giovanni Paolo II, scomparso nell'aprile del 2005. Qualche mese prima, nell'Asia meridionale, lo Tsunami più potente e disastroso a memoria d'uomo aveva falcidiato 230.000 vittime, tra morti e dispersi.

Più in là nel tempo, a partire dal 2008, il mondo intero sperimentava la più grande crisi economico-finanziaria dai tempi della Grande Depressione del 1929: centinaia di migliaia di posti di lavoro venivano persi, i consumi privati diminuivano come non accadeva da decenni, molte banche e industrie cessavano di esistere, le istituzioni finanziarie di tutto il mondo venivano pesantemente colpite, la fiducia degli investitori annichilita, il commercio planetario subiva un inevitabile e profondo declino e le economie di molte nazioni entravano in un periodo di recessione lungo e continuato mentre gli Stati di tutto il mondo si affannavano a trovare una risposta comune e una difficile soluzione strutturale alla licenza liberoscambista che aveva permesso ad un simile evento di potersi verificare.

È poi per certi versi collegata alla Recessione di quegli anni l'avventura politica di un personaggio che, da semisconosciuto, diventerà "celeberrimo" alla stampa mondiale. Nato nelle Hawaii da una nordamericana del Kansas e da un keniano di etnia Luo, Barack Hussein Obama II sarà il primo afroamericano a conquistare la scrivania *Resolute* diventando Presidente degli Stati Uniti d'America dal gennaio del 2009, dopo mesi e mesi di campagna elettorale seguita dai media di tutto il mondo e scandita dagli onnipresenti slogan: "*Change*", "*Hope*" e "*Yes, we can!*".

È tuttavia necessaria la morte di una delle maggiori figure nella storia della musica per entrare nella "Top 5" della classifica del GLM. Ricordato come uno dei maggiori artisti di questo secolo, il cantante, ballerino, coreografo, attore e produttore Michael Joseph Jackson, il "Re del Pop", guadagnerà il posto più in vista nelle testate giornalistiche di tutto il mondo quando nell'estate del 2009 spirerà a Los Angeles, nella sua villa.

Più in alto nella classifica è la "Guerra al Terrore", inaugurata dal Presidente statunitense George W. Bush, a guadagnare il quarto posto mentre l'attacco dell'11 settembre, la sua drammatica causa principale, si posiziona immediatamente sopra, attestandosi sul gradino più basso del podio.

La guerra in Iraq (Seconda guerra del Golfo), con i suoi preparativi, gli annunci, l'invasione, la ricerca delle tanto sponsorizzate (quanto inesistenti) armi di distruzione di massa e la lunga occupazione guadagna invece il secondo posto nella classifica del GLM: i media di tutto il mondo assistono alla coalizione guidata dagli Stati Uniti rovesciare il regime di Saddam Hussein e tentare, una volta compiuta l'impresa, di restituire l'ordine e la pace in quella travagliata porzione del Medio Oriente.

Ora, la "vincitrice" di questa classifica, l'argomento di cui si è parlato di più in questo decennio, potrebbe stupire chi possiede una visione "poco internazionale e molto occidentale" della realtà globale in cui ci si trova a vivere, ma, all'opposto, non risulterà che un'ennesima, quasi noiosa conferma di una situazione di fatto in atto da tempo per coloro che, passi l'immagine, aprono la porta piuttosto che accontentarsi di sbirciare dalla serratura.

«*It's Official!*» dichiara senza troppi fronzoli il *Wall Street Journal* qualche giorno dopo il "survey" del GLM, «*China Is the Biggest News Story in the World*»[ii].

Il tono con cui è scritto l'articolo del celebre giornale nordamericano è piatto, sobrio e distaccato, lo stesso che ci si aspetterebbe da qualsiasi giornalista che è costretto a scrivere una notizia che riguarda lo stesso argomento per infinite volte. Ed effettivamente in questo decennio la vera notizia era trovare un singolo giorno in cui qualcosa che riguardasse la vasta nazione asiatica non venisse riportato dai media di tutto il mondo.

La notizia riguardante la drammatica ascesa politica ed economica della Repubblica Popolare Cinese non ha avuto rivali. Ha distaccato la seconda classificata, la Guerra in Iraq, del 400%.

Si è soliti citare dati, sondaggi, grafici e statistiche riguardanti un particolare evento quando si impone in qualche modo all'attenzione del grande pubblico. Si è meno soliti, invece, cercare una spiegazione del perché il particolare evento accada.

Ciò detto è molto probabile (forse addirittura scontato) che se un giornalista, un presentatore televisivo, un economista, un politico o semplicemente una persona informata sui fatti con una opinione venisse messa di fronte ad una telecamera e gli fosse chiesto del perché la Cina si è affermata come la più grande notizia di questo decennio la persona in questione risponderebbe citando, appunto, dati e statistiche ripetute così spesso dai media da risultare ormai una specie di filastrocca: con la sua crescita economica (in termini di PIL, prodotto interno lordo) attestatasi, in media, del 9% l'anno per i passati trent'anni, la Cina comunista vanta il tasso di crescita più alto tra le maggiori economie del mondo. È il paese con la più vasta popolazione sulla faccia della Terra: quasi un miliardo e mezzo di persone e dispone inoltre dell'esercito più numeroso in assoluto (oltre due milioni di effettivi). Affamato come nessun altro di materie prime questo paese è il più grande fruitore di risorse oggi esistente: consuma già più di un terzo dell'acciaio prodotto in tutto il mondo e quasi la metà del cemento. Ogni minuto questo vasto paese esaurisce oltre 24 milioni di watt di elettricità, più di 2.500 tonnellate di carbone e 210.000 galloni di petrolio. Il vorace appetito dello Juggernaut asiatico per questa amplia gamma di fonti energetiche[*] ha portato qualcuno a stimare che fra poco più di vent'anni ci sarà bisogno di un altro pianeta Terra per soddisfare il sempre crescente appetito della Cina per risorse e materie prime.

Questo elenco potrebbe proseguire ma com'è lecito concludere continuerebbe a lasciare la domanda in questione senza una vera risposta. Peggio ancora, ne susciterebbe molte altre. Ad esempio: come ha fatto la Cina ad arrivare a questo punto? Come può essere che lo Stato "comunista" più vasto del pianeta sia divenuto d'un tratto il suo motore più potente, la sua economia più forte, la sua fabbrica più grande?

Le risposte a queste domande sono radicate in alcuni cambiamenti epocali che caratterizzeranno la storia dell'umanità in tutto l'arco del ventesimo secolo ma che cominceranno a manifestarsi solamente alla fine del secondo conflitto mondiale

---

[*]Divenuto nel 2007 il maggior produttore di biossido di carbonio sulla faccia della Terra, la Cina è anche il paese che investe di più nelle cosiddette "energie rinnovabili" e che produce più pannelli solari e turbine a vento al mondo.

e a prendere forma con l'inizio della cosiddetta guerra fredda. Questi cambiamenti periodizzanti saranno l'alba di una storia del tutto particolare ed i suoi protagonisti, personaggi che fino a pochi decenni fa erano solamente comparse, diventeranno il nuovo, indispensabile motore della narrazione.

La notizia più letta di questo decennio serve soltanto a ricordare al mondo che si sta vivendo uno dei capitoli iniziali di questo nuovo racconto, la tappa di partenza di un nuovo percorso.

Questa trattazione ha uno scopo ambizioso: creare le tappe iniziali del percorso che ha reso possibile ad un paese come la Repubblica Popolare Cinese di monopolizzare l'attenzione dei media di tutto il mondo e di diventare quello che oggi molti esperti nel settore definiscono senza mezze misure uno dei motori più potenti della crescita economica planetaria. Una volta illustrati brevemente i processi e gli sviluppi generali più importanti dietro alcuni dei cambiamenti più significativi della storia del secolo passato (concentrandosi in particolar modo sull'ascesa del continente asiatico e sulla progressiva decadenza delle economie cosiddette avanzate), la trattazione comincerà finalmente a delineare la storia dell'antico paese asiatico e ad illustrare in maniera sommaria alcune sue particolarità caratteristiche che saranno utili per capire meglio il più approfondito discorso che verrà fatto in seguito e che tratterà più specificatamente e diffusamente degli oltre sessanta anni di storia della Repubblica Popolare Cinese.

È speranza di chi scrive che proprio questa vicenda possa suscitare qualche utile spunto di riflessione in merito ad uno dei cambiamenti più radicali nella storia del genere umano, un cambiamento che sta crescendo giornalmente a ritmi esponenziali e che promette di rivoluzionare la comunità internazionale nella sua interezza nello spazio relativamente limitato di due o tre generazioni.

Raccontare allora la storia di un paese come la Repubblica Popolare Cinese significa svelare un frammento significativo di questo nuovo mondo dai contorni sfumati e dai profili incerti: un mondo che sta sorgendo ad oriente.

LA CADUTA DELL'OCCIDENTE

Oltre il "Secolo Breve". Nelle pagine conclusive del suo capolavoro, *The Age of Extremes: The Short Twentieth Century, 1914-1991*[*], lo storico britannico E. J. Hobsbawm descriveva in modo chiaro e conciso un particolare snodo in cui si trovò la storia geopolitica alla fine del ventesimo secolo, con la caduta della superpotenza sovietica e la fine della guerra fredda. Egli (piuttosto malinconicamente) rifletteva su come, in un certo senso, alla fine di quel secolo il mondo mancasse di una definita e coerente struttura internazionale e di quella parvenza di "ordine fabbricato a tavolino" che desse quantomeno l'illusione di vivere in un mondo soggetto a delle regole e, quindi, gestibile anche se vasto e complesso:

> Dov'è più il consorzio delle grandi potenze, che un tempo aveva composto o almeno aveva formalmente ratificato le controversie territoriali? Dove sono più i vincitori della prima guerra mondiale, che procedettero a ridisegnare la mappa dell'Europa e del mondo, fissando le linee di frontiera a proprio piacimento e indicendo i plebisciti popolari che avrebbero approvato le loro decisioni? [...] Dove sono, insomma, le potenze internazionali, vecchie o nuove, alla fine del millennio?[iii]

Hobsbawm metteva sul tavolo la situazione di crisi e arretratezza in cui si trovava una Russia smembrata e abbattuta, povera e in subbuglio, ridotta alle dimensioni che aveva a metà del diciassettesimo secolo. Rifletteva su una Francia e un Regno Unito ridotti al rango di potenze regionali e, quindi, pressoché ininfluenti da sole sul piano internazionale e su una Germania ed un Giappone, paesi incerti sul loro futuro: grandi potenze sul

---

[*]Tradotto in Italia con il titolo: *Il secolo breve.*

piano economico ma inesistenti o quasi sul piano militare.

Lo storico, inoltre, constatava l'impotenza di un'Unione Europea lenta, macchinosa e incerta a causa delle diverse identità politiche che la componevano. Si soffermava a spiegare la situazione di instabilità a cui erano soggette molte regioni del pianeta, come la Liberia, l'Angola, il corno d'Africa, l'ex Jugoslavia, il Medio Oriente e consistenti porzioni dell'Asia.

Per quanto riguardava poi gli Stati Uniti d'America, la sola grande potenza sopravvissuta alla prova del tempo, notava come, sul piano internazionale, la sua influenza e il suo esercito potessero vincere quante battaglie voleva, ma che sarebbe stato difficile perfino per questo paese mantenere una situazione "gradita" a Washington per un tempo indefinito. Era finito il tempo delle conquiste imperiali in cui una grande potenza aveva la capacità di disporre a piacimento dei territori e usufruire delle popolazioni sotto il controllo di una stabile occupazione militare.

Hobsbawm descrisse efficacemente la situazione internazionale nel cruciale periodo a cavallo fra il ventesimo e il ventunesimo secolo: un periodo di transizione, di incertezza, che era seguito a secoli di sicurezza su "chi era chi" e "chi faceva cosa"; un periodo insomma che era succeduto ad un tempo della sicurezza internazionale che vedeva un mondo imperiale e uno coloniale e, successivamente, due blocchi ideologicamente contrapposti, ai quali più o meno tutti i protagonisti internazionali riuscivano ad adattarsi e a partire dai quali si giocavano gli equilibri dei poteri tra le nazioni.

Può essere allora detto che, in generale, sembrasse quasi che la familiare sensazione di sicurezza dell'insicurezza (che aveva caratterizzato un periodo come quello della guerra fredda) fosse in un certo senso preferibile alla nuova sicurezza acquisita nel periodo *post* guerra fredda.

Dall'angolo visuale da cui Hobsbawm vedeva la comunità internazionale, dunque, non sembrava facilmente intuibile cosa si sarebbe potuto trovare oltre l'orizzonte di un panorama che gettava solo ombre di insicurezza e di pericoli difficilmente gestibili. Non sembrava possibile tracciare uno schema che palesasse gli attori di una nuova fase che era chiaramente in procinto di manifestarsi e allo stesso tempo non sembrava neppure possibile riconoscersi in un'affidabile e distinguibile struttura internazionale perché questa struttura, alla fine del millennio, molto semplicemente mancava.

Hobsbawm aveva ragione. La sua analisi e la sua descrizione del periodo *post* guerra fredda si è rivelata lucida e completa, intelligente e sobria.

Al suo acuto spirito critico e valutativo sfuggì però uno sviluppo già allora visibile che, ancora in uno stadio embrionale, gli avrebbe assicurato la chiave di lettura capace di varcare l'angolo e gettare lo sguardo oltre l'orizzonte degli eventi.

Hobsbawm sottovalutò l'est.

Il Mondo Multipolare. Qualcosa è profondamente cambiato in un mondo che ha visto i due blocchi contrapposti frantumarsi in un mosaico composta da miriadi di nuove realtà.

È cambiato il sistema delle relazioni fra Stati, non più basato su blocchi ideologicamente delimitati ma su un tipo di competizione-collaborazione che funge da propulsore e plasma in modo diverso e originale le sempre elastiche interazioni fra i popoli. È cambiato il tipo di economia globale che muove questi stessi rapporti e ne favorisce le risultanti. Sono cambiate le aspirazioni e gli obiettivi dei protagonisti internazionali, ora più delimitati e raffinati, e parallelamente si sono sviluppate nuove concezioni, linee politiche ed economiche a volte collaterali alle vecchie, a volte da loro derivate e non raramente a loro ostili.

È cambiato, infine, il contesto storico e per questo motivo risulta ormai desueto utilizzare concetti come quelli di "superpotenza" o di "nazione indispensabile".

La "genetica" stessa del ventunesimo secolo non sembra ammettere alcuna superpotenza o supernazione. Il tempo delle decisioni uni-polari si è concluso.

Con il finire della guerra fredda e con il passare del tempo, infatti, ci si accorse con sempre maggiore consapevolezza di non vivere più in un mondo diviso in due blocchi e costantemente sull'orlo di una guerra mondiale, in cui c'era spazio solo per due grandi ed egemonici sistemi (quello capitalista e quello comunista) ma di confrontarsi giorno dopo giorno con un vasto e complesso panorama di Stati che seguivano la via che sembrava loro più efficace per raggiungere gli specifici obiettivi che mano a mano si prefissavano. Questi stessi Stati tenuti (precariamente) assieme dal collante composto dalla costellazione di organizzazioni e organi internazionali che tentano, tra successi e fallimenti, di gestire con una certa coerenza e ordine la sempre più affollata comunità internazionale, rimangono ancora oggi, è bene ricordarlo, i protagonisti principali nelle relazioni internazionali.

Ci si accorge allora che questo nuovo mondo, in cui le concezioni e le ideologie politiche sfumano i loro contorni per adeguarsi alla realtà sempre mutevole dei nuovi tempi, si è trasformato in un panorama variegato in cui ogni nazione crede di poter gestire i suoi affari domestici ed internazionali in piena autonomia, slegata da qualsiasi impudente influenza esterna e vincolata solo agli obblighi ai quali questa stessa decide di legarsi.

Dalle ceneri del periodo bipolare una nuova fase nelle relazioni internazionali si è così lentamente affermata nei decenni che hanno seguito la fine del "Secolo Breve".

Questo cambiamento nel periodo *post* guerra fredda viene testimoniato ogni giorno da zone del pianeta che solo qualche decennio fa erano arretrate e sottosviluppate colonie delle potenze cosiddette imperialistiche e che oggi mostrano tra i più alti tassi di crescita annuale del PIL e un progresso in molteplici campi senza precedenti nella loro storia passata.

Paesi cosiddetti in "via di sviluppo" gareggiano con le potenze storiche in molti settori dell'economia e della tecnologia e mentre queste ultime vedono raffreddarsi se non retrocedere la propria crescita economica i primi costruiscono città moderne che ospitano milioni di individui, importano una quantità enorme di materie prime per i loro sempre crescenti bisogni ed esportano quantità altrettanto grandi di beni finiti sui mercati mondiali, istituiscono organizzazioni regionali ed internazionali che rivaleggiano con quelle nordamericane ed europee, adottano proprie politiche sempre più raffinate, accorte ed efficaci e contribuiscono sempre di più a plasmare il nuovo ordine delle relazioni internazionali. È insomma avvenuta (e sta continuando a verificarsi) non meno che una vera e propria rivoluzione che ha interessato non solo alcuni paesi sparsi per il mondo, ma interi continenti e miliardi di individui.

Se qualche tempo fa solo poche realtà politiche sul pianeta disponevano della forza e dell'influenza necessarie per controllare la maggior parte del globo e servirsi delle sue risorse per i loro scopi privati, oggi ci si trova invece di fronte un più affollato e variegato palcoscenico in cui non ci si può permettere di recitare senza mettersi d'accordo con gli altri a rischio di urtarsi, inciampare e cadere rovinosamente a terra. Il mondo, dalla fine del ventesimo secolo, si è andato sempre più trasformando in un carro trainato da una moltitudine di cavalli, piuttosto che da una semplice biga romana.

Che cosa è accaduto dunque al "sistema mondo" alla fine del "Secolo Breve" o meglio, quali sviluppi gli sono succeduti? Si è finalmente delineato un nuovo ordine mondiale, chiaramente identificabile, in grado di spiegare e circoscrivere il periodo che è seguito alla fine della guerra fredda? Questo nuovo periodo può essere chiaramente identificabile, tanto da poter essere chiamato con un nome?

Per dare risposta a queste domande è necessario fare un passo indietro e ricercare le origini di alcuni eventi periodizzanti in grado, se analizzati, di fornire almeno una parte di queste risposte, un punto zero dal quale partire per capire e analizzare gli sviluppi che si sono susseguiti nel tempo.

Ebbene, per cominciare, può essere detto che il radicale cambiamento genetico nelle relazioni internazionali, una vera e propria rivoluzione geopolitica i cui risvolti futuri sono tutt'altro che chiari, è stato possibile grazie ad uno dei più grandi processi messi in moto dalle conseguenze della seconda guerra mondiale (ma con radici ben più antiche). Per certi aspetti collaterale all'inizio della guerra fredda (e accolto e sostenuto per diverse ragioni da entrambe le antiche superpotenze) questo periodizzante sviluppo è passato alla storia con il termine "decolonizzazione".

Se si volesse trovare l'acme di questo fondamentale ma spesso sottovalutato sviluppo storico, e se si volesse concentrare l'attenzione sul continente a cui la parola è storicamente più legata, si potrebbe dire che il cosiddetto "anno dell'Africa" del 1960 ne racchiuda meglio il valore simbolico. Ben diciassette nuove entità politiche nacquero quello stesso anno e numerose altre avrebbero seguito il loro esempio nei decenni seguenti.

Un futuro sistema *multipolare* iniziò a germogliare quando ancora a Washington e a Mosca battevano i cuori del mondo diviso in due e la luce inquietante della guerra fredda illuminava di tensioni e timori la comunità internazionale.

Così, mentre la fine del più grande conflitto che la storia ricordi preparava il mondo proprio a questa divisione in blocchi, allo stesso tempo gettava le basi per il futuro prossimo, in cui il mondo bipolare avrebbe fatto spazio ad un sistema progressivamente più "policentrico" traghettato quest'ultimo dall'altro grande cambiamento di fine ventesimo secolo, il processo passato alla storia come "globalizzazione".

Decolonizzazione, mondo multipolare, internazionalismo, liberoscambismo, globalizzazione economica (derivante dalla liberalizzazione delle informazioni), sono quindi "semi" gettati già al tempo del mondo diviso in due blocchi e germogliati in quel passato ordine e al contempo sono le appendici che proiettano le loro ombre nel ventunesimo secolo dove il nuovo ordine si va formando e perfezionando.

Un contesto quello che si è voluto delineare qui sopra, dunque, decisamente più complesso, parcellizzato, eterogeneo se si vuole, ma anche incredibilmente più vario, ricco e denso di alternative rispetto alle dinamiche che muovevano gli equilibri dei poteri passati.

Un nuovo panorama, questo, che tuttavia non avrebbe potuto realizzarsi e non potrebbe spiegarsi senza un ulteriore e fondamentale elemento, anch'esso collegato alla decolonizzazione, capace di condizionare e ridisegnare in maniera incisiva e originale il futuro delle relazioni internazionali.

Il Faro della Storia si Sposta a Oriente. Il processo noto come decolonizzazione non ha semplicemente decretato la fine della sudditanza dei paesi africani, reso quasi insignificante l'influenza delle potenze europee sul piano internazionale (liquidando il vecchio ordine fondato sull'eurocentrismo) e rafforzato le posizioni delle due superpotenze nell'era della guerra fredda. Una conseguenza addirittura più importante di questi tre elementi messi assieme si è sviluppata in contemporanea con loro ma, con il tempo, ha trasformato la comunità mondiale con una velocità e una profondità senza precedenti.

La decolonizzazione non ha significato solo l'inizio dell'indipendenza del continente africano e il suo faticoso e lungo processo di crescita e strutturazione nei confronti del resto del pianeta ma ha costituito anche e soprattutto la "rivincita" di un altro continente.

Così come l'Africa, infatti, anche l'Asia era divenuta nei secoli passati una sorta di provincia delle potenze occidentali. Regno Unito, Francia, Germania, Stati Uniti ed altri paesi avevano calpestato i voleri e l'indipendenza di molti Stati asiatici per le loro esigenze politiche. Per questo motivo anche per l'Asia la decolonizzazione significò un momento di rinascita e di ritrovata coscienza ma, ancor di più che nel caso africano, significò per il popoloso continente un momento di riscatto. Un riscatto che, non a caso, precedette di diversi anni quello africano.

> Il continente asiatico fu il primo ad affrancarsi dal dominio coloniale, precedendo l'Africa di quasi dieci anni. Il motivo di ciò sta nel carattere più avanzato dell'organizzazione politica e della struttura sociale. L'Asia era stata sede di raffinate civiltà, era forte di tradizioni nazionali consolidate da antichissima data e la più lunga consuetudine di contatti con gli europei aveva favorito la formazione di élite locali educate nelle università occidentali, ma profondamente legate al proprio retroterra culturale[iv].

Per gli Stati asiatici, dunque, fu in un certo senso più facile e spontaneo ritrovare, attingendo dalle proprie radici storiche, la coesione e la forza necessarie per svincolarsi dall'influenza occidentale, alimentare movimenti indipendentisti e finalmente ritrovare la propria autonomia.

Paesi come l'India, l'Indonesia e il Vietnam solo per citarne alcuni, guadagnarono l'indipendenza in una manciata di anni, chi in modo pacifico, attraverso negoziati con i formali "padroni" occidentali, chi strappando con la forza il proprio diritto ad autogovernarsi.

Ma la storia non finisce affatto con l'affrancamento di questi paesi dalla schiavitù politica della quale erano vittime. Un'altra fondamentale differenza con i cugini e neonati Stati africani fu la conseguenza di questa ritrovata indipendenza e gli sviluppi che gli Stati asiatici sperimentarono nei decenni successivi.

Mentre infatti in Africa la decolonizzazione significò per molti aspetti caos istituzionale, povertà e un'instabilità politica che le nuove entità nazionali non erano preparate a fronteggiare e, conseguentemente, scoppio di guerre civili per il potere e le risorse (si veda, tra i tanti, i casi della Liberia, dell'Angola, della Somalia e della Sierra Leone), in Asia il panorama non avrebbe potuto essere più differente.

Tra gli anni Sessanta e Novanta del ventesimo secolo molti giovani Stati asiatici, riprendendo per certi aspetti il modello di sviluppo capitalistico nordamericano (ma adattandolo alle proprie esigenze politiche e sociali), sperimentarono tassi di crescita del PIL talmente alti e prolungati da far accigliare i leaders di Europa e Stati Uniti, impreparati e al tempo stesso sorpresi da questo inatteso sviluppo.

I fenomeni che seguirono questo incredibile "boom economico" (inizialmente circoscritto solo a poche realtà politiche) portarono a naturali ma non per questo meno sorprendenti conseguenze in molti nazioni asiatiche: urbanizzazione, progresso tecnologico, inserimento nei meccanismi economici mondiali e crescente influenza in campo geopolitico.

Uno tra gli esempi più citati (e forse abusato) di questo stato di cose è rappresentato dalle famose quattro "Tigri Asiatiche", rispettivamente: Singapore, Xianggang, Taiwan e Corea del Sud (Repubblica di Corea) le quali sperimentarono, nei trenta anni che seguirono l'anno dell'Africa, tassi di crescita e di industrializzazione tra i più alti al mondo, fungendo così da modello non solo per gli altri paesi asiatici, come l'Indonesia, le Filippine e la Thailandia, ma anche per molti paesi africani e addirittura sudamericani.

Senza eccezioni, tutte le "Tigri" svilupparono rapidamente una forza lavoro professionale, altamente qualificata (e a basso costo, naturalmente) e si specializzarono in determinati settori dell'industria tanto da rivaleggiare e infine infrangere il primato storico che le potenze occidentali avevano fino all'ora detenuto in molti campi. Tanto per fare qualche esempio in proposito, sia Singapore che Xianggang divennero nevralgici centri finanziari internazionali (Singapore, in particolare, divenne in breve tempo una città ricca e moderna grazie agli intelligenti investimenti nella ricerca scientifica e nell'istruzione) mentre, dal canto loro, Taiwan e la Corea del Sud divennero grandi esportatori di tecnologia. Tra le quattro "Tigri", in particolare, la Corea del Sud, la più grande e influente, raggiunse traguardi considerevoli sul piano internazionale tra cui il suo ingresso nella "famiglia" del G-20 (il famoso forum internazionale composto dalle venti maggiori economie del pianeta) e in molte altre organizzazioni internazionali e regionali. Questo paese asiatico divenne inoltre uno dei più grandi produttori di automobili al mondo, il più grande produttore di navi e, ultimo ma non meno importante, creò potenti multinazionali a livello globale del calibro di LG Group, Samsung e Hyundai.

Eppure ed incredibilmente, quello delle quattro "Tigri" non rappresenta ancora che una piccola e limitata porzione dell'importante rivoluzione avvenuta in Asia in seguito al secondo conflitto mondiale. In termini più generali, basti pensare che il più vasto e popoloso continente del mondo, a parte alcune eccezioni (si veda Cambogia e Corea del Nord), tra il 1985 e il 1995 sperimentò un tasso lusinghiero di crescita *media* del prodotto interno che, alla fine di questo periodo, nel 1995, si attestava su uno stabile e robusto 6%.

A questo punto risulterebbe ingiusto se non fuorviante dimenticare il caso che, sebbene non direttamente collegato al processo della decolonizzazione, testimonia per molti aspetti il cuore e il fulcro nodale della rivalsa dell'Asia nei confronti del mondo occidentale.

Gli stratosferici tassi di crescita economica sperimentati dalle quattro "Tigri", infatti, non furono che ben poca cosa in confronto alle alte vette raggiunte dal redivivo Impero del Sol Levante, il Giappone, il grande "miracolo economico" del secondo dopoguerra la cui economia, durante gli anni Cinquanta, misurata in base al PNL (prodotto nazionale lordo), *«crebbe in modo piuttosto costante, con un tasso annuo intorno al 9%. Nei primi anni Sessanta raggiunse il 10%, per poi superare il 13% fra la fine del decennio e l'inizio degli anni Settanta. Questo significa che tra il termine dell'occupazione e la crisi petrolifera mondiale del 1973 l'economia giapponese crebbe con un tasso medio annuo superiore al 10%»*[v].

È indicativo a questo punto ricordare che, in seguito a questi sviluppi, il Giappone divenne già negli anni Sessanta la terza potenza economica del mondo dopo Stati Uniti e Unione Sovietica e che *«All'inizio degli anni '80, il suo prodotto nazionale superava quello sovietico, la sua industria conquistava i mercati di tutto il mondo e la sua potenza finanziaria preoccupava gli stessi Stati Uniti»*[vi].

Questi sono solo alcuni degli esempi in grado di dimostrare come, lentamente ma progressivamente (tanto che qualcuno anche molto tempo dopo questi sviluppi non se ne accorse o fece finta di non accorgersene), il panorama mondiale acquisiva nuovi ed agguerriti protagonisti, ansiosi di dimostrare alla comunità internazionale i traguardi raggiunti nell'arco di pochi decenni e consapevoli di una nuova forza, stabilità e ricchezza che mai avevano raggiunto nella loro storia.

Questi nascenti protagonisti, insomma, erano per la prima volta consci di contare davvero e consapevoli che le loro azioni influenzavano come mai era accaduto prima l'equilibrio dei poteri tra le nazioni.

Il "Secolo Breve" terminava in questo modo, lasciando il posto al preludio del "Secolo Asiatico".

IL SECOLO ASIATICO

Nuovi Re Nascono Dove Sorge il Sole. Tante nuove nazioni mature e consapevoli nascevano e fiorivano dunque in quegli anni mentre i "Re" occidentali guardavano con un misto di ammirazione, inquietudine e sorpresa le popolazioni di quel distante continente (solo qualche decennio prima appendici dei loro vasti imperi o nemici che si erano dovuti piegare ai loro voleri) crescere, arricchirsi, inorgoglirsi e far pendere la bilancia del potere economico sempre più verso l'est del mondo.

Eppure, a dispetto di tanti successi, conquiste e obiettivi raggiunti, nessuna di queste nazioni emergenti (che fossero le piccole ma agguerrite "Tigri Asiatiche" oppure il progredito e ricco Giappone) poteva costituire una minaccia reale per la grande potenza nordamericana o, più in generale, per l'occidente del mondo.

Sebbene infatti questi paesi fossero indubbiamente divenuti in breve tempo potenze economiche nel senso più stretto del termine, nessuno possedeva in realtà i requisiti richiesti per divenire una grande potenza o qualcosa di simile, in grado dunque di minacciare seriamente la supremazia egemonica degli Stati Uniti.

Singapore e Xianggang, infatti, erano dopotutto città-stato limitate nel territorio e nella popolazione, con scarsità di materie prime, con una forza militare che a stento avrebbe potuto essere definita "milizia" in confronto anche solo ai più deboli Stati europei mentre Taiwan e la Corea del Sud, sebbene territorialmente fossero relativamente più vasti e popolosi, erano partner e alleati del gigante statunitense e non suoi concorrenti.

Per ciò che riguardava invece altri Stati asiatici con popolazione, territorio e risorse autoctone più vaste delle "Tigri", come ad esempio l'Indonesia, le Filippine o il Pakistan, questi non avevano, per contro, né la volontà politica, né i mezzi economici per fare qualsiasi altra cosa che non fosse guardare ai loro affari ed evitare qualsiasi turbolenza, assillati da bisogni semplici ma vitali come assicurare pane, pace e stabilità alle loro povere e affamate popolazioni.

Il Giappone, che era stato l'unico paese ad impensierire seriamente la potenza nordamericana, poteva dopotutto crescere economicamente quanto voleva, ma non avrebbe mai potuto rivaleggiare con gli Stati Uniti sul piano militare. I vincitori della seconda guerra mondiale si erano infatti preoccupati tempo prima di "tagliare le gambe" all'insidioso rivale asiatico molto tempo prima, quando il generale nordamericano Douglas MacArthur, pur incoraggiando la ripresa economica del paese, era riuscito ad eliminare i vecchi Zaibatsu (sorta di concentrazioni industriali-finanziarie che avevano favorito la "militarizzazione del Giappone") e aveva scritto praticamente di suo pugno la Costituzione che ancora oggi il nuovo Impero del Sol Levante adotta, una costituzione che rende probabile un suo deciso riarmo quanto la nascita di una seconda Unione Sovietica.

Ad un primo sguardo sembra quindi che, dopotutto, lo straordinario progresso economico che queste nazioni asiatiche avevano sperimentato negli anni successivi al secondo conflitto mondiale, il notevole incremento del tenore di vita delle loro popolazioni e la loro veloce modernizzazione non abbia che in minima parte inciso sulla situazione di incontrastata egemonia dell'occidente nei confronti del resto del mondo. Che senso ha, allora, parlare di mondo sempre più policentrico o di momento multipolare? Perché soffermarsi a descrivere uno sviluppo storico certamente importante ma anche regionalmente localizzato? Può essere certamente indicativo e rilevante sottolineare che il prodotto interno lordo di alcuni paesi asiatici sia cresciuto considerevolmente con il passare dei decenni, o che la qualità della vita di queste popolazioni sia indubbiamente migliorata, ma come si può pensare che tutto ciò sia tanto importante da richiedere una ridefinizione degli equilibri internazionali nel breve periodo?

La situazione storica così illustrata e definita non sembrerebbe dare ragione alle premesse di questo discorso.

La verità, tuttavia, è più complessa di quella che la semplice e circoscritta ascesa dei primi miracoli economici asiatici potrebbe suggerire e, del resto, queste nazioni da sole raccontano molto poco delle reali condizioni del continente asiatico preso nella sua totalità.

Lo sfavillante boom economico delle "Tigri" e del Giappone ha infatti contribuito non poco ad oscurare per un certo tempo altre realtà che, nello stesso periodo, non avevano avuto la capacità o la possibilità di aggregarsi allo sviluppo dei fratelli asiatici per ragioni varie di politica interna ed estera e che, conseguentemente, non avevano per molto tempo attirato l'attenzione dell'occidente del mondo.

Nel secondo dopoguerra, gli anni in cui i miracoli asiatici esplodevano uno dopo l'altro, altre vicine e importanti realtà politiche erano contemporaneamente travagliate da agitazioni interne, povertà e conflitti.

In particolare ad alcuni di questi Stati fu negato dal particolare, travagliato momento storico che stavano vivendo il diritto di unirsi al concerto di progresso, crescita e arricchimento sperimentato dai loro vicini.

Le enormi potenzialità di questi paesi all'ombra degli eventi rimasero per questi motivi sopite per interi decenni, fino a quando un particolare evento non fece emergere un leader riformatore capace di indirizzare l'evoluzione della sua nazione e del suo popolo verso un progresso che fino a quel momento gli era stato precluso.

Quando questo stato di cose ebbe inizio, alcuni giganti asiatici dormienti cominciarono finalmente a destarsi. Questi paesi (eredi di alcune delle civiltà più antiche e ricche del pianeta) possedevano in potenza molte delle caratteristiche in grado di raggiungere uno status simile a quello di una grande potenza. Avevano inoltre la capacità, le risorse e la popolazione per trainare da soli la crescita non solo del loro continente ma dell'intero pianeta, bilanciare a loro favore gli equilibri dei poteri mondiali e influenzare l'andamento dell'economia globale come nessuna delle piccole "Tigri" e neppure il "neutralizzato" Giappone avrebbero mai potuto fare.

Con il passare del tempo furono proprio questi paesi a diventare i campioni del progresso e della crescita economica, a dare un'ulteriore spinta propulsiva al continente asiatico, a rivestire il ruolo di protagonisti indiscussi del miracolo economico della "seconda generazione" e a dare ragione ai pochi ma attenti osservatori che, alla fine del "Secolo Breve", non avevano mai smesso di guardare ad est.

Il Peso del Pachiderma Asiatico. Nell'agosto del 1947 dichiarava la sua indipendenza quella che era stata la colonia inglese più vasta dell'antica Asia.

Quella che lo statista inglese Winston Churchill aveva a suo tempo definito come una *"semplice espressione geografica, non più reale della linea dell'equatore"*, divenne una delle nazioni più estese e popolose del pianeta, adottando il titolo di Repubblica dell'India.

Il vero e proprio terremoto politico e sociale che questa giovane nazione fu costretta a subire nei decenni che seguirono la sua indipendenza ricorda molte delle più tragiche situazioni che alcuni degli Stati più poveri e travagliati dell'Africa vissero a causa dei problemi derivanti dalla decolonizzazione.

Narcotizzata da problematiche sociali gravissime, miseria e arretratezza, l'India rimase per lunghi decenni nella periferia che è il Terzo Mondo, una prigione di povertà ed isolamento dalla quale sembrava impossibile uscire.

Il risoluto Javaharlal Nehru, il leader del Partito del congresso dal 1941 e uno dei più stretti collaboratori di Gandhi, ricoprì per la prima volta nella storia della nazione la carica di primo ministro e si trovò *«fino alla sua morte (1964) alla guida di un paese sempre gravato da immensi problemi interni: la povertà cronica delle campagne; l'eccezionale sovraccarico demografico; la tensione fra i diversi gruppi etnici e religiosi»*[vii].

Ai problemi interni di questo neonato Stato si sommavano poi quelli con il vicino Pakistan, nato dalla porzione nord occidentale della vecchia colonia inglese e abitato da una maggioranza di fede islamica che si era voluta staccare dalla più vasta porzione a maggioranza indù. Scontri e schermaglie fra i due Stati (che assunsero i tratti di una vera e propria guerra) non aiutarono a sviluppare la stabilità economica, politica e sociale necessaria a quella crescita armoniosa ed ordinata che, nel frattempo, stavano sperimentando altri Stati asiatici.

A questa instabile situazione venne ben presto a sommarsi la parentesi storica che vide l'India avvicinarsi all'Unione Sovietica. In questo frangente gli ideali di Nehru di costruire una nazione indipendente, basata sulla democrazia e sul pluralismo, vennero oscurati. Il costruttivo socialismo inaugurato dal leader indiano deviò poco a poco verso lo stalinismo, la paralisi economica e la ragnatela di macchinosi controlli burocratici.

Impantanata in un labirinto fatto di arretratezza economica, crescita singhiozzante, analfabetismo diffuso, povertà dilagante, carestie, epidemie e sostanzialmente chiusa al resto del mondo l'India fu costretta anche, negli anni Settanta, a difendersi da un vero e proprio attentato alla sua matrice democratica orchestrato dalla figlia dell'ormai scomparso Nehru, Indira Gandhi.

L'episodio in questione è ben noto. Dopo essere stata accusata nel 1975 di brogli elettorali da un giudice, Indira non solo non rinunciò al suo seggio in parlamento, come le era stato imposto, ma organizzò un vero e proprio golpe dichiarando lo stato di emergenza. Ella instaurò di fatto un regime autoritario: sospese le libertà fondamentali, arrestò qualsiasi oppositore alla sua linea politica e fece scivolare l'India verso forme di stalinismo sovietico.

Sembrava ormai che questa giovane nazione democratica, un audace esperimento di democrazia e dialogo tra le diversità che la componevano (in un continente governato da regimi autoritari e illiberali), avesse i giorni contati.

Nel 1977 Indira Gandhi, sicura di avere un largo sostegno popolare, abolì lo stato di emergenza e promosse nuove elezioni eppure, contrariamente alle sue aspettative, gli indiani la relegarono all'opposizione, confermando la tendenza di questo paese asiatico, povero e arretrato, ma legato con fede sincera agli ideali della democrazia e del pluralismo.

Finalmente dalla metà degli anni Ottanta alcune riforme di natura economica iniziarono timidamente ad essere incoraggiate dai leaders indiani con l'effetto di ammorbidire progressivamente il dirigismo statale e il protezionismo.

A questo proposito il periodo più significativo per il paese, quello che può essere definito a ragione il punto zero della sua "palingenesi", inizia negli anni Novanta, quando il primo ministro Narasimha Rao (il padre delle riforme economiche indiane) allontanandosi dall'economia di stampo socialista perseguita fin da Nehru e aiutato dal capace economista Manmohan Singh (a sua volta futuro primo ministro), aprì il suo paese al commercio e agli investimenti esteri, ridusse le tasse, privatizzò il settore pubblico, aumentò gli investimenti nelle infrastrutture, limitò i controlli e i monopoli e traghettò per la prima volta l'India nel seno dell'economia globale.

Dal momento in cui la macchina economica indiana venne

messa in moto e sprigionate le sue potenzialità, questo paese crebbe a tassi ragguardevoli, divenendo in poco tempo il paese emergente con la seconda crescita più veloce al mondo. Come illustra un'esplicativa indagine economica dell'OECD (Organisation for Economic Co-operation and Development) condotta alla fine del 2007, a sessanta anni dalla fondazione della Repubblica:

Over the past two decades, India has moved away from its former *dirigiste* model and become a market-based economy. This process started in the mid-1980s and gathered substantial momentum at the beginning of the 1990s. Direct tax rates were significantly reduced, pervasive government licensing of industrial activity was almost eliminated, and restrictions on investment by large companies were eased. Furthermore, financial markets were reformed, with banks restored to health, entry barriers lowered, equity markets transformed and new supervisory bodies introduced. The process of reform has continued in this decade with a further opening of the economy to competition. The number of industries reserved for very small firms has been significantly reduced, and foreign suppliers have been encouraged to enter the market by a progressive lowering of tariffs to an average of 10% in 2007. The rules governing foreign direct investment have been markedly eased, notably in the manufacturing sector. Last but not least, fiscal discipline has been improved by the passage of fiscal responsibility laws for the central government and all but three of the 28 state governments.

These reforms have had a major beneficial impact on the economy. By 2006, the average share of imports and exports in GDP had risen to 24%, up from 6% in 1985. Inflows of foreign direct investment increased to 2% of GDP from less than

0.1% of GDP in 1990, with outflows of foreign direct investment picking up substantially at the end of 2006. The combined fiscal deficit of central and state governments has been reduced from 10% of GDP in 2002 to just over 6% of GDP by 2006, with the ratio of debt to GDP falling from 82% in 2004 to 75% by March 2007. There has been a massive increase in output, with the potential growth rate of the economy estimated to be around 8½ per cent per year in 2006[viii].

Da quando le riforme economiche del 1991 sprigionarono le energie del paese e nel ventennio successivo, la dimensione dell'economia indiana quasi triplicò.

Questo paese si rivelò ben presto non solo un produttore di merci che batteva la maggior parte della concorrenza (grazie ai suoi costi della manodopera contenuti e alla buona qualità dei beni che uscivano dalle fabbriche), ma un enorme mercato per i servizi e i beni di consumo. Basti solamente pensare che dal 1996 al 2006 il numero dei viaggiatori che scelsero le sue compagnie aeree si sestuplicò, la vendita dei telefonini crebbe di oltre il 50% l'anno e la vendita delle auto raddoppiò. Nello stesso periodo il tasso di povertà scese di circa il 10%.

In termini più generali e recenti, nel triennio 2005-2007 la crescita economica del paese superò il 9%, nell'anno 2008-2009 si avvicinò al 7%[ix], nel 2010 superò il 10%[x] e nel 2011 si mantenne al si sopra del 6%[xi] nonostante la crisi economica mondiale che dal settembre del 2008 fece scivolare nella recessione gran parte degli Stati del mondo.

Sempre nel 2008 l'India, secondo le stime della CIA (Central Intelligence Agency), era il paese con la seconda forza lavoro più numerosa al mondo (oltre 520 milioni di unità), il sesto produttore di energia (oltre 665 miliardi di kilowatt-ora generati nel 2007) e il quinto consumatore di petrolio (quasi 3 milioni di barili al giorno sempre nel 2007).

Eppure la trasformazione del pachiderma asiatico è difficilmente descrivibile solamente guardando le poco esaustive stime economiche.

L'India, travolta nell'arco di una manciata di anni da una vera e propria rivoluzione tecnologica, divenne già nei primi anni del ventunesimo secolo un laboratorio dove venivano creati i più avanzati programmi e linguaggi codificati necessari per dare carburante all'informatica e all'elettronica, fondamentali meccanismi nel mondo plasmato dall'economia globale. Ormai una leader globale nel software informatico, l'India ha puntato gran parte delle sue nuove e crescenti risorse sui suoi giovani.

Come nota Federico Rampini in proposito:

> L'India è lanciata verso traguardi che a noi appaiono irraggiungibili. Le sue 380 università scientifiche sfornano 200.000 ingegneri all'anno, più 300.000 laureati nelle altre materie scientifiche (matematica e fisica, chimica e biologia), e 2000 superlaureati con il PhD. Uno Stato come il Punjab, che pure non è fra i più sviluppati della federazione indiana, ha 30 college di ingegneria, 58 università di management e 50 politecnici. La qualità di questa formazione è stata riconosciuta da tempo nella patria dell'hi-tech. Il 12 per cento degli scienziati di tutte le facoltà statunitensi sono indiani, e addirittura il 36 per cento dei matematici della Nasa[xii].

Del resto e come se non bastasse, il primato indiano in industrie all'avanguardia come quella del software informatico, del design ingegneristico o delle biotecnologie non è più una novità per nessuno.

> Secondo il Global Biotechnology Report della Ernst & Young, l'India è già una potenza mondiale nelle biotecnologie con 11.000 scienziati al lavoro in questo settore. Nei prossimi dieci anni la sua industria biogenetica è destinata a decuplicare le sue dimensioni aggiungendo un milione di nuovi posti

di lavoro qualificati. Motorola, Hewlett-Packard, Cisco System, Google e tutti i giganti della tecnologia statunitense ormai si affidano alle loro squadre di ricercatori indiani per creare le nuove generazioni di software. La Boeing fa disegnare da società di ingegneria indiane pezzi di aeroplani. La città di Bangalore, nell'India meridionale, è il centro della nuova Silicon Valley[xiii].

Questo seppur semplice e superficiale excursus storico dell'India, dei traguardi e dei successi raggiunti in un arco così ridotto di tempo, aiuta a capire una questione di fondamentale importanza e si ricollega al più amplio discorso sull'ascesa del continente asiatico iniziato poc'anzi. Il miracolo economico compiuto dalle "Tigri" e dal Giappone non è stato una semplice eccezione, come molti studiosi del campo si sono ostinati a credere per diverso tempo, e questo "fenomeno" è legato al ricco occidente (che, certamente, ha contribuito a finanziarlo) fino ad un certo punto e oggi molto meno che in passato.

Esistono delle caratteristiche che il continente asiatico possiede e che (ora che sono state scoperte, ordinate e sviluppate nel contesto contemporaneo) stanno inevitabilmente contribuendo a ridurre il divario con l'occidente del mondo.

Così come era stato per i miracoli economici asiatici della "prima generazione", adesso paesi come l'India sfruttano la loro manodopera competitiva ed economica, le politiche economiche favorevoli al capitalismo privato ma soprattutto mercati di consumo vastissimi capaci di attirare la stragrande maggioranza degli investimenti delle multinazionali straniere, stimolare a livelli mai visti la delocalizzazione di imprese e marche da tutto il mondo e, contemporaneamente, riescono a soddisfare quantità sempre maggiori di esigenze dei propri lavoratori e, più in generale, dei propri cittadini.

Esistono similitudini e differenze tra la prima crescita economica asiatica e quella che l'Asia sta sperimentando attualmente ed è utile analizzarle e capirle se si vuole sperare di rispondere alla domanda che ci si è posti all'inizio e quindi comprendere per quale motivo il mondo sia oggi più multipolare di quanto sia mai stato. Non è solo il fatto che oggi la maggior parte dei paesi di un continente come l'Asia si stiano arricchendo (e non una localizzata minoranza), e neppure che l'entrata in scena di Stati come l'India stia assicurando che presto altri si uniscano a questo coro di progresso e crescita economica. Quel che più conta è che si è giunti ad un punto in cui le cose possono solo andare avanti per questa direzione e quindi svilupparsi in positivo per le nazioni dell'est e, più in generale, per i paesi rimasti per lungo tempo in fondo alla fila.

Quello dell'India è infatti solo uno degli esempi più vistosi di un processo che ha i cosiddetti "paesi in via di sviluppo" come protagonisti principali, non solo in Asia, ma nel mondo intero. Gli esempi a testimonianza di questa nuova situazione, una situazione che influenza l'intero globo, sono ormai abbondanti e inequivocabili. Non è un caso che per la prima volta nel 2005 i paesi emergenti abbiano prodotto più della metà della ricchezza di tutto il mondo, l'Asia da sola abbia consumato più energia del Nord America e dell'Europa mentre, contemporaneamente, i salari dei lavoratori in molti di questi paesi in via di sviluppo subivano un'impennata vistosa, rafforzando così il potere di acquisto degli abitanti del continente più popoloso del pianeta.

Non solo nell'economia ma anche nella cultura e nella lingua questo "shift" a livello globale sta diventando, giorno dopo giorno, sempre più visibile.

Questa progressiva trasformazione sarà infatti con molta probabilità sancita anche da altri cambiamenti epocali, come quello che nel prossimo futuro riguarderà Internet, il mondo on-line e i suoi 2 miliardi di utenti[xiv] sparsi per tutto il mondo, un cambiamento che è stato descritto come: «*the biggest change to the way the internet works since it was created 40 years ago*»[xv], ovvero, nel particolare, permettere che i domini sul web vengano scritti in caratteri non-latini come il sud coreano, l'arabo, il cinese, l'hindi, ecc. Un cambiamento come questo è necessario in un pianeta dove più della metà delle persone che navigano in rete non fa parte del mondo occidentale e che condivide con esso pochi o nessun legame culturale.

È inevitabile come, assistendo a questo scenario, assieme all'economia, alla cultura e alla lingua, ormai anche nella politica le cose non possano che cambiare a livello planetario. Sempre più decisioni rilevanti dal punto di vista della politica internazionale verranno prese in città come New Delhi, Seoul o Brasilia, piuttosto che a Washington o Bruxelles e sempre più potere politico, oltre che economico, verrà strappato al governo nordamericano e a quelli europei, intrappolati ormai da anni in un pantano di crescita stagnante (se non di vera e propria recessione) assolutamente alieno in un oriente che ha da poco cominciato come "totalità" la sua scalata verso il progresso e la crescita.

Il caso dell'India, una nazione con oltre un miliardo e cento milioni di abitanti, un territorio vasto oltre 3 milioni e duecentomila kilometri quadrati (circa un terzo di tutti gli Stati Uniti), dotata di ampie risorse autoctone, una leadership sempre più cosciente dell'influenza del suo paese e soprattutto di una popolazione che cresce in numero e ricchezza, rappresenta bene questo "shift" di potere dall'ovest all'est e dà ragione a studi come quello compiuto dalla Bank of Korea che assegna all'Asia, fra qualche anno, il 42% del PIL mondiale, agli USA il 23% e all'Europa il 16%.

Non è un caso neppure la crescente attenzione che i media occidentali stanno dedicando con sempre più insistenza a questo nuovo stato di cose, titolando molti dei loro programmi, reportage, documentari e indagini sul crescente fenomeno con l'ormai familiare frase: *"the Asian Century"*, *"il Secolo Asiatico"*.

A tutto ciò va sommata l'influenza positiva che la crescita in singolare di un paese come l'India ha (direttamente o non) da un punto di vista generale sui vicini paesi asiatici i quali, più che suoi concorrenti o rivali, diventano sempre più suoi proficui clienti e veri e propri satelliti che beneficiano del suo sviluppo. Il suo progresso e la sua crescita diventano il progresso e la crescita di tutti. A testimonianza di ciò basti vedere come una locomotiva come quella indiana abbia coinvolto nel suo decollo le nuove "Tigri del Sudest asiatico", come l'Indonesia, la Malesia e le Filippine (in tutto casa di oltre trecentocinquanta milioni di persone) o paesi della vecchia penisola indocinese (Cambogia, Thailandia e Vietnam), senza dimenticare vecchi rivali come il Pakistan o il Bangladesh divenuti ora protagonisti in prima linea che vedono insieme la fioritura del loro continente e che partecipano alla sua ascesa fornendo manodopera a buon mercato, condividendo tecnologia, vendendo risorse energetiche e avvicinandosi sempre di più a quella che a qualche "osservatore di frontiera" pare già il preludio di una nascente comunità economica asiatica (di cui un'organizzazione regionale come l'ASEAN potrebbe divenire un interessante preludio).

Conseguenze dell'Era Multipolare. Questo "travaso" di benessere economico ed influenza politica dall'occidente al resto del mondo non deve stupire. È un fenomeno che affonda le sue radici nel processo periodizzante che è la decolonizzazione e che al tempo stesso trova un impulso significativo grazie alla globalizzazione. Le sue caratteristiche principali sono state fino a qualche tempo fa la lentezza e l'incostanza e forse per questi motivi, più di altri, non è stato sempre capito e, anzi, molto spesso è stato sottovalutato.

Prima del "palese" risveglio del continente asiatico in seguito agli sviluppi sopra descritti (e subito dopo la caduta dell'URSS), nel "momento Unipolare", l'occidente del mondo ed in particolar modo gli Stati Uniti d'America erano l'unica forza in grado di alterare significativamente gli equilibri del potere economico e politico lì dove ce n'era bisogno.

Di certo l'ascesa economica di qualche paese asiatico non impensieriva seriamente Bruxelles o Washington.

Gli USA, assieme al Regno Unito e alla Francia, decidevano sulle questioni politiche e di sicurezza internazionale mentre, dall'altra parte, si servivano della Germania (e occasionalmente del neutralizzato Giappone) sul versante economico. Le società e le nazioni di altre parti del mondo solitamente avevano bisogno del sostegno dell'occidente per risolvere dispute, acquisire privilegi e più in generale far valere il proprio punto di vista. Lì dove c'era un conflitto erano gli Stati Uniti, sotto la veste della NATO o dell'ONU, a intervenire prontamente affinché crisi regionali non influissero sulla sua egemonia planetaria.

Gli USA lavoravano uniti alle altre potenze occidentali per mantenere lo "status quo", evitare che conflitti regionali potessero turbare l'equilibrio dei poteri e soprattutto che emergessero nuove realtà in grado di contrastare la loro influenza predominante nelle relazioni internazionali.

Come notava Jeffery Barnett nel suo saggio del 1994 *"Exclusion as National Security Policy"*, infatti:

> [T]he American goal has been to unify Western actions in pursuit of Western security. By working together, the United States and the other capitalist democracies can exert immense leverage worldwide. As a Defence Department official noted: "North America, the European Community, and Japan together account for almost ninety percent of the world's GNP [Gross National Product]. The US and the [European Community] each have GNPs of roughly $5 trillion. This economic power gives us tremendous resources and leverage with which to pursue our common goals of political and economic freedom."

Più avanti nel suo lavoro lo stesso autore riassumeva in modo esplicativo quali erano, in sostanza, le caratteristiche che garantivano all'occidente la sua egemonia incontrastata sul globo, quelle che potrebbero essere definite a ragione le "prerogative principali" che assicuravano a questi paesi un primato economico, militare, politico e tecnologico sul resto delle nazioni. A quel tempo, usando le stesse parole di Barnett, la potenza nordamericana assieme al resto delle potenze occidentali, infatti:

- *Own and operate the international banking system*
- *Control all hard currencies*
- *Are the world's principal customer*
- *Provide the majority of the world's finished goods*
- *Dominate international capital markets*
- *Exert considerable moral leadership within many societies*
- *Are capable of massive military intervention*

- *Control the sea lanes*
- *Conduct most advanced technical research and development*
- *Control leading edge technical education*
- *Dominate access to space*
- *Dominate the aerospace industry*
- *Dominate international communications*
- *Dominate the high-tech weapons industry*

Eppure, parallelamente a questo tipo di analisi e nello stesso periodo, un'altra tendenza, che adesso appare palese ed inequivocabile, era stata afferrata con efficacia e con sagace spirito analitico da altri esperti del settore, come lo scienziato politico nordamericano Samuel Huntington che notava, esaminando dati empirici e statistiche derivanti dalla Banca Mondiale, dalle Nazioni Unite, da rapporti sullo sviluppo in diverse aree del mondo e da altre fonti riguardanti lo sviluppo politico e sociale:

Non-Western peoples are becoming healthier, more urban, more literate, better educated. By the early 1990s infant mortality rates in Latin America, Africa, the Middle East, South Asia, East Asia, and Southeast Asia were one-third to one half what they had been thirty years earlier. Life expectancy in these regions had increased significantly, with gains varying from eleven years in Africa to twenty-three years in East Asia. In the early 1960s in the most of the Third World less than one-third of the adult population was literate. In the early 1990s, in very few countries apart from Africa was less than one-half the population literate. About fifty percent of Indians and 75 percent of Chinese could read and write. Literacy rates in developing countries in 1970 averaged 41 percent of those in developed countries; in 1992 they averaged 71 percent. By the early 1990s in every region except Africa virtually the entire age group was enrolled in primary

29

education. Most significantly, in the early 1960s in Asia, Latin America, the Middle East, and Africa less than one third of the appropriate age was enrolled in secondary education; by the early 1990s one-half of the age group was enrolled except in Africa. In 1960 urban residents made up less than one-quarter of the population of the less developed world. Between 1960 and 1992, however, the urban percentage of the population rose from 49 percent to 73 percent in Latin America, 34 percent to 55 percent in Arab countries, 14 percent to 29 percent in Africa, 18 percent to 27 percent in China, and 19 percent to 26 percent in India.

These shifts in literacy, education, and urbanization created socially mobilized populations with enhanced capabilities and higher expectations who could be activated for political purposes in ways in which illiterate peasants could not. *Socially mobilized societies are more powerful societies*[xvi].

Analizzato lo sviluppo di questo fenomeno nel successivo quindicennio (e trovato nel continente asiatico il suo epicentro) per proseguire il ragionamento che si sta portando avanti non resta che capire quali tipi di conseguenze questa nuova realtà dei fatti potrebbe comportare e, di rimbalzo, come si rifletterà questa nuova situazione sulla maggiore potenza economica e politica del mondo: gli Stati Uniti d'America.

È innanzitutto piuttosto scontato (alla luce di quanto detto fino ad ora) constatare come allo stato attuale ormai più della metà delle caratteristiche di "dominio occidentale", elencate e descritte da Jeffery Barnett, vengano gestite sia da occidentali che da orientali (o più in generale dai cosiddetti "paesi in via di sviluppo"). È per motivi come questo che risulta decisamente più esplicativa, per descrivere l'assetto politico internazionale *post* guerra fredda, la formula che include una molteplicità di centri di potere differenti.

Eppure altre interessanti questioni potrebbero aiutare ad approfondire alcuni aspetti riguardanti questo argomento.

Non pochi interrogativi, in particolare, nascono da questa situazione ancora fluida ed "in progress". Per esempio, che significati potrebbe dare al futuro questo mondo che sembra tendere sempre di più verso la "multipolarità"? E questo recente processo a quale fase di sviluppo è arrivato?

È importante capire che la situazione di trasformazione che sta interessando il continente asiatico è la chiave di lettura che può essere utilizzata per svelare alcuni determinanti cambiamenti nella politica mondiale; l'epicentro dal quale bisogna partire per osservare le vere e proprie "scosse telluriche" che si propagano nel resto del mondo.

Come risulta dalla nuova situazione che è stata sommariamente descritta, può essere innanzitutto detto che gli Stati Uniti d'America e in generale l'occidente stiano progressivamente perdendo influenza economica e politica (anche se mantengono ancora saldamente quella militare) a favore di molti paesi cosiddetti "in via di sviluppo". Non solo, infatti, il procedere della globalizzazione significa che gli interessi fra i vari paesi siano sempre più reciprocamente legati, soprattutto in materia economica, ma anche e forse soprattutto che questo nuovo tipo di legame si è trasformato in un potente deterrente per restringere e depotenziare l'egemonia statunitense nelle relazioni internazionali proprio perché anch'esso dipende sempre più da questo particolare tipo di interconnessione.

Come affermava con acuto spirito di osservazione lo studioso Zheng Yu discutendo sul nuovo significato della globalizzazione economica e sulle sue conseguenze nelle relazioni internazionali: «[T]he rising trend of economic globalization has led to an unprecedented level of economic interdependence, thereby effectively containing the possible escalation of regional conflicts to great-power-war. And it has become increasingly difficult to resort to economic coercion as a means to control the economic development of another country»[xvii].

Questo fatto sta favorendo il sorgere di una nuova, originale situazione a livello mondiale.

È infatti oltremodo chiaro, ma vale la pena sottolinearlo, che allo stato attuale gli USA dispongano sempre meno dei mezzi diplomatici, delle risorse e della volontà politica per imporre decisioni dall'alto ai vari paesi del mondo (decisioni necessarie alle mire particolari della politica estera di Washington). Semmai, adattandosi alla nuova situazione storica, possono tentare di collaborare con quegli stessi paesi a livello regionale, divenendo col tempo progressivamente ed inevitabilmente una variabile fra le tante di una equazione sempre meno comprensibile e gestibile semplicemente con i loro mezzi e le loro risorse. Da qui il termine "momento *uni-multipolare*", una sorta di fase di passaggio dal mondo diviso in blocchi (che è sfumato nel breve periodo di egemonia statunitense negli anni Novanta) e che ora sta deviando decisamente verso la creazione di molteplici centri di potere.

Sempre più importanti forum internazionali come il G-20 (dove il potere degli Stati Uniti sulle decisioni in materia economica è semplicemente *complementare* a quello di altre diciannove entità politiche) non sono che una semplice dimostrazione di questo nascente assetto mondiale e una riprova di quanto già detto[*]. Se si esclude l'Unione Europea e si considera tra gli Stati facenti parte del G-20 la Turchia ancora un *"torn country"*[xviii], è la composizione stessa di questo importante forum economico internazionale a far riflettere. Sulle diciannove nazioni facenti parte questo gruppo una è africana (Sud Africa), tre fanno parte della "famiglia" Latino Americana (Messico, Argentina, Brasile) ben sette sono

---

[*]È bene far presente a questo proposito che lo storico summit del G-20 a Pittsburgh svoltosi nel settembre del 2009 ha in realtà declassato l'altro forum internazionale, il G-8 (per certi versi una antica vestigia del potere occidentale) e ne ha assorbito tutte le competenze in materia economica. Il G-20, che racchiude oltre l'80% del PIL del pianeta, si è trasformato ufficialmente a Pittsburgh nella tavola rotonda in cui i paesi cosiddetti emergenti, come l'India e la Cina, hanno guadagnato una visibilità e un potere decisionale maggiori; una situazione, questa, che si adatta ai tempi e che adegua le istituzioni internazionali in tal senso. L'"onore" dei piccoli e "tradizionalisti" Stati europei: l'Italia, la Germania, la Francia e il Regno Unito, che desideravano mantenere una certa visibilità internazionale, è stato "preservato" garantendo al G-8 la prerogativa sulle questioni di carattere politico. In realtà, come faceva notare giustamente Federico Rampini nell'articolo apparso ne *la Repubblica* il 26 settembre 2009 *"Il G20 prende il posto del G8; è la vittoria della dottrina-Obama"* sulle questioni di carattere politico ha più peso il Consiglio di sicurezza dell'ONU.

asiatiche (India, Cina, Indonesia, Giappone, Russia, Arabia Saudita e Corea del Sud) e le restanti sette (Canada, Francia, Germania, Italia, Regno Unito, Stati Uniti d'America e Australia) appartengono al cosiddetto mondo occidentale.

Si capisce dunque quanto risulti sempre più "stonato", in questo "coro" composto da molteplici voci, parlare di "decisioni unilaterali" o di "nazioni indispensabili".

Constatare che in questa progressiva redistribuzione di potere l'occidente stia perdendo influenza, potere economico e politico, prestigio internazionale e in generale molti dei primati che deteneva nei confronti del resto del mondo è tuttavia un'osservazione inutile, oltre che incompleta, se sprovvista di una spiegazione, almeno sommaria, che illustri quantomeno alcune delle ragioni dietro a questi importanti sviluppi.

Saranno allora utili ed indicativi, per il tipo di tesi che si sta portando avanti, citare alcuni esempi e avvalersi di certe osservazioni esplicative, come quella che il giornalista del *Washington Post* David Von Drehle fece nel 2006 a proposito della "multipolarità" e della fine della "uni-polarità decisionale nordamericana" per quanto riguardava i rapporti internazionali fra la grande potenza e il resto del mondo. In quella occasione egli affermò con risolutezza: «*In case you missed the memo, the world is multipolar now. Gone are the days of go-it-alone foreign policy, of unilateral preemption and epoch-making events scheduled solely "at a time and place of our choosing." That's all so 2002, back at the climax of what columnist Charles Krauthammer calls "the unipolar moment" of unlimited American power. Unipolar means the big dog, Uncle Sam, bears the burdens and thus calls the shots. These days, America is into "regional partnerships", as Secretary of State Condoleezza Rice explained earlier this year, because "emerging nations like India and China and Brazil and Egypt and Indonesia and South Africa are increasingly shaping the course of history"*»[xix].

Che l'assoluto protagonismo mostrato dagli Stati Uniti nella fase cosiddetta uni-polare sia morto e sepolto non è un'affermazione campata in aria da qualche giornalista asiatico a corto di argomenti o da osservatori occidentali frustrati e insoddisfatti: è semplicemente un dato di fatto.

È importante notare, per capire e avere consapevolezza di questa realtà, che il lento declino che la potenza nordamericana sta sperimentando da diversi anni a questa parte non è dipeso solo ed esclusivamente dal mutato panorama mondiale (decolonizzazione, globalizzazione, crescita economica strisciante o rallentata nell'occidente del mondo, decisa ascesa degli Stati asiatici) ma anche (e forse soprattutto) da alcune politiche consapevolmente seguite dalla stessa Casa Bianca e in particolar modo dall'amministrazione Bush dopo l'attacco dell'11 settembre al World Trade Center, politiche caparbiamente difese per un lasso fatalmente lungo di tempo nonostante i drammatici risultati visibili dal mondo intero.

Si ricordano, tra le più significative in politica estera, l'attacco NATO all'Afghanistan nel 2001 e l'invasione Anglo-Nordamericana dell'Iraq consumatasi nella primavera del 2003.

Per quanto riguarda la guerra contro i talebani (secondo molti osservatori fu una risposta veloce, istintiva e diretta all'attacco dell'11 settembre) va detto che la perdita di prestigio internazionale, di risorse, mezzi, uomini (militari e civili) e volontà politica che ne derivarono ricorda per certi aspetti l'attacco sovietico all'Afghanistan di un quarto di secolo prima. Entrambi attacchi "preventivi", massicciamente supportati dal governo e visti come una faccenda di sopravvivenza nazionale, così allo stesso modo si sono rivelati nel lungo periodo dispendiosi e logoranti.

Dopo circa un decennio dall'inizio del conflitto, i militare alleati in Afghanistan imploravano Washington affinché concedesse loro altri rinforzi per stabilizzare una situazione fuori da qualsiasi controllo e per proteggere e preservare il governo locale (succeduto ai talebani e sostenuto dagli alleati) il quale, come è stato provato in molte occasioni, si reggeva sulla corruzione e sui brogli elettorali.

All'impegnativa guerra in Afghanistan l'amministrazione Bush decise poi di sommare quella nel 2003 in Iraq.

Nonostante le forti opposizioni di alleati storici come la Germania, la Francia, il Canada e l'atteggiamento tutt'altro che incoraggiante della Russia e di una moltitudine di altri Stati, gli USA invadevano l'Iraq di Saddam Hussein invocando come pretesto il "*sospetto*" che possedesse armi di distruzione di massa.

Era questo l'acme del momento unipolare di quella che appariva come la nazione gagliarda, orgogliosa e indipendente di

George W. Bush.

Gli Stati Uniti vinsero la guerra contro l'Iraq ma, secondo molti osservatori internazionali, i costi superarono di gran lunga i vantaggi. Lungi dal "normalizzare" il Medio Oriente, i risultati delle decisioni in politica internazionale prese dell'amministrazione Bush si rivelarono non meno che disastrosi per la grande potenza occidentale. Non solo determinarono la rottura dei già fragili equilibri in quella instabile regione, l'inizio di una guerra civile, il progressivo distacco della Turchia dalla politica di Washington e l'aumento dell'influenza iraniana nella regione, ma provocarono anche un'ondata di sdegno in molti paesi che vedevano nelle azioni della potenza occidentale un intollerabile riproporsi di un atteggiamento arrogante e del tutto fuori dal tempo, che non sarebbe sfigurato nell'età coloniale.

Gli USA si videro costretti a riversare in questi conflitti una quantità enorme di denaro, risorse e uomini e ciò che guadagnarono da questo sforzo furono estremismo, guerre civili e la nascita di un deciso e compatto "fronte anti-yankee" in molti Stati del mondo.

Come se ciò non fosse sufficiente, solo qualche anno dopo l'inizio della Seconda guerra del golfo, il programma nucleare di arricchimento dell'uranio dell'Iran procedeva speditamente. Questa volta la possibilità che una nazione dell'"asse del male" potesse minacciare seriamente gli interessi nordamericani era reale e concreta o, almeno, più reale e concreta di quanto lo fosse mai stata la minaccia rappresentata dalle armi fantasma di Saddam Hussein.

Si era così giunti alla fine degli anni Dieci del ventunesimo secolo e la situazione internazionale si era stravolta rispetto a solo una manciata di anni prima. Gli Stati Uniti, economicamente e moralmente provati dalle dispendiose conseguenze dei due conflitti che avevano scatenato, nel 2008 furono colpiti anche dalla peggiore crisi economico-finanziaria mondiale dal 1929.

Si presentavano in questo modo gli Stati Uniti "ridotti" del Presidente Barack Hussein Obama II[*], effettivamente

---

[*]Succeduto ufficialmente a George W. Bush nel gennaio del 2009.

"changed", anzi, quasi irriconoscibili a causa del dispendioso quanto fuori-tempo progetto di politica neo-imperiale spalleggiato e seguito dall'amministrazione Bush (con il vice-presidente Dick Cheney tra i suoi artefici principali[xx]).

Già a distanza di pochi anni le drammatiche conseguenze della breve quanto effimera parentesi "imperialista" statunitense erano ben note agli osservatori più attenti. Come suggerirà in proposito il giornalista e scrittore inglese Martin Jacques nel 2006 in un articolo apparso nel *The Guardian*: «*At the time of 9/11 and the invasion of Iraq, the US stood supreme with barely a challenge visible on any meaningful time horizon. Almost five years on, we can clearly see both the inadequacies in the then-prevailing common sense, and the fallacies intrinsic to the neoconservative view of the world. There are, of course, always limits to power, even if they are not visible [...] It is Iraq that has exposed those limits. The idea of US omnipotence always depended on its overwhelming military power, and the neoconservatives saw the latter as the key to a new era of American ascendency. Iraq has demonstrated the limits of military power when it comes to subduing and governing a society [...] The idea that Iraq would be a precursor to a new kind of American empire – as advocated by Niall Ferguson, for example, in his book The Colossus – is dead in the water [...] history will surely judge the invasion of Iraq to have been a huge miscalculation and the moment when the geopolitical decline of the US, following the end of the cold war, first became manifest*»[xxi].

Il deciso atteggiamento contrario all'occupazione dell'Iraq del successore di Bush, il Presidente Barack Obama, e la sua volontà di disimpegnare in tempi rapidi le truppe statunitensi da quella regione oltre che dall'Afghanistan, non fece che confermare questa visione dei fatti.

Con una coscienza del momento storico che era mancata del tutto al suo predecessore, il quarantaquattresimo Presidente degli Stati Uniti d'America si guardò intorno scoprendo di essere in un mondo globalizzato, nel quale il suo paese si era scordato di "globalizzarsi".

Quanto Multipolare? La domanda che sembra ripetersi maggiormente in questo periodo di significativi cambiamenti non è tanto se un processo come quello della globalizzazione continuerà, ma a quale passo.

Non è certamente detto che questo sviluppo periodizzante debba per forza continuare, o che sia inarrestabile. Già all'inizio del ventesimo secolo un processo simile a quello odierno stava accadendo ma due guerre mondiali e la crisi economica del 1929 furono sufficienti a rimandarlo di mezzo secolo. Allo stadio attuale, tuttavia, si può affermare con ragionevole sicurezza che sia molto difficile, giunti a questo punto, tornare indietro. Augurandosi che nessuna guerra su grande scala possa ripetersi (e nonostante occasionali reminiscenze protezionistiche e salvo gravi crisi economico-finanziarie) sono sicuramente possibili rallentamenti occasionali del processo di globalizzazione ma i governi di praticamente qualsiasi Stato terrestre riconoscono oggi l'importanza della collaborazione, della coordinazione e del commercio internazionale e non è certo un caso che numerose istituzioni finanziarie e organizzazioni internazionali preposte a questi fini stiano acquisendo con il passare del tempo una rilevanza sempre più grande (tra le tante possono essere citate certamente l'IMF e la World Bank).

La globalizzazione precede la creazione di un mondo multipolare, ovvero governato da diversi ed eterogenei centri di potere che collaborano assieme per fini ritenuti indispensabili per il bene comune. Sembra legittimo allora chiedersi, visto che questi due elementi (il primo, per ora, più marcatamente economico e il secondo squisitamente politico) sembrano così intrinsecamente legati, quanto multipolare è il mondo di oggi?

Può essere anzitutto detto che questo particolare processo si trova attualmente in una fase iniziale, quasi "preliminare", mentre la globalizzazione ha diversi anni di vantaggio. Il fatto che in generale rivoluzioni economiche (in questo caso, il processo di globalizzazione scevro da qualsiasi altra considerazione culturale) precedano "riorganizzazioni" di natura più squisitamente politica non è di certo una novità per la storia mondiale. La CECA è oggi universalmente riconosciuta come il primo significativo passo verso il processo di integrazione politico-economico regionale oggi più avanzato del mondo: l'Unione Europea.

Al di là di simili considerazioni può essere detto che la vera novità capace di dare impulso significativo al processo della globalizzazione (e, quindi, in un certo senso, anche a quello della multipolarità) è la sempre differente distribuzione delle ricchezze a livello mondiale e il processo di sviluppo che, come si è già più volte osservato, sta interessando paesi africani, latino-americani e asiatici. Questo significa che il vero cambiamento non consiste nel fatto che una localizzata minoranza stia crescendo (come è accaduto nei primi decenni successivi al secondo conflitto mondiale) ma che a crescere sia la diffusa maggioranza, ovvero i paesi cosiddetti in via di sviluppo. La grande novità, l'evento significativo che caratterizza questa ulteriore tappa inscritta nel più grande processo chiamato globalizzazione, consiste proprio nel fatto che, seppure gradualmente e timidamente, un fenomeno come quello del "sottosviluppo" sia visto da sempre più addetti ai lavori come un male diffuso, certo, ma anche curabile.

Può forse essere utile riportare un esempio esplicativo di quanto fino ad ora detto.

Verso la fine del suo libro "*Introduzione alla politica economica, Prospettive e strategie della crescita mondiale nel XXI secolo*", il professore di politica economica Giovanni Somogyi si lascia andare ad un interessante "esercizio di prognostica".

Dopo aver fatto notare il consolidamento del sempre più rapido tasso di sviluppo dei paesi emergenti in confronto ai paesi cosiddetti avanzati e chiarito che questo tipo di processo sembra un fenomeno che non potrà che continuare in futuro, il professor Somogyi analizza un esercizio teorico basandosi su alcune stime provvisorie del PIL per abitante dei paesi avanzati e dei paesi emergenti nell'anno 2009. Tralasciando i particolari sarà sufficiente dire che, confrontando il rapporto tra il PIL pro capite dei paesi avanzati e quello dei paesi in via di sviluppo (nell'anno in questione nel primo caso era di oltre 35.000 dollari mentre nel secondo caso era di poco superiore ai 5.000) e la crescita annuale dello stesso sempre in quell'anno (o,8% nei paesi avanzati e 4,6% nell'altra categoria) e proiettando nel futuro (mantenendola invariata) questa stessa crescita del PIL pro capite nelle due diverse classi di paesi fino all'anno 2060 si giungeva ad un curioso risultato: le distanze assolute tra i PIL pro capite delle due classi di paesi erano, di fatto, scomparse.

Come dirà successivamente lo stesso autore l'esempio può

risultare curioso ma nondimeno esplicativo. Seguendo l'esempio e traendone delle conclusioni può senz'altro essere detto che se i paesi emergenti e i paesi avanzati continuassero a crescere come hanno fatto nel 2009 per i prossimo cinquanta anni, entrambi raggiungerebbero un PIL pro capite molto simile. Questo significa che non esisterebbero più paesi "ricchi" e paesi "poveri", ma paesi con lo stesso grado di evoluzione del sistema economico.

Cosa significa tutto ciò? Ebbene, in sostanza significherebbe che, dopo la rivoluzione agricola di circa 10.000 anni fa e quelle industriali dalla fine del 1700 in poi, potrebbe manifestarsi una rivoluzione che, per le sue conseguenze, non avrebbe molto da invidiare a questi due periodizzanti avvenimenti passati[*]. Se la prima rivoluzione aveva infatti assicurato all'umanità una quantità soddisfacente di piante e di animali per la sua sopravvivenza e aveva favorito le premesse per il suo successivo sviluppo tecnologico e la seconda rivoluzione, tra le altre cose, aveva garantito all'umanità la riduzione del costo e l'aumento della velocità dei trasporti (oltre ovviamente ad un'accumulazione di capitale sempre crescente) questa ulteriore "rivoluzione" potrebbe sostanzialmente decretare la fine del sottosviluppo o, se si vuole usare il suo sinonimo più spesso utilizzato nel linguaggio comune, della "povertà" in tutto il mondo: fame, mancanza d'acqua potabile, di una casa, di un'educazione appropriata e di cure mediche resterebbero relegate nei libri di storia.

Ricerca, Povertà, Statistiche e Illusioni. Una volta fatte simili considerazioni (e abbandonando l'astrazione tipica degli esempi) è tuttavia utile analizzare questo processo di crescita diffusa con un minimo di criterio e pragmatismo. I paesi "rimasti indietro" stanno certamente crescendo in influenza politica ed economica, ma in generale la maggior parte di questi

---

[*]Per un'analisi più approfondita riguardante queste due fondamentali rivoluzioni e più in generale per chiunque sia interessato ad uno dei lavori più brevi ma anche dei più riusciti sulla storia dello sviluppo umano si rimanda al noto saggio dello storico nonché economista Carlo M. Cipolla, *"Uomini, tecniche, economie"*.

sono ancora, letteralmente, ad anni luce dai livelli dei paesi cosiddetti avanzati. Il sottosviluppo, è bene ricordarlo, è una realtà tutt'ora non solo presente ma dominante.

Uno studio dello *Human Development Report* effettuato nel 2008 notava che ancora esistevano qualcosa come un miliardo di persone al mondo che vivevano con meno di un dollaro al giorno mentre oltre due miliardi e mezzo di persone vivevano (o meglio, sopravvivevano) con meno di due dollari al giorno. Molti osservatori che si trovarono a rispondere al perché di questa situazione (argomentando contro coloro che ritenevano la globalizzazione inutile se non dannosa per questi paesi) dissero che questi paesi presentavano, per così dire, un tasso di globalizzazione troppo basso[*].

A questo proposito è certamente utile ricordare che la maggior parte dei paesi in via di sviluppo rimangono ancora oggi dei paesi fondamentalmente poveri, arretrati, con pochissime infrastrutture, una capacità tecnologica insignificante, una forza lavoro non istruita, un sistema sanitario inesistente ed istituzioni molto deboli. Tutte caratteristiche, insomma, quasi o del tutto estranee nei "paesi globalizzati". A ciò va aggiunto che anche i paesi in via di sviluppo (oggi considerati vere e proprie locomotive del progresso) hanno delle deficienze più o meno significative che non devono essere sottovalutate e che è importante tenere in considerazione per evitare di farsi trascinare con troppa facilità dalle iperboliche cifre di crescita che appaiono ogni giorno sui giornali di tutto il mondo.

Allo scopo di analizzare questo fenomeno in maniera più diffusa e prendendo per semplicità espositiva un caso che è già stato trattato in precedenza, ovvero quello dell'India, uno dei paesi in via di sviluppo più grandi e importanti, può certamente essere detto quanto segue: l'India è stata protagonista in poco più di una generazione di un'incredibile crescita in una varietà impressionante di campi differenti (che spaziano dall'economia alla tecnologia, dalle infrastrutture all'informazione).

Eppure, nonostante le indubbie conquiste e i traguardi

---

[*]Le cifre relative allo studio effettuato dallo *Human Development Report* sono state prese dall'International Monetary Fund Issues Brief intitolato *"Globalization: a brief overview"* pubblicato nel maggio del 2008.

raggiunti dal paese asiatico, bisogna ragionare con pragmatismo ed evitare di procedere affrettatamente. Soprattutto, bisogna evitare di arrivare a conclusioni "facili", facendosi trascinare dalle statistiche.

Per quanto il paese dell'Asia meridionale sia diventato uno dei maggiori poli economici del mondo e il suo tasso di crescita abbia pochi paragoni al mondo, l'India rimane ancora uno Stato che soffre di diverse, profonde carenze da molteplici punti di vista.

Innanzitutto le riforme economiche (e il benessere che ne è derivato) hanno beneficiato solo una parte piuttosto limitata della società indiana. Ancora oltre mezzo miliardo dei suoi abitanti vivono sotto quella che è stata definita "soglia della povertà". A questi elementi va aggiunta una cronica assenza di infrastrutture in tutto il paese e una insufficiente rete autostradale che non è in grado di collegare efficacemente il vasto territorio. Analfabetismo, fame, povertà, carenza di servizi igienico-sanitari primari e disoccupazione (ogni anno sul mercato del lavoro indiano arrivano milioni di giovani a cui bisogna trovare un lavoro) sono ancora un problema per la maggior parte delle famiglie indiane. Come ricorda poi Kevin Watkins, responsabile per le Nazioni Unite per i programmi di sviluppo, nonostante il recente sviluppo in India *"la povertà è diminuita meno di quanto ci si potesse aspettare alla luce del progresso economico del paese; un indiano su tre vive ancora con meno di un dollaro al giorno, e l'India resta la nazione con il più ampio esercito di persone denutrite; la metà dei bambini sono sottopeso per la loro età, il che contribuisce a spiegare due milioni di decessi infantili all'anno*[xxii]". Patria di un terzo di tutti i poveri del pianeta, il reddito pro capite indiano arriva a poco più di 500 dollari l'anno (Negli USA, invece, è di oltre 45.000 dollari). Come se ciò non bastasse, a raffreddare l'ardore di chiunque tenti anche solo lontanamente di pensare all'India come ad una grande potenza emergente, ci pensa Anand Mahindra, uno dei più grandi industriali indiani, che afferma con risolutezza: *"chi da Davos vola a Bombay rischia di perdere l'eccitazione a pochi metri dall'aeroporto, non appena viene assalito dalla solita folla di mendicanti e lebbrosi. La strada che dall'aeroporto porta al centro è in uno stato di decadimento penoso. Per chi fabbrica qualcosa e vuole esportare nel resto del mondo, il primo problema è come evitare che la merce resti bloccata nel percorso tra Bombay e il suo porto*[xxiii]".

Ovviamente il discorso che vale per l'India vale anche per l'Asia e per i paesi in via di sviluppo più in generale. Con una precisazione fondamentale. Prese come totalità (e prescindendo dalle inevitabili debolezze derivanti da una situazione di crescita ancora "in progress") queste nuove realtà hanno un'incidenza ormai fondamentale e un ruolo significativo in un processo come quello della globalizzazione. Se è vero infatti che questi paesi hanno beneficiato del fenomeno della globalizzazione è altrettanto vero che al giorno d'oggi questi ultimi rappresentano alcuni dei suoi sostenitori più convinti. Tanto per portare un esempio, un concetto come quello di globalizzazione è per sua natura insofferente a qualsiasi tipo di restrizione o barriera commerciale. Non è un caso che i più acerrimi nemici di qualsiasi tipo di barriera o di politica protezionista siano proprio i paesi in via di sviluppo.

Un elemento chiave della globalizzazione, dopotutto, consiste proprio in questo: l'espansione del commercio mondiale attraverso la progressiva riduzione e l'eliminazione delle barriere commerciali. Se si aggiunge a ciò il fatto che molti dei paesi in via di sviluppo (particolarmente Stati asiatici) sono anche tra i maggiori esportatori di molti beni si capisce come il processo della globalizzazione non sia solo accettato come "necessità storica" da questi paesi ma utilizzato come catalizzatore principale del loro sviluppo economico.

L'importanza dei paesi in via di sviluppo e dell'Asia in particolare non è certamente significativa soltanto sotto questo aspetto, ma serve a capire alcune importanti realtà che fino a pochi anni fa sarebbero state impensabili.

Ad esempio, fu l'Asia come totalità a iniziare a trascinare faticosamente il mondo fuori dalla recessione provocata dall'economia occidentale dal 2008 e fu sempre l'Asia a crescere negli anni successivi alla suddetta crisi in maniera raguardevole mentre l'economia statunitense e quella di molti paesi europei (oltre a quella giapponese) continueranno per molti mesi a strisciare nel pantano della recessione. Come aggiunse Dennis Nally, presidente della PricewaterhouseCoopers International, commentando il periodo seguito alla crisi economica del 2008, se storicamente erano state le economie sviluppate a traghettare il recupero dell'economia in seguito alle passate crisi economiche, questa volta quel ruolo era stato decisamente preso dalle economie in via di sviluppo[xxiv].

Multipolarità, ascesa dei paesi in via di sviluppo con particolare attenzione agli Stati asiatici (e nuova prospettiva sul fenomeno del sottosviluppo che li interessa da vicino), perdita di influenza dell'occidente e ridistribuzione del peso politico ed economico da una parte all'altra del mondo, questi sono solo alcuni degli aspetti più importanti che possono contribuire a sottolineare questa nuova fase nella politica internazionale che si sta delineando all'orizzonte degli eventi.

Esiste tuttavia un caso singolo che, per quanto possa sembrare azzardato, potrebbe contribuire molto più di tutti gli altri a spiegare il nuovo contesto internazionale. Un particolare elemento che, per così dire, se opportunamente focalizzato e contestualizzato, potrebbe essere in grado di dimostrare con maggiore efficacia rispetto a tutti gli argomenti fino ad ora portati avanti della veridicità delle affermazioni sostenute poc'anzi.

Il Global Language Monitor, l'istituto nordamericano che si è incaricato del non facile compito illustrato all'inizio di questo lavoro, offre uno spunto significativo proprio a questo riguardo.

Fatte queste premesse e tratte le dovute considerazioni, si procederà in ciò che resta di questo lavoro analizzando in maniera per così dire induttiva proprio il protagonista principale di quella indagine, ovvero il paese gigante che, conquistando il titolo di "notizia più letta del decennio", si è destato dal torpore del secondo dopoguerra con maggiore velocità, aggressività e spirito di iniziativa rispetto a qualsiasi altro paese al mondo.

L'Ascesa del Drago. 30 settembre 2009, New York City.

Nella città più famosa e popolata degli Stati Uniti, uno dei centri economici e culturali più importanti del continente americano e del mondo intero, un edificio si illumina di rosso e di giallo. È l'Empire State Building, il celeberrimo grattacielo della città cuore nevralgico del capitalismo mondiale.

L'evento è storico.

Le sfolgoranti luci dell'edificio icona degli USA servono a festeggiare un avvenimento distante solo poche ore: il sessantesimo anniversario della fondazione della Repubblica Popolare Cinese (RPC).

Dal lato opposto del pianeta la nazione asiatica così rumorosamente celebrata dalla maggiore potenza del mondo non potrebbe non essere sotto gli occhi di tutti. I giornalisti delle maggiori emittenti europee e americane, asiatiche ed africane e le testate dei principali giornali del mondo descrivono i trenta anni precedenti del paese come il più grande cambiamento subito da una nazione nel minor lasso di tempo nella storia del genere umano; elencano numeri, cifre e statistiche di crescita tanto eccezionali quanto familiari ormai a mezzo mondo.

Nel frattempo, nel paese oggetto di tutte queste attenzioni, un quinto della popolazione terrestre festeggia con sfarzo i sessanta anni della Repubblica Popolare Cinese, ormai abituati da tempo alla patologica, quasi asfissiante attenzione che il resto del mondo ha nei loro confronti.

Per uno Stato che solamente nei due anni precedenti questo anniversario ha avuto il raro onore di ospitare i Giochi Olimpici, ha lanciato con successo tre uomini nello spazio, condotto la sua prima "camminata spaziale", ha osservato le economie delle potenze occidentali crollare rovinosamente, colpite dagli effetti della Crisi Economica Mondiale mentre il suo tasso di crescita si stabilizzava su un "modesto" 8% nel 2009[xxv] e che nel frattempo si prepara ad ospitare il prestigioso EXPO a Shanghai, questo tipo di attenzioni sono meno che routine ma servono a ricordare ai cinesi che tutti quanti li stanno osservando.

A ben vedere il singolare evento di New York, sottolineato dalle luci dell'Empire State Building, ha del paradigmatico. L'esempio che offre potrebbe ben testimoniare una situazione storica che è solo uno dei punti di arrivo dei numerosi, rivoluzionari cambiamenti avvenuti nel ventesimo secolo.

Mai era accaduto nel periodo della guerra fredda che il celeberrimo edificio newyorkese si illuminasse in modo simile in onore del potente rivale sovietico, l'unica super-nazione in grado di rivaleggiare con gli USA in campo ideologico, politico, militare e culturale. Ma per la Cina ciò è avvenuto.

Il significato simbolico del gesto consumatosi a New York il 30 settembre 2009 ha un'importanza particolare perché testimonia una situazione psicologica degli USA, e in generale dell'occidente, nei confronti della Cina e dell'Asia più in generale. È un modo molto particolare per riconoscere l'ascesa dell'est e testimonia come per l'occidente tutto ciò stia avendo un grande impatto e un'importanza che questa parte del mondo non sottovaluta affatto proprio perché non può permettersi di farlo.

È probabile che in futuro qualcuno riporti ciò che è avvenuto a New York la notte del 30 settembre del 2009 per stabilire il punto di inizio simbolico di una presa di consapevolezza dell'occidente e forse, chissà, per sottolineare come quel grattacielo illuminato di giallo e di rosso abbia in qualche modo rappresentato il testimone che venne scambiato da una staffetta ad un'altra.

Ma se qualcuno volesse davvero fare ciò, "metaforizzare" in questo modo un cambiamento così significativo (e cioè il sostanziale "shift" di benessere economico, forza militare, potere politico e ricchezza culturale da una parte all'altra del mondo che tende a un futuro più equilibrato, eterogeneo e multipolare), ebbene quel qualcuno dovrebbe necessariamente partire da un punto di origine per spiegare i presupposti e le modalità che lo hanno reso possibile.

La Repubblica Popolare Cinese ancor più del Giappone, delle "Tigri", dell'India e di qualsiasi nazione asiatica, simboleggia la riscossa del continente più popoloso del mondo nei confronti dell'occidente proprio perché per molti versi ne è la dinamica che ha favorito più di ogni altra la sua messa in atto e sta contribuendo più di tutte alla sua apparentemente inarrestabile parabola di ascesa.

Raccontare la storia di questo paese significa allora raccontare una parte importante di un più grande e generale processo che sta interessando e influenzando il mondo intero e, al contempo, contribuisce a rendere partecipi del più grande cambiamento subito da una nazione nel minor lasso di tempo nella storia del genere umano.

II. LA VIA DELLA CINA

Iniziare la storia di una cultura totalmente differente da quella in cui ci si trova a vivere è sempre un'impresa difficile. È un po' come tentare di descrivere una città mai vista e lontana, sulla cima di una nebulosa montagna, avvalendosi di un binocolo che non si sa usare. Se qualcuno incalza per sapere che cosa si vede il più delle volte si iniziano a descrivere particolari dettagliati, esotici e sensazionali... ma del tutto inventati. La distanza della città e l'incapacità di usare lo strumento che permetterebbe di osservarla più da vicino sono due dei più grandi limiti alla scoperta.

Per coloro poi che sanno come usare lo strumento e riescono così a vedere la città distante all'orizzonte esiste un ulteriore ostacolo da superare. Davanti a loro potrebbe infatti ergersi un panorama assolutamente differente dalle aspettative, un paesaggio alieno a prima vista, che non si riesce a capire. Strano, diverso, insicuro e forse pericoloso.

La Cina è sempre stata una città distante per l'occidente del mondo. Un universo a parte, antico ed imperscrutabile, sfuggente ed ingannevole, vasto e variegato come pochi altri.

Il corso stesso della storia di questo paese non risponde ai dettami seguiti dagli eredi della civiltà classica, non è il frutto di un "meticciato" culturale, etnico e sociale simile a quello latino-americano, non un percorso di ligia osservanza di dettami religiosi capaci di condizionare la visione del mondo come totalità, come è stato per la cultura islamica. Allo stesso tempo non è la storia di arretrato isolamento interrotto di netto da conquista e schiavitù, come è accaduto nel mondo che abbraccia il Sahara e neppure l'antica e affascinante storia di caste, filosofia e religione dell'universo indù.

Eppure, a differenza di tutte queste civiltà, la storia della Cina continua da millenni ad ergersi su basi fondanti dal sapore della preistoria. Sorella nel tempo di civiltà illustri e antiche come quella minoica, egiziana, classica, e del mesoamerica, a differenza di esse quella cinese è una sopravvissuta del tempo.

Iniziata in modo diverso, la civiltà del popolo dei "Cento Antichi Nomi" (come alcuni cinesi amano chiamarsi) ha allo stesso modo proseguito il suo viaggio nella storia battendo percorsi propri e particolari, ha fuso tra loro elementi capaci nel tempo di strutturarsi, definirsi e sedimentarsi grazie ai diversi principi creatori e armonizzatori che si sono aggiunti alla sua sempre crescente ricchezza culturale. Nomi come Sunzi (Sun Tzu), Kung Fuzi (Confucio), Mengzi (Mencio) e Laozi (Lao Tzu) echeggiano con la stessa forza di Socrate, Platone o, per citare esempi più fantastici e antichi, Arjuna o Imhotep.

Questo "Regno di Mezzo", solenne ed evocativo appellativo con il quale viene a volte indicata la Cina, deve la sua unicità ad una vasta molteplicità di fattori e qualsiasi tipo di indagine che abbia come oggetto l'antica civiltà asiatica non può permettersi di escludere forse uno tra i più caratterizzanti di questi elementi, che riguarda solo di "rimbalzo" la sua cultura millenaria, vale a dire la sua popolazione. Questo paese, infatti, è sempre stato il più popoloso del mondo e sin dai tempi remoti questa è stata una sua qualità fondamentale, indicativa non solo per capire il modo dei suoi governanti di rapportarsi con il resto del mondo ma anche e forse soprattutto per descriversi ed ordinarsi come civiltà.

In un mondo così affollato (per non dire sovraffollato) ed eterogeneo lo Stato, la società e in generale il sistema di controllo pubblico è fin da subito stato plasmato dalla necessità di prendere le contromisure necessarie affinché almeno una parvenza d'ordine venisse rispettata e fosse dato lo spazio utile affinché le attività produttive potessero garantire il sostentamento all'enorme popolazione.

La fondata ossessione affinché il caos politico, economico e sociale non dilagassero per tutto il paese forgiò per molti versi il "modus vivendi" (nel suo senso più stretto) dell'elite cinese e il modo di ragionare e di concepire la società dei governanti che si trovavano a guidarla. Da tutto ciò derivò un modo molto particolare di iscrivere la loro stessa figura di governanti e il ruolo che essi attribuivano ai governati all'interno di essa.

A questo proposito potrebbe essere utile tracciare un paragone tra due mondi molto diversi avvalendosi di due concetti, quelli di "giusto governo" e di "diritti dell'uomo", tanto cari alla cultura occidentale ma assolutamente non traslabili alla cultura cinese per semplici quanto fondamentali ragioni di coerenza storica.

Ripercorrendo una parte della storia dello sviluppo dei diritti umani in occidente, infatti, Claudio Zanghì fa notare:

> Nella prima fase, nella preistoria del diritto, la protezione è limitata a taluni diritti di tipo naturale, la vita e l'integrità fisica, e di tali diritti si parla solo nei rapporti interindividuali [...]
>
> Nella seconda fase, che inizia nel medioevo, i diritti dell'uomo si pongono quale risultato di un rapporto pattizio di natura pubblicistica; si instaura cioè un rapporto dialettico fra sudditi e sovrano e di conseguenza i diritti dell'uomo rappresentano una limitazione dei diritti, aprioristicamente assoluti del sovrano, ed una presa di coscienza della situazione sociale dell'individuo e dei diritti che da tale situazione debbono derivare.
>
> In una terza fase questi diritti assumono natura di diritti positivi, in quanto diventano contenuto delle leggi fondamentali degli Stati moderni, ma rimangono ancora confinati all'interno dello Stato.
>
> Nell'epoca moderna, infine, si assiste alla rivoluzione caratterizzata dalla internazionalizzazione dei diritti dell'uomo e della rilevanza che assumono due diritti spesso ignorati in passato: l'uguaglianza e il divieto di ogni prescrizione[xxvi].

Ora, un tipo di percorso particolare come questo non ha mai avuto modo di configurarsi in un paese come la Cina perché, di fatto, estraneo alla sua stessa "genetica".

Il fattore demografico ha avuto in Cina un'incidenza fondamentale sia sul modo di pensare e concepire i cosiddetti "diritti dell'uomo" (e conseguentemente sull'importanza loro attribuita) ma anche e soprattutto sul modo dei governanti di rapportarsi ad una situazione che, per le sue premesse, non poteva permettere una simile progressiva e particolare trasformazione del rapporto governanti-governati e dei diritti e dei doveri conseguenti a questo tipo di rapporto "in evoluzione".

José Frèches sottolinea con profondo spirito analitico questa importante differenza tra contesti storici, politici e sociali.

Lungo il corso sinuoso del fiume Giallo, nei territori in cui compaiono le prime tracce materiali della cultura cinese, la densità della popolazione era sensibilmente più alta che nel resto del pianeta già a partire dal IV millennio a.C. Il peso della componente demografica spiega perché l'organizzazione economica, sociale e militare sia stata la prima preoccupazione dell'antica società cinese. Anzitutto fu necessario provvedere a nutrire la popolazione e a organizzare la difesa; a tale scopo venne introdotta la nozione di istituzione collettiva e di prelievo fiscale, quest'ultima destinata a finanziare la prima. Nel contempo prese a circolare l'idea che *l'elemento collettivo doveva prevalere su quello individuale. E ben presto furono approntate quelle strutture coercitive il cui scopo era evitare "l'instaurazione del caos"; fu introdotta la nozione di "legge", al cospetto della quale ogni individuo è tenuto a chinarsi, con la forza se necessario [...] Questo vincolo demografico resta una chiave interpretativa essenziale per comprendere il modo in cui i cinesi sono stati governati sin dalle origini. Il concetto di "mandato celeste" – che può essere revocato al suo titolare nel momento in cui questi non si rivela più degno e qualora sopraggiunga, ad esempio, una catastrofe naturale, come un'inondazione, o un terremoto o una terribile carestia – è indissolubilmente associato a una concezione del potere in base alla quale chi esercita il comando è giudicato per la sua capacità di organizzare le cose "in modo che non si instauri il caos"*[xxvii].

La collettività, dunque, prevale sul singolo individuo. Il diritto del singolo non può e non deve prevaricare il pilastro fondante necessario affinché una società numerosa come quella cinese non precipiti nel caos, ovvero il bisogno che regni l'ordine e l'armonia, che le gerarchie e le leggi vengano rispettate e che il potere sia esercitato per mantenere tale questo stato di cose.

Il poeta e scrittore Antonio Amitrani, dotto in cultura cinese, in una suggestiva ed evocativa summa proprio di questi elementi fondamentali della struttura sociale cinese verrà a scrivere nella parte iniziale della sua poesia *Confucio*:

All'armonia celeste deve adeguarsi l'uomo,
Praticare bisogna rettitudine grande e la benevolenza.
Sulla famiglia poggia tutta la società,
L'Imperator, garante, assicura l'accordo, fra
l'ordine sociale e quello universale.
Occorre rispettare tutte le gerarchie.
Si devono studiare i Classici ed i Riti

Analizzando più da vicino l'influenza che proprio il confucianesimo ha avuto sulla storia della società (e, certamente, della politica) cinese vanno in particolare notate alcune differenze fra il concetto di "legge" e di "diritto" come sono stati intesi e si sono affermati nell'occidente e, per contro, come questi stessi elementi si siano inseriti e siano stati metabolizzati nella società strettamente gerarchizzata della Cina pre-comunista.

In un'attenta analisi proprio di queste differenze il giornalista ed esperto di cultura cinese Rob Gifford scrive:

Philosophically, Confucianism distrusted the concept of law. Based on the teaching of man named Kong Fuzi, or Master Kong, who died in 479 B.C., a decade before the birth of Socrates, its premise was that society should be brought into harmony with the cosmic order by adhering to certain ethical principles. These principles were supposed to be exemplified in the behaviour of rulers and officials. Western historians have called this "rule by virtue" or "rule by example" and it was directly in contrast to the courts and juries and the focus on "rule by law" and the "rule *of* law" that grew up in the West. Confucius said, "When a prince's personal conduct is correct, his government is effective without the issuing of orders. If his personal conduct is not correct, he may issue orders but they will not be followed[xxviii]".

Proprio per questo motivo rende perplessi come, nonostante queste importanti differenze di fondo, molti studiosi continuino ancora ad osservare la "città" cinese avvalendosi esclusivamente del "binocolo occidentale" dei diritti umani e di altre prefigurazioni tipiche di un percorso totalmente "altro" dalla realtà del paese orientale. Sembra che vada continuamente ricordato loro che il percorso della storia di quel paese non è quello che ha seguito l'Europa. Non vi è nulla che somigli anche solo lontanamente al lungo declino del Medioevo, allo spirito di rinnovata fiducia e centralità dell'uomo del Rinascimento, alla rivoluzionaria consapevolezza dettata dal nucleo del Calvinismo, (cuore, secondo molti illustri nomi, del Capitalismo) o all'inizio della valutazione critica, scevra da considerazioni irrazionali, trampolino di lancio di concetti come laicità dello Stato, uguaglianza sociale e diritti umani che è il parto del movimento culturale e filosofico noto al mondo come Illuminismo.

Per millenni il popolo cinese ha infatti mantenuto idee e comportamenti quasi del tutto immutati su come la gente dovesse vestirsi, studiare, coltivare la terra, sposarsi o su concezioni più specifiche, come ad esempio quella di "buon governo". Mentre in occidente si discuteva su tutto, dalla liceità o meno di un certo tipo di acconciatura rispetto ad un'altra, fino al sistema migliore per spiegare i movimenti della "Volta Celeste" e le opinioni generali intorno a qualsiasi tipo di argomento cambiavano radicalmente decennio dopo decennio, in Cina, dinastia dopo dinastia, la "continuità" rimaneva la parola madre per spiegare e legittimare l'ordine delle cose. Il concetto stesso di "mandato del cielo" è una prova importante di questo originale quanto radicato assetto socio-culturale.

Detto ciò è utile fare una precisazione. A volte questi particolari aspetti della società cinese, se letti superficialmente, inducono ad errori interpretativi molto gravi. Accade infatti che molto spesso la visione distorta di quanto appena detto basti ad ispirare la parola "arretratezza" sulle labbra delle "persone di oltre-oceano", specialmente quando si tratta di arrangiare improvvisati ed iperbolici paragoni fra le due parti del mondo.

La verità, ben più complessa e a volte sorprendente, è che:

Insieme con le arti, la Cina sviluppò capacità scientifiche e tecniche molto più avanzate di quanto potesse offrirne, nello stesso periodo, l'Europa antica e medievale. I cinesi furono il primo popolo del mondo che scoprì il ferro, l'acciaio, la polvere da sparo, e che costruì orologi meccanici. Essi compivano osservazioni scientifiche sul tempo o sui movimenti delle stelle quando l'Europa era ancora nella fase della più completa ignoranza.

In medicina i medici cinesi impiegavano un metodo assai simile alla vaccinazione: i dottori inglesi impararono da loro a proteggere i propri pazienti dal vaiolo e da altre malattie provocando un debole attacco della malattia stessa [...]

I cinesi hanno inventato la carta e la stampa secoli prima degli europei. Durante il Medioevo, quando in Europa i libri erano rari e venivano faticosamente copiati a mano, i cinesi disponevano di biblioteche con migliaia di volumi. I tecnici cinesi hanno costruito il primo ponte di ferro del mondo, e hanno usato la cinghia motrice secoli prima che in Europa[xxix].

Ma la civiltà cinese è ben lungi dall'essere semplicemente descrivibile sotto questa luce di conquiste e traguardi quando la si paragona al mondo occidentale di matrice classica. In misura forse maggiore per capire alcune importanti differenze fra i due poli culturali è utile senz'altro valutare l'atteggiamento "internazionale" della Cina (il suo modo di comportarsi e convivere con i paesi stranieri) che regala indubbiamente a questo paese una personalità caratteristica unica nella storia.

La Cina come Impero (dinastia dopo dinastia) ha sempre descritto le sue relazioni internazionali in via personale e unipolare. L'immagine del mondo per i cinesi (questo, qualcuno potrebbe obiettare, prima che "*sua maestà il Cannone*" avvicinasse il paese all'occidente moderno) non era poi molto diversa da quella del loro ordine interno. Era, se così si può dire, una vera e propria proiezione dell'ordine interno, gerarchico, verso l'esterno. Come ha già fatto notare Roderick MacFarquhar in proposito: «*The traditional Chinese world view was a reflection of the Confucian vision of a carefully articulated hierarchical society. Foreign monarchs and states were assumed to be tributaries of the Middle Kingdom: There are not two suns in the sky, there cannot be two emperors on earth*»[xxx].

Anche sotto questo aspetto la differenza con l'occidente è chiara: il classico sistema di "balance of power" tipico della politica estera europea era del tutto estraneo non solo in Cina, ma in gran parte del sud-est asiatico. I cinesi non avevano idea alcuna di rapporti da pari a pari con i paesi stranieri. Le relazioni internazionali in quella parte del mondo erano squisitamente "sino-centriche". Non si poteva "collaborare" con il Regno di Mezzo, solo avere il proprio posto in uno dei tanti gradini al di sotto di esso, così come si poteva aspirare al massimo al ruolo di suoi "tributari" e mai a quello di "alleati". La Cina era il centro del mondo, gli altri paesi erano la sua periferia.

E qui giace, sotto certi aspetti, uno dei motivi per cui con il procedere dei secoli l'occidente guadagnò inesorabilmente il primato in molti campi dello scibile umano, aspetto questo che decreterà nel tempo le dinamiche "imperialiste" di cui la Cina si vedrà riluttante protagonista. Effettivamente, mentre l'Europa era affollata da molti Stati (più o meno equivalenti dal punto di vista territoriale) capaci di rivaleggiare tra loro, competere, combattere l'uno contro l'altro ma anche per questi motivi di progredire e imparare dagli errori passati, nell'estremo oriente l'ombra della Cina sovrastava su tutto. Per secoli in quella parte del mondo la parola "competizione" è mancata e l'isolamento ha dominato incontrastato.

A ben vedere il simbolo di questa particolarità (per non dire della "sacralità") del territorio cinese rispetto agli altri è senz'altro rappresentato da monumentali meraviglie architettoniche come la Grande Muraglia Cinese che, oltre a fungere da spartiacque tra mondi diversi, «*sottolineava anche l'assenza di qualsiasi velleità imperialista da parte di questo immenso impero, che ha sempre ritenuto di non avere bisogno di conquistare gli altri, in quanto considerava che la sua importanza fosse tale da bastare a se stesso*»[xxxi].

Questo non significa certo che l'universo cinese non abbia assimilato o non sia stato plasmato in modo anche importante da influssi esterni. Il Regno di Mezzo ha dimostrato più volte nella sua storia la capacità di accogliere determinati influssi esterni come può essere facilmente testimoniato dall'entrata del Buddhismo (religione proveniente dall'India) nei suoi confini, fatto questo che caratterizzò in modo determinante la mentalità cinese a partire dal I secolo d.C.

Cultura millenaria e sufficiente a se stessa, rilevanza del fattore demografico, conseguente e complementare concezione di "buon governo" e di "diritti e doveri", continuità ed assenza di competitività dovuta al particolare status di "ente centrale", relazioni internazionali di tipo gerarchico con il resto del mondo e capacità di integrare influssi culturali stranieri nella propria matrice culturale, tutto questo non corrisponde che a una frazione infinitesimale dell'esotico e complesso mosaico chiamato Cina. Le diverse tessere che lo compongono sono il frutto di una storia molto antica, una storia che continua ancora dopo oltre cinque millenni.

Il viaggio alla riscoperta di questo mondo non può che

iniziare con la consapevolezza che solo con pazienza, intelligenza e dedizione si potrà scoprire il funzionamento del "binocolo" e, con maggiore sforzo ancora, si riuscirà a vedere e capire le immagini che suggerirà all'occhio attento.

Esiste un proverbio cinese che recita: "chi ha intenzione di scalare una montagna inizia dal basso".

Per quanto il percorso possa sembrare lungo e accidentato, vale sempre l'antico avviso del filosofo Laozi, nonostante i molti "li" destinati a percorrere.

IL DRAGO NELLA STORIA

La Cina dei Traguardi. Quella cinese è la civiltà più duratura oggi esistente.

È certamente antica; più dell'Islam, dell'Ebraismo, del Cristianesimo, del Buddhismo, più antica perfino dell'Induismo, la religione più longeva del mondo.

Il primo imperatore cinese, Qin Shi Huangdi, assurse al potere quando Roma si era da poco assicurata il controllo della penisola italica, e non sarebbero passati che quasi due secoli prima che il suo Impero venisse istituito (nel 27 a.C., primo anno del principato di Ottaviano celebrato "Augusto"[xxxii]); e mentre questa compagine politica esauriva la sua parabola di nascita, crescita, espansione e lenta decadenza, nell'estremo est del mondo l'Impero cinese, nonostante il lungo periodo di divisione durato oltre trecentocinquanta anni[*], tornava rapidamente ad essere una realtà certa, sicura, inamovibile e continuava a perdurare anche quando, con la caduta di Costantinopoli, crollava ciò che restava dell'Impero Romano d'Oriente.

I contatti tra i due mondi, quello occidentale e quello orientale, furono per secoli incostanti fino a quando la *pax mongolica* e l'incremento del commercio sulla Via della Seta permisero i primi rapporti diretti tra la Cina e l'occidente. Il primo europeo il cui viaggio in Cina è documentato fu il frate

---

[*]Escludendo la parentesi di effimera riunificazione sotto i Jin occidentali.

francescano Giovanni dal Pian del Carpine, inviato dal papa e dall'imperatore del Sacro Romano Impero per cercare di convincere i mongoli, gli allora dominatori della Cina, a convertirsi alla religione cristiana. La sua spedizione non fu un successo.

Di maggiore interesse e di ben diverse conseguenze fu la successiva visita di due mercanti veneziani, i fratelli Matteo e Niccolò Polo, alla corte del Khan Khubilai nel 1265. Questi ritornarono in occidente circa quattro anni dopo, avendo ricevuto dall'imperatore mongolo l'incarico di chiedere al papa di inviare cento eruditi cristiani in Cina. Nel 1271 essi ripartirono, senza eruditi, ma portandosi dietro il figlio di Niccolò, Marco. Al noto esploratore, mercante ed ambasciatore veneziano si deve la realizzazione della celeberrima opera, *Il Milione* (da lui scritto o dettato a distanza di venti anni), opera importante non solo perché segna per molti versi l'inizio di una nuova fase nella storia delle esplorazioni (in cui l'uomo europeo si affaccia al mondo circostante con sguardo indagatore dopo essersi liberato dalle paure dell'Alto Medioevo) ma, di importanza collaterale, perché regala al mondo la visione della civiltà cinese, una civiltà sotto quasi tutti i punti di vista superiore a quella europea del tempo. Tra le altre cose l'esploratore veneziano, che veniva da uno dei più importanti porti del Medioevo, «*ammirò in modo particolare la grandezza e la comodità delle navi cinesi. Egli sottolineò l'efficienza dei loro timoni e delle loro bussole, la quantità delle vele, e il modo in cui venivano costruite con l'impiego di compartimenti stagni per rendere meno pericolose le eventuali falle in mare. Marco Polo ammirò anche l'uso, da parte dei cinesi, dell'amianto e del carbon fossile, entrambi pochissimo usati nell'Europa di allora*»[xxxiii].

Le testimonianze di Marco Polo forniscono niente altro che una piccola finestra sulla superiore tecnologia del Regno di Mezzo.

Per diversi secoli quella cinese fu senza possibilità di errore la maggior potenza del mondo (uno status questo che manterrà inalterato sostanzialmente fino al XVII secolo) e il suo modo di vedere e concepire il mondo e i rapporti con i regni "barbarici" al di fuori dei suoi confini è una prova della consapevolezza che i sovrani cinesi avevano di questo stato di cose.

Per rendere ancora più evidente questo fatto potrebbe essere utile citare alcune delle maggiori conquiste che la civiltà cinese raggiunse prima di qualsiasi altra entità politica sulla faccia della Terra. Fu proprio il popolo dei "Cento Antichi Nomi" che introdusse l'uso della carta nel secondo secolo d.C. (scoperta che raggiunse il Giappone nel settimo secolo e venne diffusa in Asia centrale nell'ottavo, in Nord Africa nel decimo, in Spagna nel dodicesimo, in nord Europa nel tredicesimo). Inventò la stampa nell'ottavo secolo d.C. e i caratteri mobili nell'undicesimo secolo (un tipo di tecnologia questa che l'Europa raggiunse solo nel quindicesimo secolo), inventò la polvere da sparo già nel nono secolo d.C. (invenzione quest'ultima che raggiunse il mondo Arabo solo molto tempo dopo e l'Europa, in particolare, nel quattordicesimo secolo)[xxxiv]. Una civiltà, quella cinese, che rese testimone il mondo della sua potenza con imprese spettacolari e costose come quelle avvenute sotto l'imperatore Yongle (1403-1424), della dinastia Ming, il quale ordinò sei imponenti spedizioni marittime allo scopo di cercare tesori e dare gloria alla sua figura, perché tutti i sovrani stranieri riconoscessero la sua magnificenza. La prima di queste spedizioni, comandata dal famoso eunuco Zheng He, era costituita da ben 317 navi e da circa 27.870 uomini. Questa raggiunse diversi porti indiani, il Golfo di Oman fino a fermarsi a Jidda per esplorare la costa africana verso sud, fino a Malindi[xxxv].

Ancora secoli dopo questi avvenimenti, quando l'età dei lumi rischiarava il vecchio continente infondendolo di un più raffinato spirito critico, alcuni *philosophes* francesi guardarono alla Cina come ad un vero e proprio modello per l'Europa, sostenendo con convinzione che alcuni elementi della società cinese avrebbero dovuto essere esportati nei paesi occidentali.

La cultura cinese veniva così riconosciuta come una delle più raffinate e ricche del pianeta.

La Cina degli Incontri. Nel 1793 sessantaquattro cannoni solcavano l'oceano su di una nave inglese. Questa era diretta verso il lontano oriente, nel cuore del quale risiedeva immutato e incontrastato l'Impero cinese della dinastia Qing.

A bordo della nave c'era Lord George Macartney, inviato di Sua Maestà Giorgio III d'Inghilterra con diversi doni prodotti dalle manifatture britanniche.

Lo scopo dell'ambasciatore inglese era aprire il commercio tra il suo paese e la Cina, impossibilitato a decollare negli anni precedenti a causa delle restrizioni imposte dai cinesi.

Una volta messo piede nel Regno di Mezzo, Lord Macartney e il suo seguito faticarono ad essere ricevuti alla corte imperiale e quando finalmente ci riuscirono, si rifiutarono di eseguire il "kowtow" (un atto di rispetto secondo il quale bisognava inginocchiarsi e toccare più volte il pavimento con la fronte al cospetto dell'imperatore), un gesto carico di significato usato nei templi al cospetto delle statue delle divinità.

Diverse trattative dopo, quando molte concessioni erano state fatte da entrambe le parti e l'incontro finalmente era stato fissato, la delegazione inglese non trovò ciò che si era aspettata. Una volta di fronte al trono imperiale, infatti, non trovarono l'imperatore Qianlongdi ad aspettarli, ma un semplice pezzo di carta. Si trattava di un editto imperiale che affermava più o meno quanto segue:

> "Abbiamo letto il contenuto del vostro messaggio, e le parole in esso contenute esprimono la vostra sincerità. Da questo stesso la vostra umiltà e obbedienza può essere vista chiaramente. È ammirevole e di certo noi approviamo… Ora tu, o Re, hai presentato diversi oggetti di fronte a questo trono… La maestosa virtù della nostra dinastia si è già diffusa in ogni luogo sotto la volta celeste, e i sovrani di tutte le nazioni hanno offerto il loro prezioso tributo per terra e per mare. Come il vostro ambasciatore può personalmente constatare, noi abbiamo tutto: non attribuiamo alcun valore agli oggetti strani ed ingegnosi, e non abbiamo bisogno delle manifatture del vostro paese".

Come sarebbe stato facilmente comprensibile per chiunque

avesse conosciuto anche solo superficialmente il modo di concepire le relazioni internazionali nel Regno di Mezzo, l'imperatore Qianlongdi aveva dato ai doni di Giorgio III il significato di un semplice tributo non diverso da quelli che, per tradizione, i piccoli ed ininfluenti re dell'Asia inviavano rispettosamente al sovrano cinese. Solitamente il tributo dei piccoli paesi veniva ricambiato dal potente Regno di Mezzo con doni a chi lo recava, di valore anche maggiore. Era questa una vera e propria forma di commercio particolare sviluppatasi in seguito ai rapporti a diversi livelli tra l'Impero e i piccoli paesi che gli orbitavano attorno. Come gli inglesi si resero ben presto conto, i cinesi non attribuivano importanza allo scambio di merci come era inteso in Europa, semmai valutavano la positiva influenza civilizzatrice che, tramite questo scambio, il loro paese poteva avere sui paesi tributari, barbari e quindi inferiori.

Non si può capire bene questo tipo di atteggiamento se non si sottolinea il fatto che per secoli la Cina era stata di gran lunga l'entità politica più influente, coesa, ricca e avanzata dell'estremo oriente. Molti studiosi ed esperti hanno sottolineato come in Cina, ancora nel diciottesimo secolo, si concentrasse poco meno di un terzo della ricchezza mondiale (il 33% circa).

L'orgoglio della cultura cinese era gonfiato dai successi dei suoi eserciti, dalla sua superiore tecnologia e dall'infinita lista di imperatori che si erano succeduti nei millenni della gloriosa storia del paese.

Eppure per gli inglesi l'altezzosa riluttanza dell'Impero ad aprire le porte del commercio ebbe l'effetto opposto a quello sperato dai cinesi.

In Europa, nel corso del diciottesimo secolo, la domanda di prodotti cinesi come la seta (ancora all'epoca migliore di quella del vecchio continente), la porcellana e gli oggetti di ornamento ma soprattutto di tè cinese (una vera e propria prelibatezza irrinunciabile per i ricchi occidentali) era cresciuta a dismisura. Questo tipo di commercio, tuttavia, era tutt'altro che economico anche per le tasche dei ricchi europei. Considerato il fatto che i cinesi non erano affatto interessati a quanto si produceva in Europa, le merci orientali dovevano necessariamente essere pagate in argento.

Per anni dopo il primo tentativo di Lord Macartney gli europei cercarono di penetrare il mercato cinese.

Finalmente scoprirono qualcosa che potevano vendere in Cina, la chiave che avrebbe garantito loro l'accesso al vasto mercato di questo paese: l'oppio indiano.

Come era prevedibile, con il passare degli anni la domanda di questa droga crebbe considerevolmente in Cina preoccupando in questo modo le autorità del paese che vedevano con chiarezza gli effetti che il "fango straniero" aveva sulla loro popolazione. L'imperatore decise allora di intervenire mandando alla fine degli anni Trenta dell'ottocento un funzionario, Lin Zexu, nella costa a sud della Cina (Guangzhou era il porto fulcro del traffico di questa merce) per trattare con le "persone dall'oceano" e convincerle a cessare il traffico della droga.

Lin, suo malgrado, si confrontò ben presto con la caparbia intenzione dei commercianti inglesi di continuare imperterriti il traffico di oppio in Cina. Così, nel 1839, scrisse una lettera alla Regina Vittoria, richiedendo che lei personalmente ponesse fine al traffico. Il tono oltre che il contenuto stesso di questa lettera rivela quanto poco, dalla missione di quasi mezzo secolo prima, la visione di altezzosa superiorità che i cinesi avevano di sé stessi fosse cambiata.

"Magnificamente il nostro grande Imperatore allevia e appaga la Cina e i paesi stranieri, concedendo loro la stessa amorevole bontà. Se c'è un profitto, allora Egli lo divide con i popoli del mondo; se c'è del male, allora Egli lo rimuove nel nome del mondo intero... I re del tuo onorevole paese per generazioni sono sempre stati noti per la loro cortesia e la loro sottomissione... Il fatto è che i maliziosi barbari irretiscono il popolo Cinese e lo conducono verso una trappola mortale. Possa tu, O Monarca, controllare i maliziosi che abitano il tuo regno e impedire loro di venire in Cina, allo scopo di garantire la pace della tua nazione, di dimostrare una volta di più la sincerità della tua cortesia e sottomissione, e di permettere ai nostri due paesi di usufruire insieme le benedizioni della pace".

Ma la richiesta di Lin rimase inesaudita e i trafficanti di oppio inglese continuarono imperterriti a ricavare enormi guadagni sulla salute degli abitanti del Regno di Mezzo, corrompendo la società cinese e, tra le altre cose, mettendo in luce alcune debolezze della sua struttura millenaria.

Constatata l'impotenza delle parole, Lin Zexu decise di agire. Imitando un gesto vecchio di quasi settanta anni compiuto all'estremità opposta del mondo (ma tralasciando di vestirsi da indiano Mohawk), nel maggio del 1839 egli comandò la confisca di duecento casse di oppio e ordinò che fossero gettate in mare.

Sfortunatamente per lui e per l'Impero anche la reazione degli inglesi al gesto fu straordinariamente simile a quel famoso accadimento distante nel tempo. Le conseguenze della guerra che seguì questa sua decisione, tuttavia, non avrebbero potuto essere più diverse da quelle verificatesi in seguito al "Boston Tea Party".

Può infatti dirsi che se il tè disperso nel porto di Boston significò per molti l'evento pietra miliare dell'indipendenza di un popolo, l'oppio gettato nel porto di Guangzhou divenne il preludio dell'opposto per il popolo dei "Cento Antichi Nomi".

La Cina delle Catene. Solo pochi anni dopo la decisione presa dal funzionario cinese Lin, Karl Marx, commentando dalle pagine del *New York Daily Tribune* la fine della prima guerra dell'oppio (1839-1842) il cui traffico, a suo parere, era stato la causa della guerra stessa, constatava: "*It is almost needless to observe that, in the same measure in which opium has obtained the sovereignty over the Chinese, the Emperor and his staff of pedantic mandarins have become dispossessed of their own sovereignty*". Egli, inoltre, aggiungeva "*as though history had first to make this whole people drunk before it could rouse them out of their hereditary stupidity*"[xxxvi]. Fredrich Engels rincarava la dose qualche anno dopo, nel bel mezzo della seconda guerra dell'oppio, (la guerra dell'"Arrow", 1856-1860) riferendosi derisoriamente alla Cina come "*the rotting semi-*

civilisation of the oldest State in the world". Una nazione tormentata da *"overbearing prejudice, stupidity, learned ignorance and pedantic barbarism"*[xxxvii].

Queste due illustri testimonianze descrivono molto bene il punto in cui si era arenata la Cina quando l'imperialismo europeo entrò prepotentemente nella storia del popolo dei "Cento Antichi Nomi". Le frasi riportate sono in un certo senso l'epigrafe che celebra il disfacimento di un Impero millenario, di un popolo di antico retaggio e descrivono con tagliente efficacia la sua epoca più oscura, nella quale i suoi voleri erano schiacciati da quelli delle potenze mondiali e le sue catene di arretratezza sociale, militare ed economica limitavano una capacità di opporsi sempre più frustrata ed incerta. Questa situazione si sarebbe irrimediabilmente aggravata nei lunghi decenni seguenti di povertà, divisione e asservimento.

Per i cinesi la guerra dell'oppio (nella quale gli inglesi sbaragliarono in poco tempo le forze dell'antico Impero orientale) simboleggiò da allora in avanti l'attacco che diede inizio alla "aggressione imperialista" e l'inizio della fine dell'Impero e della lunga serie di dinastie che lo avevano edificato nel tempo.

Cosa ne era stato della gloriosa compagine politica che aveva raggiunto per prima tanti storici traguardi? Che cosa aveva decretato la nuova situazione di divisione, conflitti e povertà che la caratterizzeranno fino, sostanzialmente, alla sconfitta del Giappone con la fine della seconda guerra mondiale? La risposta a queste domande non può essere né univoca, né esauriente, perché le cause si sommano a vicenda e i loro semi vengono gettati nelle fondamenta stesse dell'Impero, decretando in questo modo una decadenza lenta ma inevitabile, la cui fine può trovarsi solo nello sradicamento totale e senza compromessi delle istituzioni passate per favorire un nuovo stato di cose.

Indubbiamente, tra le cause più evidenti di questa decadenza, bisogna ricordare alcuni dei difetti congeniti nel sistema politico imperiale, difetti che si riproponevano in modo più o meno grave dinastia dopo dinastia. Tra questi vanno perlomeno ricordati i problemi della successione al trono, che tormenteranno tutte le dinastie della storia della Cina, (particolarmente la dinastia Yuan mongola), il sistema degli esami[*] (costantemente da rivedere e da correggere e non sempre capace di garantire un ricambio efficace dell'elite amministrativa), la difficoltà di gestire e difendere un territorio sterminato, la burocrazia elefantiaca e certamente il crescente lassismo dei funzionari e la corruzione dilagante (fenomeni questi che vennero combattuti con una certa efficacia solamente sotto l'imperatore Hongwu, della dinastia Ming, e in altri rari casi).

Queste cause da sole non spiegano certo l'assoluto sprezzo che Marx ed Engels dimostravano per il cadavere della cultura cinese. In verità bisognerebbe evitare di ragionare in termini unilaterali. Sarebbe più giusto affermare che l'occidente guadagnò influenza e ricchezza nell'est del mondo perché l'Impero cinese cominciò a risentire dei suoi problemi strutturali ma anche, e forse soprattutto, che l'Impero cinese accusò maggiormente questi problemi proprio a causa della crescente influenza degli occidentali.

Dopo le grandi imprese esplorative della flotta di Yongle, infatti, il primato della Cina nella conoscenza oceanografica e nell'intraprendenza commerciale venne ben presto sostituito dai portoghesi, dagli spagnoli, dagli olandesi, dai francesi e infine dagli inglesi. Furono inoltre gli europei, e non gli arabi o gli asiatici, a trovare i modi migliori per "applicare" le scoperte nate nel lontano oriente.

---

[*]Come affermava il giornalista, filosofo e riformista Liang Qichao, un deciso sostenitore dell'abolizione degli esami di Stato nel 1927: *"Non possiamo fare a meno di riconoscere che nel regno della cultura e del pensiero c'è stato un notevole progresso... La svolta più importante è stata l'abolizione del sistema degli esami di Stato. Tale sistema ha avuto una storia più che millenaria e lo si può realmente considerare profondamente radicato e con solide basi. Il suo maggiore difetto era di rendere la mentalità degli studiosi di tutto il paese ipocrita, tradizionalista e vaga e di bloccare così tutte le fonti della cultura e del pensiero...".* Riportato da Franz Schurmann, Orville Schell, *Cina 3000 anni*, Casini, Roma 1968. Effettivamente gli esami mediante i quali i funzionari venivano scelti non erano concepiti per stimolare la loro originalità o la loro ingegnosità. L'educazione cinese consisteva nell'imparare a memoria i classici del confucianesimo e in generale se un cinese colto non riusciva a diventare un funzionario poteva considerarsi un fallito.

In Europa e in nessuna altra parte del mondo si svilupparono alcune particolari caratteristiche che consentirono alla cultura occidentale di emergere sulle altre, caratteristiche che, integrandosi a vicenda, saranno il motore capace di innescare la spinta prometeica dettata dalle due rivoluzioni industriali, un traguardo certamente periodizzante per la storia non solo europea ma del mondo intero*.

Così, come sottolineato precedentemente, solo uno strappo deciso con il passato avrebbe potuto chiudere la parentesi di disfacimento che stava caratterizzando la civiltà cinese e cambiare lo stato di cose che la vedevano oppressa dalle potenze occidentali (senza dimenticare la Russia, il Giappone e in minor misura gli Stati Uniti d'America) ed incapace di decidere del suo proprio destino. Un'oppressione questa che rese la Cina fin dall'inizio dell'imperialismo succube ed impotente, ma che al contempo e paradossalmente creerà le condizioni capaci di gettare le basi della sua rinascita sotto una veste completamente nuova ed inaspettata.

Come affermò una nota sinologa italiana a questo proposito:

> Anche al momento dell'attacco occidentale, quantunque attraversasse un periodo involutivo, la Cina rimaneva pur sempre il paese con la maggior massa umana compatta, profondamente, coscientemente unitaria, con una delle più elevate produzioni agricole del mondo, con un apparato statale solido e responsabile. Per questi motivi l'invasione della Cina non fu per il sistema capitalistico dell'Occidente un problema facile ed immediato, risolubile ad opera di un solo stato

---

*Molto interessante a questo riguardo è la considerazione di S. P. Huntington a proposito delle caratteristiche che avrebbero contraddistinto la civiltà "Western" prima della sua modernizzazione. In particolare, lo scienziato politico nordamericano, riprendendo abbondantemente dall'immensa letteratura sull'argomento, ne elenca otto: The Classical legacy, Catholicism and Protestantism, European languages, Separation of spiritual and temporal authority, Rule of law, Social pluralism, Representative bodies, Individualism. Samuel P. Huntington, op. cit., pp. 69-70-71-72.

europeo: la Cina non era un complesso tribale dell'Africa, non era una provincia periferica dell'Impero turco, né un continente disabitato come l'Australia e neppure una nazione di antica civiltà travagliata da lotte religiose e tribali come l'India [...]. Era un immenso monolito che dovette essere intaccato dapprima ai margini (con le guerre del 1839-42 e poi con quelle del 1857-60), infiltrato dalla penetrazione economica del commercio capitalistico, depauperato della sua ricchezza liquida attraverso le indennità di guerra, umiliato in modo che la sua classe dirigente divenisse cosciente della propria impotenza [...] le difficoltà insite nell'assoggettamento del paese e la gara tra gli interessi imperialistici faranno sì che l'unica soluzione possibile sarà una colonizzazione *indiretta e plurima*, cioè un comune controllo concordato dalle varie potenze, fondato sul condizionamento economico e sulla volontà della classe dirigente cinese di fungere da intermediario indigeno dello sfruttamento e della repressione pur di non vedere intaccato il proprio privilegio sociale. La lentezza, la complessità, la contraddittorietà di questo tipo di conquista saranno senz'altro circostanze di rilievo nel determinare, all'interno della realtà cinese, la nascita, lo sviluppo e alla fine l'affermazione vittoriosa di forze che alla dominazione straniera sapranno reagire e resistere[xxxviii].

La Cina delle Grandi Gesta. Il 10 ottobre 1911 a Wuchang scoppiò un ammutinamento guidato da alcuni ufficiali cinesi i quali si impadronirono in breve tempo della città. Essi ottennero il sostegno dell'assemblea provinciale dello Hubei, la quale dichiarò la provincia formalmente indipendente dall'Impero; entro dicembre, come colpite da un irresistibile effetto domino, tutte le province della Cina centrale e meridionale seguirono l'esempio dello Hubei. Il 29 dicembre di quello stesso anno il rivoluzionario repubblicano Sun Yet-sen, un medico educato in occidente, fu eletto Presidente provvisorio della nuova Repubblica cinese da un congresso di delegati provenienti da sedici diverse assemblee regionali. La corte Qing, la dinastia allora regnante, chiese urgentemente il sostegno del più influente dei suoi comandanti del nord, Yuan Shikai, ma egli decise di appoggiare la Repubblica e di costringere l'imperatore bambino Pu Yi ad abdicare.

Era la fine dell'Impero cinese. L'ultimo imperatore dell'ultima dinastia veniva deposto dal proprio popolo senza alcuna possibilità di appello. La dinastia Qing aveva perso il mandato del cielo.

L'umiliazione derivante dalle ripetute sconfitte, dalle ruberie e dagli sfruttamenti delle grandi potenze che avevano messo in ginocchio il paese, il tacito collaborazionismo dei Qing a questa politica di sfruttamento, lo svuotamento graduale degli antichi valori e la crescente povertà erano state solo alcune delle cause che, unite in un sinistro abbraccio, avevano decretato il necessario strappo con il passato, la cesura storica capace di catapultare gli eventi in una fase totalmente nuova.

I trentotto anni successivi alla deposizione di Pu Yi furono testimoni di questo nuovo corso degli eventi e del dispiegamento graduale ma ineluttabile che avrebbe fornito le basi istituzionali e sociali dalle quali si sarebbe innalzata la Cina futura.

Dopo la breve parentesi che vide Yuan Shikai al potere prima come Presidente, poi come sovrano (1912-1916), si creò un vuoto politico che durò per una dozzina di anni, periodo in cui il governo di Beijing esercitò una mera autorità simbolica sul paese, gestito di fatto in modo caotico e disordinato da numerosi signori della guerra in costante rivalità fra loro.

È proprio in questo arco di tempo che venne fondato un piccolo movimento politico ispirato dagli eventi e dai valori che stavano muovendo le sorti della rivoluzione sovietica: il Partito Comunista Cinese (Pcc) il quale, insieme al più antico ed organizzato Guomindang (partito nazionalista) guidò la spedizione verso il nord (1926-1928) che ebbe come risultato finale la riunificazione nominale del paese.

Espulso dal Guomindang per contrasti di vedute, il Pcc visse una fase nell'ombra degli eventi ma pronto ad intervenire non appena si fosse presentata nuovamente l'occasione.

Tra il 1928 e il 1937 il Guomindang, stabilita la propria capitale a Nanjing, fece del suo meglio per trasformare la Cina in un paese efficiente e moderno mentre allo stesso tempo perseguitava il Pcc, ritenuto una forza destabilizzante e sovversiva[*]. Eventi internazionali di primo piano costrinsero tuttavia (nonostante la pedante riottosità del leader nazionalista Jiang Jieshi) le due organizzazioni politiche rivali ad unirsi una seconda volta per contrastare la nuova minaccia, il Giappone, che nel 1931 aveva occupato la Manciuria facendone uno Stato fantoccio alle sue dipendenze (il Manciukuò) e nel 1936 era dilagato nella Cina settentrionale.

L'anno successivo scoppiò il sanguinoso conflitto sino-giapponese. Dopo un iniziale periodo di tenace resistenza del Guomindang i nazionalisti furono costretti a ritirarsi a Chongqing, incalzati dalle forze giapponesi che erano riuscite a garantirsi il controllo di buona parte della Cina orientale, da Beijing fino a Guangzhou. I comunisti continuarono ad opporsi all'invasore dalla loro base di Yan'an.

L'attacco di Pearl Harbor nel dicembre del 1941 fece degli USA un prezioso alleato schierato dalla parte dei cinesi e costrinse l'Impero del Sol Levante ad allentare la pressione sulla Cina (visto che gran parte del suo sforzo bellico venne diretto verso l'Asia del sud-est). Frattanto i nordamericani rifornivano i cinesi di denaro, beni, armi e soldati.

Quando la seconda guerra mondiale ebbe termine il Giappone, sconfitto, si vide costretto ad abbandonare il territorio cinese.

Ma la situazione nel paese dopo la guerra era molto lontana dall'essere stabile. Durante il conflitto, infatti, un numero impressionante di volontari era confluito nell'Armata Rossa comunista allo scopo di cacciare i giapponesi. Così, quando gli invasori se ne andarono, la maggior parte dei territori occupati

---

[*]Rimase famosa la frase che il leader del Guomindang disse agli stranieri a Nanjing, a proposito dei rivali comunisti: *"voi ritenete importante il fatto che io sia riuscito a impedire, in questi anni, l'espansione giapponese... Ma io vi dico che è più importante il fatto di essere riuscito a impedire l'espansione comunista. I giapponesi sono una malattia della pelle; i comunisti una malattia del cuore"*.

dall'Armata divennero "Zone Liberate" sotto amministrazione comunista. L'Armata Rossa contava ormai circa un milione di effettivi efficacemente addestrati ed indottrinati all'ideologia rivoluzionaria. Uno stato di cose questo del tutto intollerabile per il Guomindang di Jiang Jieshi che continuava a vedere nei comunisti un elemento pericoloso da eliminare ad ogni costo. I presupposti per una guerra civile c'erano tutti e il conflitto tra le due fazioni scoppiò nonostante un tentativo dei nordamericani di trovare una soluzione pacifica.

Dopo alcuni iniziali successi dei nazionalisti tra il novembre 1948 e il gennaio 1949 l'armata comunista, rinominata Armata Popolare di Liberazione, sconfisse gli avversari nella battaglia decisiva di Huai-Hai. Tre mesi dopo veniva catturata Nanjing. Jiang Jieshi realizzò che la sua causa era perduta e riparò presso l'isola di Taiwan con circa due milioni di fedeli nazionalisti.

La Cina decideva così di abbracciare a modo suo l'ideologia politica nata dall'uomo che un secolo prima aveva accusato i suoi abitanti di possedere una "*stupidità ereditaria*", divenendo il paese comunista più popoloso del pianeta.

III. LA CINA RIVOLUZIONARIA DI MAO

La bandiera della Repubblica Popolare Cinese venne ideata in risposta ad una circolare distribuita dalla Conferenza Politica Consultiva del Popolo Cinese nel luglio del 1949, quando le canne dei fucili che avevano cacciato il Guomindang erano ancora calde, Mosca riconosceva ancora come governo cinese legittimo quello nazionalista e il mondo doveva ancora imparare a pronunciare il nome "Mao Zedong" correttamente.

L'organo comunista che aveva diffuso la circolare su tutti i giornali sollecitava il popolo a proporre idee per la nuova bandiera nazionale. Migliaia di entusiastiche proposte seguirono la diffusione di questo avviso. Ben presto la maggior parte di loro vennero eliminate o accantonate per far posto alle finaliste.

Alla fine venne scelto il progetto di Zeng Liansong, un artista ed economista della città di Rui'an, nella provincia orientale di Zhejiang, curiosamente la stessa che aveva dato i natali a Jiang Jieshi che in quel momento era in procinto di partire per il suo esilio volontario a Taiwan, insieme a ciò che restava della sua Cina.

La bandiera proposta da Zeng aveva un solido sfondo rosso e una dominante stella gialla in alto a sinistra con una falce e un martello al centro di essa più quattro stelle minori che ne circondavano il lato destro. I partecipanti dell'organo apportarono qualche modifica alla bandiera eliminando alcuni simboli superflui. Alla fine risultò essere composta dalla stessa stella dominante ma senza la falce e il martello più le quattro stelle minori.

Oggi si dice che la grande stella rappresentasse la Guida del partito e le quattro, più piccole, le classi sociali che Mao aveva descritto nei suoi lavori. Lo sfondo rosso dominante simboleggiava lo spirito della rivoluzione.

La Conferenza Politica Consultiva del Popolo Cinese approvò ufficialmente la bandiera il 27 settembre del 1949 durante la sua prima sessione plenaria.

Quattro giorni dopo Mao Zedong sventolava la stessa bandiera per la prima volta davanti ad un'esultante folla oceanica radunata a piazza Tiananmen. Affiancato dal riservato Liu Shaoqi e dal fedele Zhou Enlai, Mao Zedong scandiva con voce imperante: *"Compatrioti! Oggi io proclamo: la Repubblica Popolare Cinese è fondata!"*

Quattro anni prima tutte le circostanze storiche che con il senno di poi possono essere individuate come favorevoli ai comunisti apparivano decisamente a loro svantaggio. Lo stato di cose che venne a configurarsi non se lo aspettava Stalin, che aveva continuato a riconoscere e a sostenere i nazionalisti; non se lo aspettavano i nordamericani, che avevano sostenuto e fornito di armi il Guomindang per sopprimere i ribelli comunisti; non se lo aspettava Jiang Jieshi, un uomo del quale *«la propaganda aveva fatto un gigante, probabilmente uno dei quattro grandi di cui il presidente Roosevelt si valeva per governare il mondo, il padrone di un popolo di oltre trecentocinquanta milioni di persone, di potenti eserciti, di enormi riserve di materiale bellico»*[xxxix]. Non se lo aspettava neppure Mao Zedong che fino all'estate del 1945 aveva tentato di strappare con esitanti trattative concessioni al suo rivale nazionalista.

Eppure e contro qualsiasi previsione il primo ottobre 1949 una stella gialla su sfondo rosso sostituiva un sole bianco su sfondo blu. Mao si stabiliva a Beijing e Jiang, sconfitto, si preparava a lasciare la Terra Madre per Formosa. L'equilibrio dei poteri si era ribaltato.

C'è un vecchio proverbio cinese che recita: "è facile prendere il potere ma è difficile mantenerlo".

La storia della bandiera cinese finisce qui. Il primo ottobre 1949 inizia quella della nazione che rappresenta.

PRELUDIO AL COMUNISMO

La Morte di Confucio. Il 4 maggio 1919 giunse a Beijing la notizia che la conferenza di Parigi aveva stabilito che tutti i diritti, le concessioni e i territori acquisiti dalla Germania (uscita sconfitta dal conflitto mondiale) nello Shandong non dovevano essere restituiti alla Cina ma consegnati al Giappone. L'importante contributo che i cinesi avevano dato alla vittoria sui tedeschi veniva disconosciuto così come la causa dei principi dei popoli sostenuta con ardore dal Presidente nordamericano Wilson.

La reazione della popolazione cinese a questa notizia e in maggior misura le sue molte implicazioni superano per magnitudine qualsiasi altro evento accaduto da lì ad un secolo prima e contribuirono a plasmare in modo radicale e al tempo stesso originale la storia della nazione asiatica.

Una volta appresa la notizia, una folla oceanica di studenti si riversò nella piazza Tiananmen e marciò sulle legazioni straniere. Nella città venivano portate in giro iscrizioni funebri con i nomi dei ministri cinesi che si erano piegati alle richieste delle grandi potenze e se ne chiedeva l'esecuzione come traditori. Le forze dell'ordine tentarono di bloccare la marcia degli studenti ma questi si diressero verso la residenza di Cao Rulin, il ministro che aveva negoziato le Ventuno "ingloriose" richieste e incendiarono l'edificio. Decine di studenti vennero arrestati o feriti, alcuni morirono nei disordini. Gli incidenti fra i manifestanti e la polizia si moltiplicarono e ben presto la manifestazione limitata a Beijing si trasformò in una protesta nazionale, con la proclamazione di un boicottaggio delle merci giapponesi. Il governo cinese era indeciso sul da farsi e assolutamente impreparato alla dimensione e alla forza delle manifestazioni che si stavano diffondendo in sempre più città. Alla fine, pressata dalla forza degli avvenimenti, la delegazione cinese di Versailles si rifiutò di firmare il trattato finale[xl].

Il Movimento del 4 maggio non descrive al giorno d'oggi solamente quella giornata storica ma, a ben vedere, simboleggia un periodo molto più lungo, grosso modo dal 1917 al 1922, periodo in cui esplosero a ritmo serrato le diverse contraddizioni della società cinese del tempo e vennero alla luce i problemi intrinseci alla sua struttura.

In questo arco di tempo sia il successo della rivoluzione bolscevica in Russia, sia la "scoperta" da parte degli intellettuali cinesi della potenzialità rivoluzionaria della classe emergente del proletariato, favorirono il sorgere di una contestazione non più solo intellettuale ma globale, che coinvolse l'intero sistema, marcio e inadatto alle prove del tempo, investendolo di un nuovo (o meglio riscoperto) sentimento patriottico che si fece manifesto in seguito alle decisioni di Parigi.

Oltre al rifiuto dell'intollerabile stato di sudditanza in cui si trovava una Cina nel caos e priva di identità e alla protesta contro lo sfruttamento delle grandi potenze, le contestazioni si rivolgevano verso un terzo aspetto, al tempo stesso radicato nella società cinese quanto venefico nelle sue implicazioni per le giovani generazioni. Infatti «*il 4 maggio ha anche un altro significato, è "il giorno della morte di Confucio", cioè un giorno di liberazione totale dalla vecchia mentalità che permetterà un accostamento di molti al marxismo*». Vero è che «*Scarsa era stata l'influenza del marxismo in Cina prima della Rivoluzione di ottobre e ancora all'epoca del Movimento del 4 maggio il marxismo era una delle tante ideologie che entusiasmavano i giovani intellettuali. Tuttavia la Rivoluzione di ottobre e l'impostazione leninista del problema della rivoluzione segnarono uno spartiacque e la storia dell'introduzione del marxismo in Cina può essere divisa in due fasi: prima della Rivoluzione di ottobre e dopo la Rivoluzione di ottobre*»[xli].

Nel 1924 la rinuncia del nuovo governo sovietico ai privilegi economici sulla Cina (ma non ai territori) che avrebbe potuto ereditare dall'impero zarista, per di più, aumentò la popolarità delle idee comuniste tra i giovani studenti cinesi che erano alla ricerca di una soluzione alternativa al disfacimento in cui verteva la loro nazione. Ma c'era dell'altro. Per i cinesi l'ideologia comunista aveva un vantaggio ben più grande e di ben più immediata portata:

Per gli intellettuali cinesi il comunismo aveva inoltre un altro grande vantaggio in quanto poteva risolvere il nodo cruciale della ricerca di una identità che fosse allo stesso tempo di uomo moderno e di cinese moderno. Il comunismo era infatti in grado di assorbire un'alta carica di antitradizionalismo e forniva alle giovani generazioni una giustificazione emotiva e progressista per rompere con il loro passato e con la tradizione, senza doverla sostituire con qualcosa di occidentale, cioè senza negarsi in quanto "cinesi". Con l'ideologia comunista, infatti, oriente e occidente, Cina ed Europa, tornavano su un piano di parità. La rivoluzione marxista centrata sulla lotta di classe permetteva di rifiutare sia l'occidente precomunista che la Cina precomunista. Come dice Levenson "un cinese che volesse ristabilire l'equilibrio tra oriente e occidente non aveva bisogno di tuffarsi nel tradizionalismo per riscoprire gli eterni valori della cultura cinese perché essere comunista poteva servire egualmente allo scopo di ristabilire l'equilibrio. Anzi, una Cina comunista, invece di trovarsi in fondo alla colonna, avrebbe potuto guidarla"[xlii].

In realtà già nelle pagine della rivista *"Gioventù nuova"*, fondata a Shanghai nel 1915, era stato diffuso un appello ai giovani cinesi perché abbandonassero definitivamente le convenzioni del passato e soprattutto la desueta tradizione del maestro Kong Fuzi (in occidente latinizzato "Confucio"), i cui insegnamenti erano sempre stati la stella polare e, per certi aspetti, l'essenza stessa della cultura cinese e che ora venivano considerati dalla gioventù in fermento alla stregua di inapplicabili farneticazioni e precetti bigotti.

Il 4 maggio 1919, data in cui si svolse la prima grande manifestazione studentesca in Cina, è insomma la data storica in cui viene sanzionato il passaggio all'azione politica della classe dei "giovani nuovi", dalla quale nascerà la nuova elite politica destinata a regnare sulla nuova Cina.

Non senza cogliere le sottili ripercussioni di questo evento periodizzante per la storia cinese e sottolineando le ragioni, fulcro nodale della protesta, la sinologa Pischel riconosce come l'evento in sé contenesse implicazioni del tutto originali e al tempo stesso rivoluzionarie, capaci di nutrire la serie di eventi successivi che avrebbero partorito nell'antico Regno di Mezzo una realtà politica totalmente nuova:

Gli studenti che la mattina del 4 maggio 1919 manifestarono di fronte alle ambasciate straniere a Pechino contro il trattamento fatto alla Cina alla conferenza di Versailles, presto seguiti da studenti, artigiani e mercanti in altre città, avevano ormai compreso nei suoi termini essenziali la funzione di sfruttamento e di repressione che le potenze straniere esercitavano sulla Cina: si ribellavano in sostanza all'«oppressione imperialistica». Le idee erano ancora assai confuse (come del resto lo erano per tutti i membri dei movimenti nazionalistici rivoluzionari del mondo coloniale): molti studenti ritenevano che la lotta si limitasse ad una battaglia contro un episodio particolarmente «sfacciato» della interferenza straniera (le concessioni tedesche in Cina sarebbero state passate al Giappone e non restituite alla Cina che pure aveva partecipato al conflitto a fianco dell'Intesa); altri avrebbero abbandonato in seguito l'impegno politico per ritirarsi in un'illusoria vita di studi, confortata da una «cultura moderna»; altri ancora non avrebbero saputo superare l'astrattezza di convinzioni politiche formulate da soli intellettuali: ma altri avrebbero vissuto in quelle manifestazioni antimperialistiche del maggio 1919 la prima tappa di una lunga milizia rivoluzionaria, di un processo di una presa di coscienza ideologica e di maturazione politica che si sarebbe poi esteso ed approfondito. Erano tutti giovani passati attraverso l'esperienza del «movimento del 4 maggio», gli intellettuali che nel luglio 1921, con l'aiuto dell'Internazionale comunista e dopo due anni di approfondimento politico e culturale, fondarono il partito comunista cinese[xliii].

Il Marxismo che Non C'Era. Circa due anni prima degli avvenimenti del 4 maggio un lettore della rivista *"Gioventù nuova"* scrisse in una lettera indirizzata al giornale che, secondo il suo parere, il socialismo costituiva la forma più avanzata del pensiero moderno e domandava come mai non se ne discutesse sulla rivista.

Chen Duxiu, il fondatore della rivista (nonché futuro co-fondatore del Pcc) rispose: «*Gli ideali del socialismo sono molto elevati e le sue scuole di pensiero sono estremamente complesse. Io posso soltanto dire che la Cina, in confronto all'Europa, è molto ritardata. Dato che l'industria in Cina non si è ancora affermata, il socialismo da noi non può essere messo in atto*».

Chen aveva ragione. Prima del 1917-18 l'influenza del pensiero di Marx sugli intellettuali cinesi era debole, quasi inesistente. Egli era visto semplicemente come uno tra i tanti pensatori progressisti occidentali. Solo alcune opere del pensatore prussiano erano state tradotte in Cina e per giunta di recente. Ancora all'epoca del movimento del 4 maggio il marxismo era soltanto una delle innumerevoli ideologie occidentali che entusiasmavano ed inspiravano i giovani studiosi. Eppure questa arretratezza, questa mancanza di informazioni (come di qualsiasi forte influenza del pensiero di Marx sull'intellighenzia del paese prima del 1918), ebbe implicazioni da non sottovalutare ed anzi foriere di notevoli conseguenze. Il fatto che non si fosse legati alle formulazioni marxiste ortodosse, infatti, permise uno speciale sviluppo ideologico autoctono, originale, conforme e quindi adatto alla realtà cinese. Mao Zedong stesso a questo proposito verrà a dire, sottolineando le conseguenze (e i vantaggi) di questa particolare "arretratezza": *"la Cina è povera e bianca"*.

Effettivamente il marxismo e le contraddizione della società che esprimeva sembravano così lontane dalla realtà cinese del tempo. Il marxismo (particolarmente nel periodo precedente alla rivoluzione di ottobre) presupponeva la presenza di specifiche relazioni economiche di tipo capitalistico e di un numeroso proletariato industriale. In Cina mancavano sostanzialmente queste condizioni.

La classe operaia cinese era esigua (anche se agguerrita) e principalmente concentrata nelle città costiere. Il sistema marxista di lotta e rivoluzione semplicemente non poteva essere applicato al caso cinese. *"Il socialismo da noi non può essere messo in atto"* affermava Chen, a ragione, nella sua lettera di risposta. Ma si riferiva al modello di socialismo che si era sviluppato in Europa, che aveva le sue radici nel vecchio continente e, dunque, che era ad esso confacente. Nulla però impediva ad un tipo particolare di "socialismo alla cinese" di svilupparsi nell'antico Regno di Mezzo. Era solo necessario l'equivalente cinese di Lenin, qualcuno che riuscisse ad astrarre il concetto, assimilarlo e adattarlo al contesto cinese e, finalmente, metterlo in pratica con una serie di azioni concrete, miranti a raggiungere l'obiettivo finale della rivoluzione.

Colui che Regge il Cielo. Mao Zedong nacque nello Hunan nel 1893 da una famiglia di contadini benestanti. Aveva studiato in una scuola di villaggio, dove aveva imparato a conoscere i testi tradizionali confuciani. Mao era uno studente al tempo della rivoluzione del 1911 e, come molti giovani cinesi, era fiero di appartenere alla generazione del 4 maggio perché considerava quegli anni il punto di inizio della storia moderna cinese.

Va detto che la particolare interpretazione marxista che Mao sviluppa nel corso del tempo (parallelamente all'evolvere della sua esperienza personale come comunista convinto e attivo) risente in parte degli influssi sia di Chen che di Li Dazhao, i due fondatori del partito comunista cinese, ma se ne distacca al contempo rivendicando la sua propria originalità e particolarmente includendo una caratteristica componente di azione pratica e attiva volta a sperimentare la teoria nella pratica di tutti i giorni.

Partendo dai fondamenti, si può dire che l'enunciato di base di Mao consiste nell'affermare che «*i gruppi più sfruttati in un dato ordine sociale devono ribellarsi contro chi li costringe a questo ingiusto stato di cose. Secondo Marx questo gruppo era costituito essenzialmente dal proletariato, per Lenin gli oppressi si identificavano sia con i proletari che con i contadini; per Mao erano principalmente i contadini perché una rivoluzione che non avesse risposto alle aspettative dei contadini che costituivano più dell'80 per cento della popolazione cinese o che si fosse svolta senza la loro partecipazione, avrebbe avuto scarsa incidenza*»[xliv].

L'attenzione si sposta dunque sulle enormi potenzialità rivoluzionarie che offrono le masse contadine "riscoperte" da Mao. Mano a mano che il pensiero di Mao si va arricchendo di particolari e la sua esperienza di rivoluzionario viene forgiata sul campo di battaglia sempre più rilievo viene dato alla componente contadina e in particolare l'attenzione si sofferma sulla sua importanza storica nella cultura cinese. Mao, infatti, ripercorrendo la storia del suo paese, sottolinea come le guerre provocate dalle numerose rivolte contadine che si sono succedute nel tempo siano state, usando le sue parole, "*la forza motrice dell'evoluzione storica della Cina*". Per lui, infatti, le guerre (o rivolte) che si sono susseguite periodicamente in Cina avevano avuto in definitiva una portata più vasta e maggiore frequenza di qualsiasi altro movimento popolare nella storia. Senza soffermarsi sulla fondatezza o meno di questa sua visione[*] basti notare come Mao ribalti qui la concezione di Marx e tenda a privilegiare l'Asia come contesto geografico in cui la lotta o guerra di classe è stata, secondo lui, addirittura più acuta che in Europa o in qualsiasi altra parte del mondo. Questa importante componente è tuttavia stata spesso trascurata negli studi sul pensiero maoista. Come scrive Chalmers Johnson in proposito: «*Questo è un fatto che fuori dalla Cina non è stato ben capito. Gli studiosi stranieri della rivoluzione cinese hanno avuto la tendenza a sottovalutare la componente "guerra di popolo" nel pensiero di Mao Zedong*»[xlv].

È stato detto che il più importante contributo teorico di Mao al comunismo è stata la teoria della guerra rivoluzionaria di popolo. Sicuramente il periodo trascorso nello Hunan è stato il più fecondo per l'attività teorica di Mao e la sua famosa indagine sul movimento contadino del 1927 rappresenta un traguardo periodizzante per la storia della rivoluzione cinese e una tappa di fondamentale importanza nella storia privata di

---

[*]Sulla questione delle guerre contadine esiste una nutrita letteratura. A posteriori sembra che le rivolte dei contadini avvenute nella storia dell'Impero abbiano attirato un gran numero di pensatori comunisti, disperatamente intenti a cercare paralleli utili per tentare di suffragare teorie secondo cui già una rivolta come quella dei Taiping (1850-1864) possedesse una matrice comunista o protocomunista. Per un approfondimento della questione si rimanda al libro di Joseph Needham, *La Cina e la storia*, Feltrinelli, Milano, 1975.

Mao stesso. Nel rapporto egli mischia del profetico all'avveniristico ma senza dimenticare di tratteggiare un'analisi precisa di quanto constatato o delle sue possibili conseguenze.

In una parte del rapporto egli afferma: «*Fra breve in tutte le regioni della Cina settentrionale, centrale e meridionale, centinaia di milioni di contadini si solleveranno con l'impeto di vento selvaggio e pioggia scrosciante, talmente impetuosi e violenti che nessuna forza, per quanto grande, riuscirà a reprimerli. Spezzeranno tutti i legami che li vincolano e si slanceranno per la via che porta alla liberazione... Di fronte a loro saranno messi alla prova tutti i partiti rivoluzionari e tutti i compagni rivoluzionari, per essere accettati o respinti. Mettersi alla loro testa e guidarli? Oppure seguirli alla lontana gesticolando e criticandoli? O ancora opporsi a loro e considerarli avversari? Ogni cinese è libero di scegliere tra queste tre possibilità...*»[xlvi].

Mao optò decisamente per la prima alternativa formando i soviet rurali protetti da una forza militare (l'allora Armata Rossa) e iniziando una radicale riforma agraria che dovette essere successivamente mitigata.

Il concetto di guerra del popolo rimarrà sempre una costante basilare dell'equazione comunista di Mao. Questa si basava sostanzialmente sul primato del fattore umano e della politica. Inoltre, altra componente caratterizzante, doveva esistere un rapporto molto stretto tra le masse popolari e l'esercito. «*Le masse popolari sono come l'acqua*» scriveva Mao, «*l'esercito è come un pesce. E allora come si può dire che quando c'è l'acqua il pesce incontra difficoltà a mantenersi in vita? Un esercito che non riesce a mantenere una buona disciplina entra in contrasto con le masse popolari e così, con il suo stesso comportamento, prosciuga l'acqua. In questo caso naturalmente non può continuare a esistere*».

Secondo Mao la guerra di popolo non poteva verificarsi senza l'integrazione fra militari e civili, e dunque tra dirigenti del partito e dirigenti dell'esercito. È inoltre necessario per il successo della guerra del popolo che i dirigenti civili siano in grado di ottenere il sostegno delle masse con un programma politico, sociale ed economico confacente alle necessità della società che si preparano a gestire. Questa importante relazione non va sottovalutata. Essa rappresenta una componente basilare della teoria dietro il comunismo cinese, ovvero perché esista e debba esistere il controllo dei civili sui militari, e quindi perché "*il partito comanda sul fucile*".

Questa particolarità del sistema teorico di Mao è stata più volte confermata dalla prova dei fatti. La stessa Grande Rivoluzione Culturale Proletaria (è questo il suo nome completo) sarà alla fine una manifestazione incontestabile di questa precisa linea politica.

Mao non venne meno alle sue idee ed applicò i suoi ragionamenti alla vita di tutti i giorni e per tutto il periodo speso a militare insieme ai suoi compagni, dormendo in caverne sotterranee, zappando la terra quando era necessario ed imbracciando il fucile quando veniva il momento, prima contro gli invasori giapponesi e successivamente contro i rivali nazionalisti.

Quando il primo ottobre del 1949 il partito comunista ufficializzerà la sua vittoria e prenderà conseguentemente il controllo della Cina, l'ideale spirito romantico-rivoluzionario, per cui nessuna teoria era sacra ma anzi costantemente in divenire con cui Mao concepiva il mondo, non verrà mai meno, con tutte le conseguenze del caso.

Nelle numerose e radicali riforme che cambieranno la faccia del vecchio Regno di Mezzo c'è molto del leader comunista e ben difficile sarebbe capire la Cina del primo quarto di secolo della nuova "Era Rossa" senza prendere in considerazione la personalità che la caratterizzerà del tutto in questo arco di tempo. "*Rivoluzione continua*" era la frase chiave in cui Mao non smise mai di credere e, fino alla sua morte, l'idea di rivoluzione costante e continuata sarà l'ombra onnipresente di questa nuova nazione cinese.

FALCE E MARTELLO SUL REGNO DI MEZZO

La Repubblica Popolare. La maggior parte dei cinesi che si trovavano ad esultare di fronte al leader Mao il 1° ottobre 1949 (come del resto la maggior parte dei loro connazionali sparsi per il paese) non erano comunisti, ma semplicemente persone stanche di decenni di guerre, instabilità, carestie, saccheggi e povertà che volevano voltare l'angolo, scrivere la loro storia su una pagina bianca che non fosse macchiata dal sudore o dal sangue. Mao Zedong, il contadino rivoluzionario che aveva unificato il paese e scacciato i corrotti nazionalisti, offriva loro esattamente questo.

La Cina era finalmente unita sotto un'unica autorità che stava guadagnando il rispetto della gente con la ferrea disciplina e la disinteressata devozione alla causa dell'uguaglianza e dell'eliminazione della povertà.

Le strade venivano ripulite, i collaborazionisti del Guomintang arrestati, alle prostitute e ai mendicanti veniva cercato di provvedere offrendo loro occupazioni alternative.

La buona organizzazione comunista contribuiva ad evitare il panico derivante dalla transizione di autorità mentre l'Armata Popolare di Liberazione occupava villaggi, città e campagne e gli ufficiali comunisti cominciavano a diffondere tra il popolo le basi del marxismo.

Lo stesso esercito si mostrò in grado di fornire gran parte dei primi amministratori e funzionari necessari per l'apparato burocratico della nuova Cina. Ad essi si aggiunsero molti studenti e in generale numerosi civili rapidamente addestrati ed indottrinati. Questi nuovi dirigenti comunisti venivano chiamati "quadri". Essi, donne e uomini, vestivano allo stesso modo, mangiavano con sobrietà, non accettavano soldi sottobanco e credevano nella causa della rivoluzione.

Inizialmente i nuovi funzionari comunisti vennero anche affiancati dagli impiegati del Guomintang rimasti, consentendo che l'esperienza di questi ultimi servisse il nuovo governo mentre altri quadri si andavano celermente formando.

La legge, l'ordine e la pace pubblica non solo non vennero meno in questa fase di delicata transizione ma si rafforzarono e si diffusero. Inoltre l'inflazione galoppante venne rapidamente controllata mentre le banconote yuan auree vennero sostituite con le "banconote del popolo" o renminbi.

In questa fase iniziale i nuovi governanti seppero gestire il passaggio in modo ordinato e relativamente pacifico, mentre contemporaneamente rinforzavano le loro basi nella società.

A ben vedere questo processo non era poi molto differente dallo sparecchiare un grosso tavolo lordo e incrostato di avanzi. Ora che questo era vuoto e pulito, si trattava di cominciare ad imbandirlo, di ridisegnare completamente il significato stesso di nazione cinese aggrappandosi alla legittimità che la causa della rivoluzione aveva garantito ai comunisti. Non era certo sufficiente sopprimere la libertà di stampa e la libertà di esprimere pubblicamente la propria opinione o forzare stranieri e missionari fuori dal paese (provvedimenti questi che furono presto adottati) per accontentare i dirigenti del partito comunista cinese. Tutto ciò in effetti non consisteva che in alcuni preparativi generali necessari per impostare l'inizio del nuovo corso.

Per Mao era sempre stato chiaro che un reale processo di sviluppo (ed un consolidamento effettivo del carattere socialista della società) poteva essere raggiunto solo con una partecipazione profonda, sentita e al contempo con un miglioramento della situazione sociale della maggioranza dei cinesi (cioè delle masse rurali). Fino a quando tale risultato non fosse stato raggiunto la rivoluzione sarebbe rimasta per le masse una vaga chimera e non un reale e concreto passaggio ad una società realmente nuova (e migliore).

Per queste ragioni era necessario che i comunisti creassero una nuova struttura politica ispirandosi ai canoni della dottrina marxista, seguendo le direttive del Pcc e diffondendo al contempo la nuova ideologia sociale, politica ed economica di cui si facevano rappresentanti perché fungesse da collante per tutti gli strati della popolazione.

Bisognava, insomma, imbandire il tavolo con la grossa tovaglia rossa ricamata con gli evocativi e potenti simboli della falce e del martello.

Per far ciò, come prima cosa, si provvide a creare una rete dalla quale si diramassero le braccia del partito che dovevano essere in grado di raggiungere qualsiasi luogo, dalla capitale fino al più sperduto villaggio di confine.

A livello locale agli ufficiali comunisti venivano date istruzioni affinché spiegassero agli abitanti dei vari villaggi il programma del partito (uguaglianza politica, sovranità del popolo, eliminazione della povertà).

I comunisti organizzarono poi le persone in unità politiche le quali procuravano occupazione, provvedevano alla sanità dei partecipanti, alle loro case e all'educazione. Queste particolari unità politiche avevano il non trascurabile vantaggio di dare al partito un diretto controllo sulla vita delle persone.

È utile sottolineare che questo nuovo tipo di organizzazione sociale non fu facile da digerire per molti cinesi che ne erano sottoposti ma allo stesso tempo era tollerabile nella misura in cui offriva alle persone il minimo necessario per sopravvivere.

Parallelamente alla "palingenesi" amministrativo-organizzativa, ne era necessaria una più squisitamente politico-economica. Questo significava sostanzialmente ridisegnare la struttura socio-economica stessa del paese sradicando il passato stato di cose.

A pagare le spese di questo ulteriore cambiamento fu la classe dei proprietari terrieri, opportunamente demonizzati dal Pcc come "*nemici del popolo*". Fu condotta a questo proposito una poderosa campagna di denuncia dei grossi proprietari ad opera degli ufficiali comunisti mandati nelle campagne cinesi.

L'opera di denuncia era molto ben organizzata dai membri del Pcc; era un vero e proprio rituale, una manifestazione attentamente studiata per raggiungere un determinato scopo.

Dopo che era stato fatto il censimento di un villaggio (con l'assistenza dei più poveri tra i contadini) i quadri premevano affinché i contadini denunciassero i proprietari terrieri, incoraggiandoli e rassicurandoli con lo slogan "*vomitate l'acqua amara*". I quadri si tenevano dietro le quinte e assistevano: il proprietario veniva posto al centro della folla, in piedi solitamente, a capo chino, le mani a volte legate. I contadini lanciavano pubblicamente le loro accuse e non di rado insultavano o picchiavano l'accusato; molti ne chiedevano la condanna a morte. È stato stimato che diverse centinaia di migliaia di proprietari terrieri (ma la cifra arriva in diversi casi ad oltre un milione) furono uccisi. I più fortunati persero quasi tutti i loro beni e le loro proprietà (eccetto un piccolo pezzo di terra necessario per la loro sopravvivenza) e tutti i loro diritti civili. Gli abitanti dei villaggi erano poi incaricati di controllarli affinché non facessero propaganda contro il partito. Le terre tolte ai proprietari terrieri venivano ridistribuite ai contadini. Questa redistribuzione (includendo la fase precedente al 1949) viene chiamata "riforma agraria". Conseguenza della riforma fu la distruzione totale ed effettiva della classe nota come gentry, la stessa che aveva da secoli il controllo diretto o indiretto della politica cinese.

Era dunque chiaro ora chi era al comando.

La riforma agraria fu un importante catalizzatore del più vasto programma di riforma fondiaria. Lo scopo di questa riforma venne pubblicizzato dal veterano comunista, nonché braccio destro di Mao, Liu Shaoqi.

Liu era un comunista ortodosso, al secondo posto dopo Mao nella gerarchia del partito. Personaggio riservato ma brillante, freddo e calcolatore all'occorrenza ma padre e marito devoto. Per Liu la nuova legge poneva fine allo *"sfruttamento feudale da parte dei parassiti latifondisti"* e dotava di impulso l'economia contadina per rendere così possibile la rinascita della produzione agricola. La riforma durò sostanzialmente fino al 1952 e ne beneficiò circa il 60% della popolazione rurale. I suoi effetti furono molteplici: molti contadini poveri divennero contadini medi e tra il 1942 e il 1952 vi fu un aumento di quasi il 13% della produzione di granaglie (i contadini producevano di più anche perché sapevano che stavano lavorando la loro terra)[xlvii]. Come si è ricordato, tuttavia, molti proprietari terrieri e in generale i detentori del potere rurale furono arrestati e uccisi come conseguenza di questa redistribuzione delle risorse.

Alla campagna contro i proprietari terrieri seguirono (e successivamente si affiancarono) i movimenti del 1951-1952, questi ultimi svoltisi nelle città contro quelli che Mao chiamò *"i nemici senza armi"*. Il popolo, usando le parole del ministro delle finanze Bo Yubo, avrebbe *"dovuto unirsi per sradicare tutto il sudiciume lasciato dalla vecchia società"*.

Il primo di questi movimenti si svolse contro la corruzione, la burocrazia elefantiaca e gli sprechi (il movimento dei "tre anti"). Venne rivolto contro i vecchi funzionari del Guomintang che erano rimasti in servizio ma anche contro alcuni nuovi quadri comunisti ritenuti corrotti. Il secondo movimento (detto dei "cinque anti" o "cinque contro") mirava ad eliminare le tangenti, l'evasione fiscale, i furti dei segreti dell'economia dello Stato e delle proprietà dello Stato e le frodi nella stipulazione di contratti statali. Quest'ultimo movimento tendeva a colpire i capitalisti ricchi, accusati di defraudare il pubblico.

Queste campagne di massa (dirette specialmente contro i

cosiddetti "controrivoluzionari") furono alimentate dalla preoccupazione del Pcc derivante dalla contemporanea guerra in Corea. La minaccia della guerra venne inoltre utilizzata dai comunisti per suscitare appoggi al regime (ne è un esempio la campagna "Resistiamo all'America, aiutiamo la Corea") e fu invocata per giustificare una linea più dura e intransigente nei confronti di tutte le persone sospettate di non dare pieno appoggio al regime.

Per quanto riguardava la sfera della politica interna cinese era ben chiaro che all'inizio del 1951 l'atteggiamento di moderazione prudentemente adottato dal Pcc nella fase iniziale e più fluida dell'instaurazione del nuovo regime stava per finire. Ora che si sentiva più forte, il governo poteva permettersi di distruggere definitivamente qualsiasi opposizione politica e saldare il suo controllo sulla società cinese.

La gestazione della nuova Repubblica Popolare Cinese non fu meno travagliata sul versante dei rapporti internazionali. Dal 1949 al 1952 la Cina fu impegnata nella "liberazione" del Tibet (a cui in seguito venne imposto il nome di "regione autonoma dello Xizang") operata dall'Armata Popolare di Liberazione guidata da Deng Xiaoping, anch'egli un veterano della Lunga Marcia. Non si riuscì tuttavia a inglobare la Mongolia Esterna, divenuta Repubblica Popolare Mongola nel 1924, la quale riuscì a rimanere indipendente. Quanto a Taiwan, nell'ottobre del 1949 una milizia comunista cercò di impadronirsi dell'isola di Jinmen ma senza successo. Fu ben chiaro che un'invasione contro Taiwan sarebbe stata un'operazione tutt'altro che facile.

Sul piano dei rapporti internazionali la Cina era stata trattata dagli Stati Uniti alla stregua di una grande potenza nella seconda guerra mondiale ma durante la guerra civile tra il Pcc e il Guomindang (e la successiva conquista del potere da parte dei comunisti) la Cina era divenuta non meno che un paria nella comunità internazionale. Seppure la Cina aspirasse inizialmente ad essere riconosciuta come potenza neutrale, l'ineluttabile delinearsi degli eventi internazionali che stavano intessendo la nuova realtà della guerra fredda, iscritta nel confronto fra le due superpotenze, spinse il Pcc a prendere posizione.

Accadde così che Mao nel dicembre del 1949 lasciò la Cina per la prima volta nella sua vita per recarsi a Mosca a negoziare con il vicino gigante sovietico.

I negoziati tra le due parti furono sfibranti e, a dispetto delle dichiarazioni pubbliche, Stalin fu un alleato difficile. Per diversi giorni non sembrò neppure curarsi della presenza di Mao a Mosca. Alla fine, tuttavia, riuscì ad essere stipulato un trattato sino-sovietico di alleanza e reciproca assistenza. Tra le sue clausole Mao ottenne una promessa di reciproco appoggio nell'eventualità di un attacco giapponese e un prestito alla Cina di trecento milioni di dollari in crediti.

Tornato a Beijing Mao dichiarò che finalmente dalla parte del popolo cinese c'era l'Unione Sovietica che li avrebbe aiutati a difendersi dal nemico imperialista (gli Stati Uniti d'America).

Dopo qualche mese scoppiò la guerra in Corea e fu a questo punto che venne diffusa la campagna "Resisti all'America, aiuta la Corea". I cinesi, incoraggiati da Mao e dai dirigenti comunisti, donarono in massa armi, munizioni e denaro. Ma l'aiuto della popolazione non fu sufficiente e la Cina fu costretta a indebitarsi nei confronti dei nuovi alleati sovietici per comprare armi e mezzi necessari per sostenere gli sforzi del conflitto.

L'esito della guerra, comunque, provocò nel paese un grande orgoglio nazionale. L'esercito cinese era stato fortemente provato e circa un milione di soldati erano morti nel conflitto ma questo paese aveva combattuto e resistito agli eserciti delle più forti nazioni del mondo coalizzatesi intorno alla superpotenza nordamericana. La campagna "Resisti all'America" aveva inoltre provato con chiarezza lampante ai membri del Pcc il potere di Mao di mobilitare l'intero paese e il suo innegabile carisma, elementi questi che rafforzarono la sua posizione di leader indiscusso del paese.

Il Compagno Sovietico. Se il periodo che va dal 1949 al 1952 può essere considerato un vero e proprio momento di consolidamento del nuovo sistema comunista nella realtà cinese, nel quale si susseguirono nell'arco di alcuni anni eventi unici e originali per la storia del paese, il periodo immediatamente successivo, comunemente definito "sovietico", non fu certamente da meno. Per convenzione questo periodo copre gli anni che vanno dal 1953 al 1958 e vede il proseguimento del tentativo del Pcc di trasformare la Cina in un paese comunista di fatto, oltre che di nome. L'influenza sovietica sarà essenziale per il raggiungimento di questo obiettivo.

È possibile iniziare a descrivere questa nuova fase partendo dal varo nel settembre del 1953 del Primo piano quinquennale di sviluppo (impostato sul modello sovietico) nel quale verrà adottata la pianificazione statale dell'economia del paese.

Facendo questa scelta, la Cina si decise a seguire la via segnata da Lenin ed imboccata da Stalin stabilendo di dare priorità all'industria pesante ed impiegando in modo intensivo i capitali e la tecnologia avanzata offerti dagli alleati russi. La nuova rotta era del resto stata già anticipata da un discorso di Mao il quale, tornato dal suo soggiorno a Mosca, aveva affermato a chiare lettere: *"noi dobbiamo lavorare duro ed imparare dall'esempio dell'Unione Sovietica"*.

Con l'assistenza dell'URSS il governo cinese avviò dozzine di progetti, ricevette consulenze di esperti russi (circa 11.000 tecnici specializzati sovietici vennero inviati in Cina a controllare e installare gli impianti e a fornire assistenza tecnica). Il sostanzioso aiuto economico, la fornitura di impianti e personale alla Cina è stato definito non a sproposito «*uno dei più grandi trasferimenti di tecnologia di tutta la storia mondiale*»[xlviii].

Come se ciò non bastasse, circa 30.000 studenti cinesi vennero mandati a istruirsi in Russia.

La "generosità" russa, ovviamente, doveva in qualche modo essere ripagata. Mao pensò ai contadini cinesi per saldare il conto.

Visto che i piccoli appezzamenti di terra (distribuiti in seguito alla riforma agraria), coltivati con metodi rozzi e primitivi dai contadini poveri e sprovvisti di strumenti non lasciavano margini né per un'alta tassazione né per il risparmio, il governo decise di cominciare nel 1953 a socializzare l'agricoltura per aumentarne il rendimento.

Un'importante conseguenza della passata riforma fondiaria era stata, infatti, un'infinita parcellizzazione delle proprietà agricole. In questa situazione la maggior parte dei contadini si trovavano a lavorare un terreno non molto più grande di un piccolo giardino suburbano dei paesi occidentali. Per questo motivo i lavoratori non potevano accumulare capitali, investire e quindi non si poteva realizzare il forte aumento di produzione necessario per nutrire la popolazione crescente e per fornire manodopera in più per l'industria.

I dirigenti della politica cinese guardavano all'esempio sovietico. Dopo il 1930 la Russia aveva collettivizzato l'agricoltura e si era procurata i capitali (derivanti dal settore agricolo riformato) che avevano permesso gli investimenti nell'industria.

Come prima cosa, dunque, le famiglie cinesi vennero incoraggiate a mettere insieme le loro proprietà in piccole cooperative. Il primo stadio della cooperazione doveva consistere nel fatto che gruppi di contadini si raggruppassero per coltivare le terre e dividessero i profitti secondo il reciproco apporto di risorse.

Effettivamente la produzione cominciò gradualmente ad aumentare non appena le prime famiglie si misero insieme. Le cooperative ebbero un certo successo e per questo si moltiplicarono ad un ritmo sorprendente sostenute dagli strumenti e dagli incentivi che il governo faceva loro pervenire per ottimizzare gli sforzi.

Per la fine del 1955 circa due terzi dei contadini cinesi erano riuniti in cooperative. Era molto di più di quanto ci si sarebbe potuto aspettare. In uno stadio successivo alle cooperative (nei cosiddetti "collettivi") i profitti della terra coltivata insieme venivano invece divisi in base al reciproco apporto di lavoro. Queste nuove unità organizzative erano più estese delle precedenti cooperative e potevano comprendere anche interi villaggi.

Verso il 1956 quasi tutti i contadini (non di rado sotto forte pressione da parte dei quadri locali) erano divenuti membri di un collettivo.

Tutto questo determinò un fatto senza precedenti nella storia del paese. Per la prima volta nella sua storia l'output delle fattorie dell'intero paese era sotto il controllo del governo. Lo Stato decideva quanto grano i contadini potevano tenere. Il resto doveva essere venduto a basso prezzo allo Stato.

Durante il 1° piano quinquennale (1953-58) la produzione industriale cinese raddoppiò. Il merito però spettava per il 50% all'URSS, che aveva fornito gran parte degli importanti investimenti dai quali i dirigenti cinesi avevano attinto per iniziare le indispensabili riforme.

Oltre alle riforme nell'agricoltura e nell'industria in questo periodo si assistette anche ad un tentativo di "riforma culturale". Nel 1956 il premier Zhou Enlai (insieme a Liu Shaoqi uno dei vertici del Pcc e fedelissimo a Mao), infatti, considerò che per promuovere efficacemente l'economia e riformare la burocrazia il governo avesse necessariamente bisogno degli intellettuali. In maggio Mao Zedong appoggiò questo cambiamento dichiarando: "*lasciate che cento fiori sboccino, che cento scuole di pensiero gareggino fra loro*". Era un vero e proprio incoraggiamento senza precedenti a criticare in modo costruttivo il partito.

L'evento inaspettato non mancò di insospettire gli intellettuali ma dopo qualche tempo le prime, timide critiche cominciarono ad apparire.

Con il tempo la confidenza degli intellettuali e degli studiosi cinesi crebbe e ben presto le mura dell'università di Beijing si ricoprirono di grandi posters che denunciavano coraggiosamente alcuni membri del partito e proponevano cambiamenti e riforme di vario genere, molte delle quali potenzialmente fatali per la stessa leadership comunista. Si criticava soprattutto la corruzione e l'inefficienza del Pcc.

Questo fu troppo per molti dirigenti cinesi. L'invito di Mao ad una critica costruttiva era andato semplicemente troppo oltre per i membri del partito che fecero pressioni su Mao affinché denunciasse questo "movimento dei cento fiori". Alla fine Mao, nel giugno del 1957, pubblicò un articolo chiamando le persone che avevano espresso critiche nei confronti del Pcc "*nemici*". Il partito allora, dopo il passo indietro fatto da Mao e il suo tacito consenso alla ritorsione, cominciò una campagna antidestra che avrebbe "silenziato" e perseguito duramente tutti gli intellettuali colpevoli di avere criticato il partito e i suoi metodi. Alunni e professori universitari che avevano aderito al movimento di critica vennero accusati e mandati in prigione o a redimersi in campi di educazione.

È stato detto che in un documento che circolò all'interno del partito Mao stimò che circa il 10% delle persone potevano essere iscritte nella categoria di "*revisionisti di destra*". Molti dei più "zelanti" ufficiali locali che lessero questo documento lo interpretarono come se dovessero trovare 10 revisionisti ogni 100 persone. Questo fatto ebbe come conseguenza la messa in stato di accusa e la condanna di molte persone assolutamente estranee ai fatti. La campagna di persecuzione contro i revisionisti distrusse molte vite e stroncò di fatto i tentativi di protesta costruttiva che, in seguito al movimento, erano timidamente emersi.

Da quel momento in poi Mao cominciò ad abbandonare la concezione secondo cui gli intellettuali erano la chiave di volta dello sviluppo economico e del benessere della società. Iniziò piuttosto a preoccuparsi di quella che secondo lui era una carente e lacunosa coscienza rivoluzionaria tra i giovani istruiti.

Riguardo la campagna antidestra non sono in pochi oggi a credere che Mao abbia architettato volontariamente il "movimento dei cento fiori" per scovare e reprimere gli intellettuali ostili al regime. Quel che è certo è che in seguito alla repressione vennero di fatto ridotte al silenzio tutte le correnti contrarie al dogma del partito.

Se sul piano interno la Cina assisteva a questo susseguirsi di fermenti sociali, economici e culturali anche i rapporti con l'esterno subivano a loro volta un vero e proprio stravolgimento.

Le relazioni con l'URSS, in particolare, sembravano migliorate dopo la morte di Stalin (marzo 1953). Nel 1954 Krusciov e Bulganin si recarono in Cina e tutto faceva pensare che i due paesi avessero raggiunto ormai un livello di parità e di reciproco rispetto. Ma un deciso cambiamento tra i loro rapporti si ebbe indubbiamente in seguito al discorso di Krusciov del febbraio 1956, quando pronunciò le famose e inaspettate accuse contro Stalin al partito comunista dell'Unione Sovietica, senza avvertite preventivamente la Cina di questa sua decisione[*]. I cinesi, dal canto loro, stupiti e indispettiti dalle

---

[*]Letto in una riunione privata nel corso del XX congresso del Pcus e pubblicato dal New York Times per la prima volta il 4 giugno 1956, il documento stravolse come mai era stato fatto prima la visione del mito di Stalin e suscitò conseguentemente un'ondata a volte di muto stupore, altre volte di palese indignazione nell'opinione pubblica dei paesi comunisti. Non è escluso a questo proposito che Mao Zedong vedesse nella critica di

dichiarazioni di Krusciov, lodarono Stalin, considerandolo in definitiva un grande uomo che aveva solo commesso qualche *"errore secondario"*.

Questa controversia sulla figura e i meriti di Stalin fu solo la prima a mettere in luce altre divergenze ideologiche, per esempio riguardo l'inevitabilità della guerra con le potenze capitaliste che ora Krusciov metteva in discussione.

Nonostante queste questioni, comunque, Mao Zedong si recò a Mosca per la seconda volta nel novembre del 1957, poco dopo il lancio dello Sputnik (il primo veicolo spaziale) da parte dell'URSS. Mao in questa occasione elogiò i traguardi raggiunti dai fratelli comunisti con la celebre frase: *"il vento dell'est ora prevale su quello dell'ovest"*.

Eppure le divergenze tra i due paesi comunisti erano destinate inevitabilmente a farsi sempre più marcate con l'andare del tempo. Il colpo definitivo ai rapporti sino-sovietici venne dato da molteplici fattori: dal mancato sostegno in politica internazionale alla Cina su alcune questioni (attacco a Taiwan del 1958, repressione della rivolta in Tibet del 1959 e gli incidenti di frontiera con l'India) ma soprattutto dall'utopistico e provocatorio progetto di Mao Zedong delle Comuni.

Il Grande Balzo e la Grande Fossa. In un discorso tenuto davanti alla conferenza suprema di Stato il 28 gennaio 1958 Mao Zedong dichiarò che era *"possibile raggiungere la Gran Bretagna nel giro di quindici anni"*. Era il segnale di un'imminente sostituzione della strategia economica conservatrice con un programma ben più audace. L'aria di cambiamento si era in realtà già avvertita nel novembre 1957 quando il *"Quotidiano del popolo"*, la voce ufficiale del partito, aveva dato rilievo allo slogan *"di più, meglio, più rapidamente e a minor prezzo"*. Nello stesso discorso del gennaio 1958 Mao aveva aggiunto: *"nel fare la rivoluzione bisogna battere il ferro finché è caldo: una rivoluzione deve seguire l'altra; la rivoluzione deve avanzare continuamente"*. Appare qui nuovamente la concezione di "rivoluzione permanente", un processo che «*abbracciava sia la sottostruttura economica della società*

Krusciov a Stalin un attacco alla sua stessa figura di leader carismatico e un potenziale pericolo per la sua immagine postuma.

sia la sua sovrastruttura sociale»[xlix].

La traduzione in fatti concreti delle parole di Mao sarebbe stata rappresentata dal "Grande Balzo in avanti"[*], un radicale, audace e spregiudicato tentativo di risolvere i problemi economici della Cina con un'azione rapida e decisa.

Sulle pagine dei giornali, sulle mura dei villaggi, su cartelli e stendardi si moltiplicarono slogan come *"tre anni di sforzi e mille anni di felicità"* mentre nelle campagne veniva lanciato un massiccio programma di irrigazione che utilizzava la forza lavoro di cento milioni di contadini.

La leggenda vuole che il Grande Balzo in avanti sia iniziato in un modo tanto pittoresco da risultare paradossale. Secondo quest'ultima, Mao aveva deciso di visitare alcuni villaggi per vedere come stava andando la produzione. Accadde che, una volta giunto in una delle sue destinazioni, egli si trovò di fronte uno stendardo sul quale erano scritte queste parole: *"Le Comuni del popolo sono cosa buona"*. Mao lesse ad alta voce la scritta. Il caso volle che proprio in quel momento un giornalista si trovasse vicino a Mao, lo sentisse e riportasse le parole del Presidente nei suoi appunti. Sempre secondo la storia, il giorno dopo le parole di Mao apparvero su tutti i giornali. Le parole di Mao furono talmente potenti che dal giorno alla notte fiorirono Comuni in tutta la Cina.

Di fatto, a partire dall'aprile 1958, ventisette cooperative di produttori dello Henan decisero di fondersi e di formare una Comune senza alcuna direttiva specifica da parte del Pcc. Altre cooperative seguirono l'esempio e in agosto le Comuni ricevettero l'approvazione ufficiale. «*Prima della fine dell'anno settecentomila Cooperative di produttori agricoli erano state riunite in ventiquattromila Comuni del popolo*»[l].

Una Comune era sostanzialmente una macro-unità attentamente organizzata che comprendeva molti villaggi con migliaia di famiglie. Era una convergenza di un certo numero di collettivi e non di rado ricopriva l'intera estensione di una provincia (che poteva anche amministrare). I giovani delle città vennero sollecitati a recarsi volontariamente in questa nuova tipologia di amministrazione incoraggiata dallo Stato.

---

[*]Era questo il nome dato al secondo piano quinquennale, dal 1958 al 1963, anche se oggi ci si riferisce ad esso includendo solo i primi tre anni.

Dal punto di vista organizzativo la vita all'interno di una Comune era attentamente pianificata e la vita familiare era virtualmente abolita. I bambini venivano messi insieme in asili comuni mentre i genitori lavoravano dalla mattina alla sera. *"Prendi le stelle e la Luna"* era uno degli slogan ripetuto in questo periodo che sottolineava bene il fatto che si lavorava fino a notte fonda senza risparmio o riposo, motivati da un'incrollabile dose di eccitazione che contagiò tutti.

In linea di massima il vantaggio economico teorico delle Comuni consisteva principalmente in una massiccia mobilitazione della manodopera per progetti in grande scala che necessitavano una enorme forza lavoro. Per aumentare il numero della forza lavoro disponibile i piccoli lotti di terra privati che i contadini conservavano nelle cooperative vennero aboliti e i mercati rurali smisero di funzionare. Altra caratteristica delle Comuni era la rinascita della milizia popolare. In molte Comuni i contadini rispondevano ad ordini di tipo militare, marciavano verso i luoghi di lavoro e venivano addestrati all'uso delle armi. L'efficienza e la disciplina erano due qualità fortemente incoraggiate.

Nelle Comuni le persone vivevano in tutto e per tutto assieme. Mangiavano, lavoravano e dormivano a stretto e incessante contatto tra loro. Raramente nella storia moderna l'espressione "vivere in comunità" ha raggiunto un caso simile di affinità con il termine come nelle Comuni cinesi.

Anche nelle città vennero istituite alcune Comuni urbane ma qui il sistema non riuscirà mai a raggiungere l'importanza di quello sorto nelle campagne.

Queste Comuni vennero anche incoraggiate dal governo a cercare risorse autoctone di minerali e di ferro e addirittura a costruire *"fornaci per l'acciaio nel cortile di casa"*. *"Grano e acciaio in quantità"* erano le parole d'ordine del tempo, quello che si pensava fosse realmente utile per raggiungere gli ambizioni obiettivi di crescita economica che Mao e il partito si erano posti.

Proprio per questo motivo e in risposta ai desideri di Mao e dei dirigenti, la popolazione nelle campagne cominciò ad accumulare ninnoli e strumenti vari, qualsiasi cosa fosse fatta di ferro o di acciaio. Nello spirito di febbrile smania iniziale si bruciarono sedie, tavoli, sostegni delle finestre, qualsiasi cosa pur di fornire una quantità quanto più possibile abbondante di combustibile per le fornaci che dovevano funzionare giorno e notte. L'eccitazione della maggior parte delle persone era stata stimolata a tal punto dalla martellante propaganda e dalle incessanti esortazioni ideologiche che molti cinesi credevano senza difficoltà che il loro paese potesse diventare ricco e potente se ci si sforzava e soprattutto si credeva tutti assieme al sogno di Mao di futuro benessere e prosperità. Dal canto suo il partito, a sua volta contagiato dal cieco ottimismo di cui era stato il principale catalizzatore, pose obiettivi talmente alti alla produzione da risultare decisamente utopistici.

Il governo sollecitò il Grande Balzo non solo nell'industria ma anche nell'agricoltura. In questo settore si sperava innanzitutto di aumentare l'estensione delle terre coltivate in Cina e di incrementare il risparmio agricolo per poterlo investire nell'industria.

Inizialmente l'eccitazione derivante dalla certezza di poter raggiungere gli ambiziosi traguardi favorì anche qui uno spirito di devozione molto sentito. Da Mao all'ultimo contadino tutti i cinesi erano pieni di entusiasmo.

Le possibilità di sviluppo e di ricchezza che questa campagna aveva suggerito sembravano agli occhi dei più non solo possibili ma anche alla portata di tutti.

E così, traghettati da questo spirito di positiva e acritica fiducia nel progresso, si cominciò a credere che i miracoli potessero avverarsi; che se si fossero piantati semi vicini tra loro si sarebbe prodotto di più e meglio. Si scavavano buche larghe e profonde come piscine e si credeva che se queste fossero state letteralmente riempite di fertilizzante le piante sarebbero esplose dal sottosuolo. Si era certi che qualsiasi tipo di pianta potesse crescere su qualsiasi tipo di terreno. Il detto che, insieme a decine di altri, circolava a quel tempo era: *"il grano crescerà al di là dei tuoi desideri"*.

I dirigenti delle Comuni, trascinati da questo spirito di cieco ottimismo, facevano a gara fra di loro per accattivarsi l'attenzione del partito, per fargli sapere che avrebbero fatto del loro meglio per raggiungere i suoi ambiziosi obiettivi. Se uno di questi diceva che sarebbe riuscito a produrre centocinquanta tonnellate di grano per acro, un altro gli faceva eco replicando che ne avrebbe prodotte duecento e così via.

Ma ben presto l'entusiasmo e l'eccitazione che circondavano come un'aura sacra questo utopistico progetto di sviluppo vennero spezzati dalla dura realtà dei fatti e dalle limitazioni che minavano alla base questo ambizioso, glorioso ed insieme presuntuoso secondo piano quinquennale.

Tanto per cominciare «*le comuni impiantate nel corso del grande balzo in avanti non erano ben pianificate e non costituivano uno sviluppo ordinato della precedente politica agricola, ma rappresentavano un'idea romantica, tipica del metodo di direzione di Mao [...] Il grande balzo in avanti non riuscì a risollevare, come aveva sperato Mao, i problemi economici della Cina*»[li].

L'euforia del Grande Balzo in avanti fu così seguita già nel 1959 da disincanto, frustrazione e dissensi. Cominciava a essere chiaro che le notizie di raccolti eccezionalmente abbondanti erano state gonfiate e che gli obiettivi industriali che erano stati posti erano irrealistici.

Curiosamente, quando Mao viaggiava per i villaggi, gli venivano mostrati campi letteralmente saturi di grano. Questo fatto mostra molto bene quanto ci si ostinasse almeno inizialmente a non riconoscere il fallimento del piano, nonostante le sempre crescenti evidenze, ma mostra al contempo il desiderio del popolo e dei funzionari locali di non deludere Mao. Per fare ciò i contadini inscenavano veri e propri spettacoli per il loro Presidente. Consistenti quantità di grano venivano spostate dove si sapeva Mao avrebbe viaggiato e si metteva tutto in un campo.

I funzionari locali, dal canto loro, mentivano spudoratamente sulle cifre della produzione e ne riportavano altre totalmente inventate. Più alto era l'ufficiale, maggiore era la menzogna per ingannare il partito e il popolo. Essi non osavano riferire i risultati che avevano davanti agli occhi, risultati palesemente al di sotto delle aspettative, e da ciò derivarono diversi aspetti di confusione amministrativa.

Con il passare del tempo molti contadini, che non erano la priorità del governo, cominciarono a lamentarsi della crescente scarsità di grano che veniva utilizzato in massima parte per nutrire le città e pagare i debiti con i sovietici. Presto molti di loro cominciarono a soffrire la fame e la loro insofferenza al lavoro incessante crebbe (lavori di irrigazione, alle fabbriche ed esercitazioni militari che si aggiungevano al già massacrante lavoro nei campi). Già alla fine del 1958 il fallimento del Grande Balzo in avanti, l'idea fortemente voluta e spalleggiata da Mao, si palesava ai leaders del partito nonostante i tentativi fatti per nasconderlo.

Alla riunione del comitato centrale del partito svoltasi a Wuhan nel dicembre, Mao accettò di rinunciare alla carica di Presidente della Repubblica Popolare. Era la prima, grande sconfitta politica di Mao ed insieme un'impensabile ammissione di colpa. Mao venne accusato (a porte chiuse e tra le righe) del disastro rappresentato dal Grande Balzo in avanti. Liu Shaoqi, il secondo dietro Mao nella gerarchia del partito, nell'aprile del 1959 prese il suo posto come nuovo Presidente mentre Zhou Enlai divenne primo ministro e Deng Xiaoping segretario generale del Pcc. Mao rimase presidente del partito e la versione ufficiale che venne diffusa fu che egli avesse rassegnato le dimissioni per dedicare maggior tempo allo scrivere e al lavoro teorico.

La maggior parte delle persone, all'interno e all'esterno della Cina, non ebbero difficoltà a credere alla spiegazione ufficiale, pensando che Mao conservasse ancora il supremo potere sul partito. Ma così non era. Qualcosa era profondamente cambiato. Il conflitto politico che era fermentato sotto la superficie dal 1956 era esploso nel silenzio nel corso della riunione di Wuhan. Mao, che più tardi verrà a dire di essersi sentito trattare come "*un vecchio antenato ormai nella bara*", soffriva tutti gli effetti del suo ultimo fallimento e la linea politica del partito subiva un cambio di rotta oltre che di timoniere.

Gli effetti disastrosi del Grande Balzo in avanti non tardarono a manifestarsi anche altrove. Questo progetto consisteva dopotutto in un vero e proprio rifiuto dei metodi economici sovietici, una voce fuori dal coro del dogma comunista russo. Gli apparentemente incoraggianti risultati iniziali sbandierati ai quattro venti (e l'esaltazione delle Comuni come corsia preferenziale verso il comunismo puro) minacciarono di togliere all'Unione Sovietica la pretesa di essere il «*leader ideologico ed economico del campo socialista*»[lii]. Questo fatto fu effettivamente qualcosa che a Mosca venne mal digerito e la superpotenza sovietica incassò male il colpo alla schiena infertole dal più giovane "paese compagno".

Altre crisi internazionali (l'attacco dei cinesi alle isole di Taiwan fortemente condannato da Krusciov, la timida risposta del leader sovietico agli sbarchi statunitensi nel Libano, il rifiuto dell'URSS di sostenere pubblicamente la decisione dei cinesi di sopprimere la rivolta tibetana del 1959) sommate a questo importante scontro di vedute, provocarono ben presto la rottura definitiva.

Nel giugno 1959 l'Unione Sovietica cominciò con il ritirare l'offerta di assistenza nucleare che due anni prima aveva offerto alla Cina; al contempo alcune opinioni poco lusinghiere che Krusciov aveva espresso sul sistema delle Comuni giunsero alle orecchie di Mao.

La risposta dei comunisti cinesi fu dura. Nell'aprile del 1960 "*Bandiera rossa*" criticò veementemente la politica di coesistenza pacifica dell'Unione Sovietica con la superpotenza nordamericana. In luglio l'URSS annunciò di rimbalzo che i suoi tecnici sarebbero stati rimpatriati entro due mesi. Ancora, al XXII congresso del partito comunista dell'Unione Sovietica che si tenne a Mosca nell'ottobre del 1961 il partito comunista sovietico e quello cinese dimostrarono che la rottura era divenuta chiara e profonda. La ripresa degli attacchi contro la figura di Stalin e la condanna dell'Albania scontentarono profondamente i cinesi che leggevano nelle dichiarazioni di Krusciov degli attacchi indiretti alla loro politica. Nell'aprile e nel maggio del 1962 la crisi si amplificò ulteriormente in seguito ad alcuni incidenti di frontiera tra l'URSS e la Cina. Inoltre l'atteggiamento di Krusciov nella crisi di Cuba, ritenuto troppo debole ed esitante dai cinesi, fece affermare loro: "*la tigre americana è una tigre di carta*" per stimolare un'azione più ferma e decisa contro quello che i cinesi credevano un "bluff" dei nordamericani a cui il leader sovietico stava abboccando. Krusciov, che conosceva meglio la superpotenza rivale, aveva replicato a quelle stesse accuse affermando caparbiamente che "*quella tigre di carta ha denti atomici*". Il leader sovietico, in un'altra occasione, aggiunse peso alle sue critiche accusando i cinesi di tollerare che "*alcuni loro territori rimangano occupati dagli stranieri*" (con chiara allusione a Xianggang, ancora amministrata da inglesi).

Era l'inizio di un periodo di ostile chiusura diplomatica fra i due maggiori paesi comunisti che durò fino al 1985.

Eppure, le conseguenze in politica interna ed estera del Grande Balzo in avanti, per quanto chiaramente periodizzanti (deposizione de facto di Mao e chiusura dei rapporti con l'alleato storico sovietico) non furono nulla paragonate agli effetti che ebbero sulla società cinese e soprattutto sui suoi abitanti.

La magnitudine del disastro provocato dalla politica visionaria di Mao sotto questo aspetto fu incalcolabile. L'effetto più eclatante della grande "utopia romantica" di Mao fu una sempre crescente scarsità di cibo in tutto il paese. Come se ciò non bastasse dal 1959 al 1961 le condizioni meteorologiche sfavorevoli causarono pessimi raccolti in gran parte del paese.

Agli scarsi visitatori stranieri presenti in Cina in quegli anni si presentava davanti agli occhi la curiosa immagine di lunghe file di persone estremamente magre ai negozi di alimentari quasi vuoti. Ma questa non era che la punta dell'iceberg della miseria in cui verteva realmente il popolo cinese e il governo, seppur ridusse gli obiettivi sproporzionati di Mao, continuava a chiedere ai contadini più grano di quello che potevano fornire.

Le persone in molti villaggi cominciarono a morire in massa di fame e di stenti. Presto la carestia, alimentata dai cattivi raccolti, dalle richieste del governo e dalla mancanza di risorse, cominciò a diffondersi a macchia d'olio per tutto il paese, mietendo sempre più vittime. I giornali non riportavano quello che stava accadendo e per evitare che le notizie si diffondessero ai contadini veniva proibito di lasciare i loro villaggi, condannandoli così molto spesso a morte certa.

Il Grande Balzo in avanti cadde con tragica precisione nella Grande Fossa comune di fame, stenti e privazioni in cui morirono milioni e milioni di persone. Fu il costo del sogno infranto di un popolo che aveva creduto alle promesse di prosperità che si erano trasformate in sicuro oblio.

Il declino della produzione alimentare e il crollo del

sistema di distribuzione scatenarono una penuria che non aveva precedenti nel ventesimo secolo. È stato calcolato che l'aumento cumulativo della mortalità fu tra i sedici e i ventisette milioni di morti. La penuria, che raggiunse l'apice nel 1960, colpì maggiormente le aree rurali e alcune province: nella sola Anhui vi furono più di due milioni di morti[liii].

La carestia durò tre anni (1959-1961) ma ebbe effetti che si protrassero per diverso altro tempo. La visione di Mao di fornire a tutti i suoi compatrioti prosperità e cibo aveva creato la più grande carestia nella storia della Cina. Il prezzo che egli aveva dovuto pagare era stato l'esilio dal potere politico, l'esclusione dalla gestione degli importanti affari del paese e il rassegnarsi di fatto ad occupare una posizione onorifica ma priva di poteri effettivi che gli ricordava semplicemente e costantemente il suo fallimento.

Eppure Mao Zedong sentiva che il suo compito come guida della nazione era tutt'altro che concluso. Era solo questione di tempo prima che il Grande Timoniere facesse il suo trionfale ritorno nella scena politica sull'onda impetuosa ed inarrestabile della Grande Rivoluzione Culturale Proletaria.

L'UTOPIA ROSSA

L'Ombra di Mao. Sotto la nuova leadership di Liu Shaoqi e dei suoi collaboratori Deng Xiaoping e Zhou Enlai, il periodo successivo al Grande Balzo in avanti fu dedicato alla ricostruzione economica e ad un riassestamento politico che seguì la "deposizione" di Mao.

Si cominciò con il ridimensionare il disastroso sistema delle Comuni. Più in particolare, le meno redditizie fra queste vennero abolite e venne abbandonato il pittoresco progetto delle "fornaci di acciaio nei cortili" (le quali, tra l'altro, avevano prodotto acciaio del tutto inutilizzabile a causa della mancanza di equipaggiamento per fabbricarlo). Le mense comuni e gli asili comuni vennero in molti casi chiusi. Aumentarono i pagamenti in denaro e diminuirono quelli in natura. Si concesse ai contadini di coltivare nuovamente appezzamenti privati e così aumentò la produzione di uova, verdure e capi di allevamento.

La priorità nella ricostruzione venne data all'agricoltura. Vennero aumentati gli investimenti in questo settore e si accrebbe la produzione di macchine agricole e di fertilizzanti chimici. Liu Shoaqi e i suoi collaboratori, inoltre, accantonarono l'industria pesante ed incoraggiarono la produzione di beni di consumo. Molte imprese di Stato vennero chiuse e si ritornò alla pratica "pre-balzo" della "gestione da parte di un uomo solo".

L'opera di Liu, assistito con entusiasmo dal segretario del Pcc Deng Xiaoping, funzionò bene e la Cina recuperò in fretta. Nel 1965 la produzione agricola ritornò ai livelli raggiunti nel 1957 (anche se nel frattempo la popolazione era aumentata di ottanta milioni di unità).

Per quanto riguarda la produzione industriale questa ebbe una ripresa ancor più marcata e nel 1963 la crescita era promossa dallo sviluppo di nuove tipologie di industrie (particolarmente petrolchimiche). Progressi nella tecnica e nella tecnologia, inoltre, vennero mostrati al mondo intero quando la Cina effettuò il suo primo test nucleare nell'ottobre 1964 facendo esplodere con successo la sua prima bomba atomica.

Anche l'istruzione venne riformata fornendo un'alternativa al sistema di massa di "lavoro-studio" con l'istituzione di scuole regolari e di buona qualità.

Mentre le ferite del Grande Balzo in avanti andavano faticosamente cicatrizzandosi e i cambiamenti nell'economia cinese continuavano, una vera e propria "guerra fredda interna" per la conquista del potere si stava svolgendo in seno ai quadri più alti del partito e nella cerchia degli stessi dirigenti.

Infatti, a dispetto di quanto solitamente creduto, i prima anni Sessanta, gli anni di esilio politico, non furono poi così tranquilli ed isolati dalla vita politica per Mao Zedong. Si vedeva il grande leader rivoluzionario studiare placidamente economia politica e leggere i classici cinesi ma in realtà dentro di lui stava covando il magma di un vulcano: l'idea della sua resurrezione politica.

Nel perseguire questo suo progetto egli trovò ben presto due potenti alleati: sua moglie Jiang Qing, una ex stella del cinema, attiva nel campo degli affari culturali e Lin Biao, un veterano della Lunga Marcia divenuto ministro della difesa nel 1959.

Si venivano così a configurare due schieramenti ben definiti. Da una parte Liu Shaoqi e Deng Xiaoping, i critici di Mao e delle sue politiche rivoluzionarie (i quali continuavano ad estrometterlo dalle cariche di governo), dall'altra la fazione capeggiata dall'ex leader della Repubblica Popolare e dai suoi nuovi, fidati collaboratori, Lin Biao e Jiang Qing. Tra questi due schieramenti stava il premier Zhou Enlai in una posizione neutrale, fedele a Mao ma al tempo stesso amante (e amato) del popolo che aveva sofferto in modo indicibile durante il sogno utopistico del suo Presidente.

La base di questo crescente scontro politico aveva in realtà radici antiche. Si era venuto a delineare anni prima, quando i rapporti fra Mao e il partito avevano cominciato a cambiare.

Dal 1946 al 1956, infatti, l'autorità e la guida ideologica di Mao non erano mai state discusse o sfidate. Ma nel 1956, all'ottavo congresso del partito, la strutturazione del partito venne alterata, eliminando i riferimenti al pensiero di Mao come parte dell'ideologia del Pcc. Il politburo venne ingrandito e importanti posizioni vennero conquistate dai tecnocrati. Mao vide già a quel tempo in questi cambiamenti un attacco allo spirito della rivoluzione comunista e al suo stesso prestigio e cominciò conseguentemente a convincersi che il governo stava divenendo più burocratico e distante dalle masse. Per questo motivo nel suo discorso *"Sulla giusta soluzione delle contraddizioni in seno al popolo"*, pronunciato nel febbraio del 1957, aveva espresso la sua ostilità nei confronti del partito. La rottura totale però avvenne nel 1962, nel periodo della ripresa dopo il Grande Balzo in avanti, quando nella conferenza dei settemila quadri egli attaccò violentemente e in modo diretto i burocrati del partito, accusandoli di arroganza. Dato che la contraddizione tra il partito e il popolo era per lui ormai evidente, non poteva essere risolta con una semplice rettifica. Sarebbe stato necessario, secondo lui, smembrare il partito stesso e rifondarlo dalla sua base.

Deng Xiaoping contribuì a gettare fuoco sul magma quando,

nel 1962, criticò apertamente il sistema delle Comuni e i rapporti di produzione socialisti e minacciò di accantonare l'agricoltura collettivizzata. In una conferenza egli dichiarò inoltre di essere favorevole a qualsiasi forma di produzione che ripristinasse (anche modificandola) la produzione agricola. Rimase famosissima la sua citazione di un proverbio dello Sichuan: "*che importanza ha che il gatto sia giallo o bianco se acchiappa i topi?*"

Liu Shaoqi, da parte sua, riteneva che le accuse di Mao al partito fossero esagerate e che il problema principale fosse una certa corruzione dei quadri piuttosto che un pericoloso revisionismo dilagante (del quale Mao e i suoi sostenitori avevano accusato sia lui che Deng).

La rottura con Mao era a questo punto insanabile. La perdita di fiducia del Grande Timoniere nei confronti del partito, dei suoi leaders e rappresentanti, lo portò a guardare con speranza alle generazioni più giovani al fine di trovare dei degni successori dediti alla causa della Rivoluzione.

"*Non dimenticate mai la lotta di classe*" era stato il minaccioso monito di Mao in un discorso tenuto nel settembre del 1962. Lo spirito infuocato che ardeva in queste sue parole non avrebbe tardato ad esplodere nell'ultimo e più grande esperimento rivoluzionario.

Il Vangelo Rosso e i Proseliti della Rivoluzione. Tra l'agosto e il novembre del 1966 nella piazza Tiananmen di Beijing si riversarono adunate oceaniche di giovani. Ognuno di loro sembrava il fratello gemello dell'altro: indossavano tute militari simili ed esibivano un'identica espressione di estasi catartica stampata sul volto. All'unisono, come una vasta prateria che seguiva i dettami del vento, salutavano con euforia incontenibile una distante figura che, dall'alto, rappresentava per loro niente meno che una divinità. Questa marea di corpi in febbrile movimento aveva dell'altro in comune. Qualcosa che li caratterizzava davvero per quello che erano e che avrebbero rappresentato per la Cina e per il mondo.

Sulle loro braccia troneggiava un'identica fascia rossa con la scritta "Guardie Rosse". Ognuna di queste braccia agitava in aria un piccolo, all'apparenza anonimo libricino rosso. Il loro vangelo.

Il suo titolo era *"Citazioni del Presidente Mao Zedong"* ma il suo nome era *"Il Libretto Rosso di Mao"*; un libro che Mao non scrisse mai ma che impresse il suo colore rosso sugli anni Sessanta e Settanta in Cina, nei campus universitari occidentali e nei più desolati paesi del Terzo mondo in cerca di indipendenza. Un libro che in questo periodo divenne tra i più stampati al mondo.

Un libro che segnò un'epoca e che aveva come scopo quello di cambiare il mondo.

È il 1964 l'anno che vede i suoi natali ed è Lin Biao, maresciallo dell'Armata Popolare di Liberazione, ministro della difesa, nuovo braccio destro di Mao e suo aspirante successore che decide di compilarlo. Il suo obiettivo è molto semplice: ideologizzare in misura il più efficace possibile l'apparato militare, trasformarlo nel baluardo incorruttibile dell'ortodossia comunista.

Tuttavia l'indottrinamento dell'Armata Popolare di Liberazione non era altro che una porzione infinitesimale del grandioso esperimento che verrà successivamente esteso a tutta la nazione, il campo di partenza su cui definire una fedeltà fanatica e totale al capo supremo e al culto della sua personalità. Una fedeltà fondata su un libro all'apparenza insignificante.

Un occidentale del tempo che si fosse trovato davanti il Libretto Rosso, infatti, non ci avrebbe visto molto altro che una semplice antologia di brevi brani, massime e aforismi selezionati da tutti gli scritti e i discorsi di Mao Zedong.

Secondo le intenzioni di Lin Biao i contenuti delle Citazioni avrebbero dovuto essere imparati a memoria dai soldati. In realtà è ai giovani che il Libretto era rivolto come una sua massima fa esplicitamente intendere: *"il mondo è vostro, come è nostro, ma in ultima analisi è vostro. Voi giovani, pieni di vigore e vitalità, siete nel fiore della vita, come il sole alle otto o alle nove del mattino. Le nostre speranze sono riposte in voi. [...] Il mondo vi appartiene. Il futuro della Cina vi appartiene"*.

Ben presto, molto prima del maggio del 1966, il Libretto venne distribuito ai lavoratori e alle scuole oltre che ai militari, consentendo così che la sua diffusione divenisse capillare e preparando il terreno per gli stravolgimenti che sarebbero avvenuti di lì a poco.

In questo modo cominciò il culto di Mao Zedong, presto elevato a infallibile Dio vivente, potente ma remoto. Era il preludio alla resurrezione politica del Grande Timoniere orchestrata abilmente da lui stesso con l'appoggio di Lin negli anni del suo "volontario" esilio, il segnale del volere del Presidente di tornare a gestire il destino della Cina e il monito a tutti i suoi nemici di non intralciare il suo ritorno. Era l'inizio della Grande Rivoluzione Culturale Proletaria.

Una rivoluzione che iniziò nel maggio del 1966 e che durò, nella sua fase attiva, fino all'aprile del 1969 ma che fece sentire i suoi echi fino alla morte di Mao nel 1976 (e le sue conseguenze ben oltre questa data).

Le manovre che avevano preceduto l'inizio della rivoluzione culturale erano ormai concluse e Mao e i suoi sostenitori potevano cominciare ad agire.

Tutto ebbe inizio il 16 maggio del 1966 quando una circolare emessa dal politburo denunciò l'infiltrazione di alcuni revisionisti borghesi nel partito, il cuore stesso della vita politica cinese. Era ovvio che una constatazione dei fatti così grave non avrebbe che potuto condurre ad una risposta altrettanto estrema. La guerra fra Mao Zedong e i dirigenti del partito da lui ritenuti corrotti aveva inizio.

Il 25 maggio un professore dell'università di Beijing attaccò l'autorità scolastica affiggendo sul muro della mensa un manifesto in cui biasimava il presidente dell'università. Le autorità universitarie tentarono di reprimere il movimento radicale che ne derivò ma il 1° giugno Mao Zedong diede la sua benedizione al contenuto del manifesto di denunce e ne autorizzò la trasmissione alla radio. Ciò diede il via alla comparsa diffusa e capillare nelle scuole e nelle università in tutta la Cina di numerosi manifesti che criticavano la politica e le autorità scolastiche. Liu Shaoqi e Deng Xiaoping dovettero vedersela con crescenti disordini che non riuscirono a gestire. Chiesero a Mao di intervenire ma il leader non fece nulla, contemplando con soddisfazione le agitazioni dilaganti.

Nel luglio del 1966 Mao fece la sua famosa nuotata nel fiume Yangzi percorrendo, secondo alcuni osservatori, quattordici chilometri e mezzo in sessantacinque minuti. Era il segnale che

Mao Zedong, età settantatré anni, era indipendente e in forze.

La successiva tappa fu la sua dichiarazione, il 1° agosto 1966, di appoggiare l'uso del termine "Guardie Rosse", coniato nel mese di maggio da alcuni studenti di Beijing. Il 18 agosto Mao Zedong passò in rassegna il 1° di numerosi loro raduni nella piazza Tiananman (nella prima dozzina di questi incontri Mao accolse oltre undici milioni di giovani). Erano palesi già da questo primo incontro gli obiettivi rivoluzionari che li muovevano e l'adulazione di Mao che li univa tutti. Eppure già in questa fase il movimento delle Guardie Rosse era meno coeso sull'ideologia e gli scopi della rivoluzione di quanto gli oceanici raduni di piazza Tiananmen sembravano suggerire e queste divisioni fra le diverse fazioni non avrebbero tardato a provocare ben presto importanti sviluppi.

Le Guardie Rosse, comunque, ricevuta la "benedizione" dal loro leader, si affrettarono a compiere i compiti che sentivano fosse vitale perseguire per il bene del paese. Cominciarono così con il condannare aspramente le "quattro vecchie forme" (le vecchie idee, la vecchia cultura, i vecchi costumi, le vecchie abitudini). L'indottrinamento ridondante al quale furono sottoposti molti adolescenti (genuinamente ansiosi di compiere le proprie "esperienze rivoluzionarie") e la certezza della bontà dei loro scopi facilitò la diffusione massiccia del fenomeno delle Guardie Rosse nelle scuole, nelle università, nelle piazze e nelle campagne di tutta la Cina. Molti professori e insegnanti vennero da loro accusati di dedicarsi esclusivamente ad una elite e di servirsi del sistema degli esami per eliminare i figli degli operai e dei contadini meno abbienti. Numerosi libri non conformi ai dettami della rivoluzione vennero bruciati. Negozi che vendevano oggetti anche solo remotamente occidentali furono rasi al suolo. Templi, luoghi sacri e monumenti distrutti. Le Guardie Rosse, forti dell'appoggio garantitogli dal Grande Timoniere, riuscivano inoltre a distruggere l'autorità del partito in molte province[*].

In una suggestiva pagina del suo libro, *Cigni Selvatici*, Chang Jung (ex Guardia Rossa) descrive efficacemente il modo zelante

---

[*]Episodio esplicativo a questo proposito è quello noto come "la tempesta di Shanghai" verificatosi nel gennaio del 1967.

dei "figli della rivoluzione" di seguire le direttive di Mao Zedong e di Lin Biao riguardò la distruzione delle "quattro vecchie forme":

> Seguendo quell'oscuro invito, in tutta la Cina le Guardie Rosse scesero in strada, dando sfogo al vandalismo, all'ignoranza e al fanatismo.
> Saccheggiarono le case, fracassarono oggetti di antiquariato, strapparono dipinti e saggi di calligrafia. Furono accesi dei falò per bruciare i libri e nel giro di pochissimo tempo quasi tutti i tesori delle collezioni private vennero distrutti. Molti scrittori e artisti si suicidarono dopo essere stati percossi, umiliati e costretti ad assistere al rogo delle proprie opere. I musei vennero saccheggiati. Palazzi, templi, tombe antiche, statue, pagode, mura cittadine; tutto ciò che sapeva di «vecchio» fu devastato.
> Le poche cose che sopravvissero, come la Città Proibita, furono risparmiate solo perché il primo ministro Zhou Enlai mandò l'esercito a sorvegliarle, dando l'ordine preciso di proteggerle. Mao accolse quelle azioni con un «Molto bene!» e ordinò alla nazione di sostenere le Guardie Rosse[liv].

Frattanto i quadri del partito lottavano per difendersi dalle critiche che montavano contro di loro mano a mano che le Guardie Rosse acquisivano potere. Liu Shaoqi e Deng Xiaoping stessi trovavano sempre più difficile difendersi, reagire e ribattere colpo su colpo perché, dopotutto, avevano contro di loro un avversario virtualmente inattaccabile. Non di certo le Guardie Rosse, ma chi era dietro di loro. Mao Zedong, effettivamente, personificava niente meno che la lotta di liberazione che aveva portato alla fondazione della nazione cinese e del regime comunista. Attaccare lui significava minare la loro stessa legittimità.

Così, mentre Liu e Deng perdevano la loro autorità e il loro controllo sul paese, l'importanza della figura di Mao aumentava e con lui il prestigio del suo "vangelo". I loro destini, quello del libro e quello dell'uomo, sembravano a questo punto legati a doppio filo, due facce della stessa medaglia inscindibili l'una dall'altra.

Veri e propri miracoli venivano ormai attribuiti al Libretto Rosso derivanti dai "precetti sacri" scritti dall'uomo che vedeva lontano. Come racconta il reporter britannico Philip Short che visse in Cina a quel tempo: «*alcuni giornali riferivano che dei medici armati delle Citazioni avevano guarito i ciechi e i sordomuti; che un paralitico appoggiandosi sul Libretto si era messo a camminare; che in un altro caso l'apparizione di quelle pagine coi pensieri di Mao aveva resuscitato i morti[iv]*».

In molti luoghi di lavoro i cinesi cominciavano la loro giornata inchinandosi per tre volte davanti al ritratto di Mao, pregandolo affinché li ispirasse e gli permettesse di svolgere i loro compiti con cura ed efficacia. Mao stesso aveva fatto qualcosa di simile quando era bambino, solo che allora il ritratto davanti cui si genufletteva era quello del grande maestro Kong Fuzi. C'è chi ha definito questi fenomeni del Libretto Rosso legati al culto della figura di Mao in una dimensione "ingenua e popolaresca". In realtà questi descrivono un vero e proprio nuovo modo di vedere e concepire il mondo attraverso gli occhi del leader, che era giusto, saggio e infallibile.

Il Libretto suggeriva ciò che il popolo voleva: una rivoluzione dal basso, più democratica, più spontanea, sentita e genuina. Una società realmente comandata dalle masse e non da distanti apparati di partito. Come verrà a dire in modo esplicativo la scrittrice Lu Xin che fu una Guardia Rossa al tempo della Grande Rivoluzione Culturale Proletaria: "*vedevamo la Rivoluzione Culturale come una battaglia ideologica fra il bene e il male*".

Ma lo spirito di palingenesi di cui si era nutrita la generazione di giovani Guardie Rosse e chi come loro credeva negli ideali della rivoluzione stava arrivando ad un punto di rottura che neppure Mao aveva previsto. Nell'estate del 1967, quando la Rivoluzione Culturale era al suo acme, si svilupparono i dissensi che già da molto tempo erano covati in seno alle varie fazioni. Le Guardie Rosse cominciarono a rivoltarsi l'una contro l'altra per divergenze ideologiche e per la conquista del potere locale ora che il partito centrale era debole, isolato e screditato. Si badi bene. Non tutte le Guardie Rosse erano semplici studenti. Molte di loro avevano ricevuto un addestramento militare e sapevano utilizzare molto bene diversi tipi di armi. Per questo motivo gli scontri tra le varie fazioni si trasformavano spesso in vere e proprie azioni di guerriglia nelle strade e nelle piazze delle città di tutta la Cina.

Mao assisteva allarmato allo sviluppo imprevisto che avevano preso gli eventi. La Cina si trovò ben presto sull'orlo di una guerra civile che minacciava di smembrare letteralmente il paese. Egli decise allora di intervenire per ristabilire l'ordine ed evitare che i tumulti andassero oltre.

Con l'appoggio di Zhou Enlai (che aveva tentato di stemperare la crisi con poco successo) e Lin Biao, Mao adottò provvedimenti per ristabilire l'ordine e stroncare le frange più radicali dei rivoltosi. Molti radicali vennero estromessi dal gruppo della Rivoluzione Culturale e l'Armata Popolare di Liberazione, rimasta fino a quel momento all'ombra degli eventi, venne autorizzata a reprimere i rivoltosi. Dopo altre violenze nei campus, nella primavera del 1968, le organizzazioni delle Guardie Rosse vennero infine sciolte.

Eppure, nonostante ciò, gli obiettivi che Mao e Lin si erano riproposti erano stati in massima parte raggiunti. Servendosi della forza prorompente del movimento rivoluzionario e del massimo grado di prestigio raggiunto dalla figura di Mao, sia Deng Xiaoping che Liu Shaoqi risultarono sconfitti nella battaglia per il potere.

Il primo venne estromesso dalla sua carica, accusato di essere *"la persona numero due al potere intenta ad imboccare la via del capitalismo"*, insultato e infine, dopo essere stato costretto ad un'umiliante autocritica, esiliato in un remoto villaggio.

La sorte di Liu, il principale rivale di Mao, fu ben più amara. Costantemente accusato dalla sempre più influente Jiang Qing, la moglie di Mao (diventata famosa per essere la "voce di Mao"), di essere un *"velenoso controrivoluzionario"* che *"meritava per questo di morire"* e attaccato da Mao stesso, nel 1967 non poté nulla quando un gruppo di Guardie Rosse presero sua moglie e, dopo averla vestita grossolanamente all'occidentale, la esibirono in mezzo alla strada insultandola e umiliandola. Ella fu costretta a trascorrere diversi anni in isolamento.

Liu Shaoqi, indebolito e costantemente perseguitato dalla propaganda avversaria, fu costretto insieme a Deng a fare autocritica e dopo essere stato espulso nell'ottobre 1968 dal Pcc, venne preso dai suoi nemici politici, insultato e picchiato. Venne inoltre tenuto agli arresti domiciliari per due anni.

Alla fine, sfinito dalle torture e malato, incapace ormai di parlare, muoversi o mangiare dopo settimane di agonia Liu Shaoqi, veterano della rivoluzione, braccio destro di Mao e capo di Stato per dieci anni, moriva nudo e in solitudine.

Al nono congresso del partito, nell'aprile 1969, Lin Biao, ombra onnipresente dietro le azioni di Mao, venne nominato ufficialmente suo successore e circa il 55% dei membri del nuovo politburo furono scelti tra i membri dell'esercito, risultato strumento fedele e docile nelle mani del ministro della difesa. Mao riprendeva il suo posto come Presidente della Repubblica mentre gli venivano tributati grandi onori ed elogi. Era la fine della prima fase della Rivoluzione Culturale.

Un bilancio parziale di questa palingenesi della forma (che si protrasse per anni) è suggerito da Federico Rampini che riporta in proposito: «*solo nelle campagne muoiono per le violenze e le esecuzioni sommarie tra i 750.000 e il milione e mezzo di persone, a seconda delle stime. Almeno altrettanti soffrono di ferite gravi, rimanendo spesso invalidi a vita. 36 milioni sono perseguitati per anni, per esempio attraverso i lavori forzati nei laogai. Sono disponibili dati più precisi per alcune regioni. Nella Mongolia interna nel corso di una sola "caccia ai controrivoluzionari" nel 1968 ben 790.000 persone sono arrestate, 22.900 muoiono in carcere, 120.000 vengono mutilate*»[lvi].

Qualcuno riporta che Mao stesso affermò che la Grande Rivoluzione Culturale Proletaria consistette, dopotutto, in un successo "al 70%". Per lui gli obiettivi che si era riproposto, invertire la tendenza revisionista, liberarsi dell'influenza borghese e mettere "la politica al comando" erano stati perseguiti.

Il "30% rimanente" è ben descritto del resoconto di Jiaqi Yan e Gao Gao sulla Rivoluzione Culturale, resoconto che si conclude in questo modo:

Per la Cina, la Rivoluzione culturale rimane una catastrofe colossale in cui i diritti umani, il rispetto della legge e la civiltà vennero calpestati in una maniera senza precedenti. Non solo il presidente [Liu Shaoqi] venne perseguitato fino alla morte, ma anche decine di milioni di persone innocenti vennero attaccate e maltrattate[lvii].

L'Ultimo Atto. Al di là della politica, la Rivoluzione Culturale ebbe un impatto limitato sull'economia cinese. Vi fu solo un temporaneo declino nella produzione agricola e industriale ma già nel 1970 la produzione sorpassava i livelli più alti del periodo precedente. Eppure la Rivoluzione aveva lasciato i pianificatori dell'industria e dell'agricoltura indecisi su quale linea economica intraprendere a causa dei timori di sbagliare e di incorrere quindi in rappresaglie politiche.

Fu sull'istruzione che la Rivoluzione Culturale lasciò il marchio più duraturo. In questo periodo Mao cercò di ridurre le tre distanze: tra città e campagna, tra industria e agricoltura e tra lavoro intellettuale e lavoro manuale. Più tempo venne concesso all'istruzione politica e venne chiesto agli studenti di partecipare a lavori manuali. Inoltre gli esami universitari vennero aboliti e le università vennero invitate a scegliere gli studenti tra quelli raccomandati dalle loro unità di lavoro.

Le ferite più profonde la Rivoluzione Culturale le provocò proprio ai suoi più fedeli e disinteressati sostenitore. Milioni di giovani Guardie Rosse, ritenute scomode o imbarazzanti dal nuovo gruppo dirigente (che si era servito di loro per insediarsi al potere), vennero "temporaneamente sospese": tradotto dal politichese significa che vennero forzatamente mandate in campagna con incarichi di tipo rurale. Rimasero a svolgere queste mansioni per un periodo compreso da alcuni anni ad oltre un decennio. Si può ben dire che quella generazione di cinesi perse nelle campagne i "migliori anni" della propria vita. Molti di questi ragazzi, nella maggior parte dei casi poco più che adolescenti, si sentirono traditi o perché furono privati della possibilità di venire istruiti o perché videro calpestati sulla loro pelle gli ideali della Rivoluzione Culturale in cui avevano genuinamente creduto.

Rimane famosa l'emblematica protesta fatta nel 1973 dallo studente Zhang Tiesheng il quale, in un esame scritto per l'ammissione ad un college provinciale, consegnò il foglio completamente in bianco. La spiegazione che diede agli stupiti esaminatori fu che lui, a differenza degli altri, non aveva potuto studiare perché costretto a lavorare.

Va inoltre precisato che negli anni seguenti la prima fase della Grande Rivoluzione Culturale Proletaria la situazione all'interno del partito, lungi dallo stabilizzarsi, si era fatta sempre più fluida e in agitazione. Nel corso del 1970 e del 1971 Mao Zedong, convinto assertore, come sempre era stato, del fatto che il *"partito dovesse comandare sul fucile"*, guardava con sospetto al crescente potere del suo braccio destro e dell'esercito e decise conseguentemente di prendere alcuni provvedimenti per diminuirne l'influenza. In questo periodo l'esercito venne invitato a prestare maggiore attenzione al suo addestramento e mano a mano gli vennero tolte molte responsabilità politiche. Parallelamente cominciò a svilupparsi uno scontro di vedute tra Lin e Mao sulla futura politica estera che avrebbe dovuto intraprendere la Cina. Il primo era convinto che la Cina dovesse fornire sostegno ai paesi oppressi dalle potenze imperialiste mentre Mao cominciava a pensare (forse influenzato dall'abile e discreto Zhou Enlai) ad un riavvicinamento con gli Stati Uniti.

Effettivamente, durante la Rivoluzione Culturale, la Cina era rimasta diplomaticamente isolata. I rapporti ormai gelidi tra l'URSS e la Cina si erano surriscaldati nel 1969 quando era sorta una disputa con l'Unione Sovietica sulla proprietà di un'isola sul fiume Wusuli. Questo attrito fece capire ai dirigenti cinesi quanto fosse immediato e reale il pericolo di una minaccia nucleare da parte della superpotenza dell'est la quale, oltretutto, aveva una considerevole concentrazione di forze ai suoi confini.

Frattanto i rapporti fra Lin e Mao andarono deteriorandosi sempre più. Mao biasimò Lin per alcune decisioni politiche che aveva preso. Lin, dal canto suo, sentendosi minacciato dalle accuse del Presidente, cercò di organizzare un attentato alla sua vita. Ma questo complotto fallì.

Il 13 settembre 1971 Lin Biao e la sua famiglia fuggirono dal paese ma l'aereo che li trasportava precipitò. L'alone di mistero che circonda questo incidente non è stato ancora dissolto. Sta di fatto che la parabola di Lin Biao finì tragicamente tra le montagne della Mongolia.

Parallelamente a questi fatti erano iniziati negoziati segreti con gli Stati Uniti d'America. Nel luglio del 1971 il segretario di stato nordamericano, Henry Kissinger, si cimentò in un viaggio segreto in Cina per sondare il terreno. Questa visita esplorativa andò molto bene. I negoziati continuarono e alla fine portarono alla famosa visita del Presidente Nixon l'anno successivo. Il successo cinese fu evidente quando i due Stati stipularono un accordo di coesistenza pacifica senza che la Cina dovesse piegarsi a concessioni particolari su Taiwan. Inoltre la Cina conquistava il seggio nel Consiglio di Sicurezza dell'ONU che fino a quel momento era appartenuto alla Cina nazionalista di Jiang Jieshi.

Mao continuò il suo cambio di rotta anche in politica interna riabilitando eccezionalmente il vecchio rivale Deng Xiaoping nel maggio 1973. Mao sapeva che l'ottima reputazione che Deng godeva presso l'esercito e le sue notevoli conoscenze politiche (nonché economiche) erano qualità di cui la Cina aveva fortemente bisogno.

Deng non perse tempo e già l'anno successivo avviò una serie di riforme a lungo tempo rimandate: riduzione dell'Armata Popolare di Liberazione e definizione di una politica economica a lungo termine ovvero *"le quattro modernizzazioni"* (industria, agricoltura, difesa, scienza e tecnologia) come le chiamava Zhou Enlai, il fedele collaboratore del Presidente ormai divenuto il personaggio più influente dopo Mao.

Le riforme di Deng iniziarono progressivamente ad essere applicate. Egli era protetto dalle inevitabili critiche che stavano crescendo contro la sua politica economica dalla figura di Zhou Enlai, convinto che *"le quattro modernizzazioni"* fossero vitali per la Cina se questa voleva raggiungere lo status di grande potenza e un importante riconoscimento internazionale.

Il sempre più grande prestigio di Zhou, rimasto inalterato durante la Rivoluzione Culturale, e la vera e propria devozione che il popolo cinese aveva nei suoi confronti finirono per attirargli contro le critiche della Banda dei quattro (un'alleanza composta da Jiang Qing, la moglie di Mao, e altri tre dirigenti comunisti) e di Mao stesso, il quale cominciava a temere il crescente ascendente del suo secondo in comando.

Tuttavia il prestigio e la fama di Zhou erano talmente grandi da resistere a queste pressioni e le riforme di Deng andarono avanti.

Il caso volle che nel bel mezzo di questo nuovo scontro politico ai vertici del partito a Zhou fosse diagnosticato un tumore. La sua salute si deteriorò velocemente e morì l'8 gennaio del 1976.

Un grande numero di cinesi accorse da tutte le parti del paese per rendergli omaggio. Mao, ormai vecchio e malato, non poté assistere alla cerimonia di commemorazione. Presto, nel marzo del 1976, le manifestazioni in memoria di Zhou Enlai nella piazza Tiananmen si trasformarono in una protesta contro la Banda dei quattro che non si era mai risparmiata negli attacchi contro il compianto Zhou.

Sospettando che Deng Xiaoping fosse dietro questa manifestazione, Jiang Qing e i suoi tre collaboratori commisero l'errore politico di ordinare che la dimostrazione venisse schiacciata e ottennero da Mao, sempre più malato, la destituzione di Deng da tutte le sue cariche. L'odio per la Banda dei quattro cresceva sempre di più tra la popolazione e oramai solo l'influenza di Mao, dietro la quale si nascondevano, li teneva al sicuro da qualsiasi tipo di critica.

Poco prima di morire Mao nominò il semisconosciuto Hua Guofeng (ex primo segretario del partito nello Hunan) come suo successore. La Banda dei quattro ne fu oltraggiata ma fece buon viso a cattivo gioco decidendo di accettare il fatto compiuto ma cominciando a tramare contro Hua per raggiungere il potere.

9 Settembre 1976: l'Ultimo Giorno della Rivoluzione. La storiografia tradizionale cinese suddivideva la storia del paese in periodi dinastici. Secondo questa visione le dinastie venivano fondate da sovrani capaci, giusti e benedetti dal mandato del cielo. Quando la dinastia, con il passare del tempo, si dimostrava indegna del mandato, un accadimento premonitore di grande portata sconvolgeva il paese. Era questo il segnale che un cambio di dinastia era alle porte. Il mandato del cielo stava per essere consegnato ad una dinastia successiva, più meritevole, più adatta alle nuove prove del tempo.

Il 28 luglio 1976, alle 3:42 del mattino, la città di Tangshan, duecentocinquanta chilometri a sud-est di Beijing, venne colpita da un terremoto di magnitudine 7.5 della scala Richter. Più di un quarto di milione di persone morirono nel disastroso evento, altre centinaia di migliaia vennero ferite o mutilate. La città venne completamente rasa al suolo.

Il terremoto di Tangshan è riconosciuto come uno tra i più distruttivi della storia contemporanea.

Un mese e mezzo dopo Mao Zedong spirò. Era il 9 settembre 1976.

La Cina era muta quel giorno, centinaia di milioni di teste si sarebbero abbassate, lacrime sarebbero state versate.

Con il senno di poi sembra che le opinioni sul leader che costruì la Cina comunista si siano polarizzate in tre grandi fazioni: i favorevoli alle azioni compiute dal Grande Timoniere, fautore dell'unità della Cina e della sua indipendenza dopo un secolo di sfruttamento esterno; i detrattori delle sue politiche e delle sue romantiche aspirazioni rivoluzionarie che costarono la morte di decine di milioni di compatrioti e i "moderati" che riconoscono al Presidente i pregi e i difetti di entrambi gli schieramenti.

Simili schematizzazioni e vedute "su misura" sono il facile parto delle generazioni successive, superstiti del tempo che hanno il privilegio di assistere e constatare i cambiamenti che si sviluppano quando i catalizzatori degli eventi divengono una semplice serie di righe sui libri di storia. Alle persone che quegli avvenimenti li vivono un simile lusso non è concesso.

Può sicuramente essere osservato in proposito che davvero pochi uomini possono vantare nella storia del ventesimo secolo una rilevanza e una risonanza simile a quella che ebbe Mao Zedong e ancora di meno un'eredità più controversa.

L'abilità maggiore del Grande Timoniere risiedeva senza dubbio nel saper trasformare la sua volontà e i suoi desideri nella volontà e nei desideri del suo popolo e allo stesso tempo di saper plasmare gli eventi partendo dalla sua particolare personalità e coscienza politica. Ma proprio in questo fatto risiedeva la sua più profonda carenza, quella cioè di non capire che le esigenze della storia mal si adattano alle esigenze o agli egoismi di un solo uomo, che le sue passioni rivoluzionarie e i sogni palingenetici funzionavano molto bene nella finzione ideale del suo comunismo ma non si adattavano alla società e ai bisogni concreti di quest'ultima.

Così come un ideale, per quanto caro o vagheggiato, non può essere portato avanti se mancano i mezzi, la coscienza e la ferma volontà per perseguirlo, allo stesso modo la Cina Rivoluzionaria di Mao non poté mai essere concretizzata ma solo pensata.

Nel romantico sogno rivoluzionario di Mao c'era la ferma volontà e c'era la coscienza, ma mancava il tozzo di pane.

IV. LA CINA PRAGMATICA DI DENG

Ogni nazione ha un cuore pulsante che rappresenta al mondo la sua storia e suggerisce ai cittadini che la abitano le loro radici, dice loro da dove vengono: un monumento, un'incisione sul marmo, un grande edificio di tempi remoti, la scritta in lingue ormai morte su un muro provato dal tempo, un rotolo di pergamena custode di valori, sogni e promesse di vita, libertà e ricerca della felicità.

Qualsiasi cosa che si nutra del fascino del simbolismo, della saggezza del tempo e della carica dei ricordi è la firma a caratteri indelebili del tributo alla storia di una cultura. È il vessillo di una eredità costruita e perpetrata nei secoli e la luce soffusa all'orizzonte che dice al presente del popolo da dove è cominciato e verso quale punto della storia è destinato ad essere traghettato.

Per la Repubblica Popolare Cinese questo "vessillo" è rappresentato da Tiananmen.

"Ricevendo il mandato del cielo e stabilizzando la dinastia" è il significato del nome di questo monumento, ma, in verità, viene più spesso condensato nella meno fedele ma più efficace formula "Porta della pace celeste".

Costruito per la prima volta sotto la dinastia Ming, distrutto o danneggiato diverse volte ma sempre ricostruito, Tiananmen è un tipico edificio di stile imperiale con tipiche decorazioni sul tetto. Due leoni (in grado secondo la cultura cinese di scacciare gli spiriti malvagi) controllano la porta e i ponti.

Tiananmen è la porta che conduce alla Città Proibita, il palazzo imperiale, per secoli il centro del potere. Cuore della nazione cinese, Tiananmen è anche il luogo dove il popolo si radunava quando voleva far sentire le sue proteste e le sue richieste ai detentori del potere.

La piazza che dalla "Porta della pace celeste" prende il nome è il luogo che ha assistito alla rivolta degli studenti che in un giorno di maggio si radunarono per protestare contro i propri governanti, domandando rispetto, onore e cambiamento. Dove in un giorno di ottobre si vide la trionfale marcia di un'armata di contadini che per la prima volta dopo troppo tempo riunificò la Cina creandone al contempo una totalmente nuova: un Cina popolare e repubblicana a sentire i proclami del leader che, apparendo quel giorno di fronte alla folla plaudente, invertiva secoli di simbolismo. Il centro del potere era visibilmente cambiato: dalla città imperiale dietro i cancelli alle plaudenti masse di fronte.

Lo stesso luogo assistette oltre quindici anni dopo alla resurrezione politica del grande leader, celebrato da milioni di libricini stretti nelle mani di adolescenti che facevano apparire la grande piazza una prateria piena di farfalle rosse.

Il luogo infine che salutò con lacrime, silenzio e incertezza la dipartita del Grande Timoniere e che assistette ai cambiamenti che si susseguirono uno dopo l'altro, ai nuovi protagonisti che si affermeranno, cresceranno in potere e decideranno le sorti future del paese imboccando una strada impensabile nei tre passati decenni, una strada che cambierà con velocità sorprendente il volto del paese più popoloso del mondo.

Piazza Tiananmen, lo spazio pubblico più vasto del pianeta, è il cuore della nazione cinese. Come principale simbolo nazionale e luogo dove la Repubblica Popolare Cinese venne fondata, il vasto ingresso che conduce alla Città Proibita era ed è rimasto l'attento guardiano degli avvenimenti che hanno visto la Cina crescere in potenza e prestigio nei decenni che seguirono la morte di Mao Zedong.

Una solitaria immagine del Grande Timoniere esposta sulla Porta della pace celeste osserva ora la piazza che porta il nome del grande monumento e sembra guardare lontano verso il ventunesimo secolo. E ancora una volta questo luogo sarà protagonista dell'ultimo grande avvenimento del secolo avvenuto nella nazione del popolo dei "Cento Antichi Nomi".

Piazza Tiananmen era stata protagonista della grande manifestazione studentesca all'alba del ventesimo secolo, il Movimento del quattro maggio, e così sarà per un avvenimento incredibilmente simile che avverrà al tramonto del millennio e che scuoterà dalle fondamenta le passioni degli abitanti della capitale e quelle del mondo intero.

A quaranta anni di distanza dall'entrata trionfale e calorosamente accolta dell'Armata Popolare di Liberazione, infatti, nella capitale si assisterà per la prima volta dallo storico evento ad un simile dispiegamento di forze nel cuore del Regno di Mezzo.

"Stare fermamente al fianco del popolo cinese e servirlo con tutto il cuore: ecco l'unico scopo di questo esercito" aveva detto Mao Zedong quando gli si chiedeva quale fosse il fine ultimo dell'Armata Popolare di Liberazione.

Questa volta, tuttavia, i carri armati non saranno salutati dagli applausi del popolo ma dalle grida di disperazione e dal silenzio dei cadaveri.

Una solitaria figura in maglietta bianca che ferma con il suo corpo una colonna di carri armati diventerà il nuovo simbolo di cui piazza Tiananmen custodirà il sacro sigillo imperituro.

LA METAMORFOSI DEL DRAGO

L'Erede. E il "mandato del cielo" passò a Deng Xiaoping.

Veterano sopravvissuto alla Lunga Marcia, combattente contro l'esercito invasore giapponese e nella guerra civile contro i nazionalisti di Jiang Jieshi, Deng era uno degli originali comunisti cinesi.

Nacque come Deng Xiansheng nel 1904 nella provincia dello Sichuan. Figlio di un proprietario terriero benestante partì molto giovane (aveva appena sedici anni) per la Francia con un gruppo di studio di ottanta ragazzi. Deng era il più giovane dei suoi compagni.

Si dice che la notte prima della sua partenza il padre lo prese da parte e gli chiese cosa sperava di imparare nel vecchio continente. Deng rispose risoluto le parole che gli erano state insegnate dai suoi maestri: *"imparare conoscenze e verità dall'Occidente per salvare la Cina"*. Come molti altri studenti del tempo a Deng era stato insegnato che la Cina era povera e arretrata e che il rimedio per sopperire a questa povertà e debolezza era la conoscenza degli occidentali.

Mentre "studiava" in Francia (nelle fabbriche di assemblaggio di scarpe o di automobili) nei primi anni Venti Deng si unì ad un movimento di giovani di sinistra capeggiati da Zhou Enlai, che diverrà un suo mentore, e si avvicinò sempre più alla dottrina marxista-leninista. Nel 1924 cambiò il suo nome in Xiaoping per sottolineare una nuova fase della sua vita.

Tornato in Cina si unì ai comunisti. Seguirono anni di guerriglia, la creazione dell'Armata Rossa e la leggendaria Lunga Marcia del 1934. Deng coronò il suo curriculum di comunista combattendo nella campagna che porterà alla creazione della Repubblica Popolare Cinese.

Privo del fascinoso carisma di Mao ma incredibilmente pragmatico e risoluto, in breve tempo Deng arrivò a ricoprire prestigiose posizioni nel partito divenendo uno dei massimi leaders della RPC (se nel 1945 risultava ventottesimo nella graduatoria del partito qualche anno dopo si posizionerà stabilmente fra i primi dieci).

La sua posizione lo portò a contraddire la politica di Mao diverse volte, sia durante il Grande Balzo in avanti che in seguito, durante la Grande Rivoluzione Culturale Proletaria.

Deng aveva sempre pensato che Mao fosse sorpassato, obsoleto e che i suoi metodi romantico-rivoluzionari avrebbero portato la Cina allo sfacelo. Mao pensava invece che Deng fosse fin troppo progressista e che spesso smarrisse lo spirito rivoluzionario del comunismo per la ricerca sfrenata del progresso.

Nei loro frequenti scontri sulla politica che avrebbe dovuto adottare il paese si palesavano spesso i loro inconciliabili punti di vista, specialmente in materia economica.

Questi scontri si tradussero con l'esilio di Deng dal potere

politico. Per ben due volte (senza contare la parentesi del 1933[*])
Deng fu allontanato dal potere: nel 1969 da Mao stesso (e
reintegrato successivamente da Zhou Enlai) e nel 1976 dalla
Banda dei quattro, ma riuscì ogni volta puntualmente a ritornare
e a riemergere nella gerarchia del partito.

La differente concezione politica di Deng e di Mao non era
l'unico fattore che distingueva i due veterani comunisti. Anche i
loro caratteri erano profondamente diversi. Mao desiderava
essere riconosciuto come il "leader Maximo" e gli piaceva
fregiarsi di titoli altisonanti per sottolineare questo suo ruolo
mentre Deng era molto più discreto, quasi non volesse attirare
l'attenzione su di sé. Egli era un grande opportunista ma solo
quando si trattava di raggiungere i suoi obiettivi. A volte
taciturno, quando parlava era diretto e gli piaceva arrivare diritto
al cuore della questione.

Forse la più soddisfacente e sintetica descrizione di Deng
venne fatta dal diplomatico nordamericano Richard Holbrooke
che scrisse:

«His grandfatherly appearance made him seem cute.
But Deng Xiaoping was not cute; he was far
tougher than Americans could possibly imagine. He
surely viewed life as a constant struggle, because
that is what his whole life had been. "Deng" was an
old man in a hurry; he saw visitors, but only if they
could advance the central goal of his life—to make
China great again. In the hours of talks I attended
with him, he expressed little personal interest in his
foreign visitors except for their technology, which
he wanted immediately... His small eyes focused on
you with intensity. Then he would look away,

---

[*]Quando era un semplice ufficiale comunista di medio livello. Alcuni
compagni rivoluzionari lo cacciarono ma Deng fu in grado di tornare
l'anno successivo. Questa è ufficialmente la prima "purga" a cui Deng
venne sottoposto. Dopo essere stato rimosso la terza volta Deng verrà a
dire: *"sono stato già deposto prima. Pensate abbia paura di essere
deposto ancora?"* Questo suo ultimo esilio durò tuttavia solo pochi mesi.
Dopo non dovette preoccuparsi più di una simile eventualità.

perhaps at some distant vision of the China he wanted to build... he exuded enormous energy and sharp focus.»

Dopo la morte di Mao nessun pericoloso rivale poteva intralciare la strada di Deng ed egli poté ben presto palesare la sua natura al contempo di despota e di riformista e i suoi ambiziosi piani per il futuro della Cina.

Egli prese chiaramente e definitivamente le redini del paese dalla fine degli anni Settanta fino, di fatto, alla sua morte, alle porte del ventunesimo secolo.

Dimenticando Mao. La Cina rivoluzionaria di Mao Zedong era finita nello spazio di un infarto. Nessuno, cinese o straniero, riusciva anche solo ad ipotizzare cosa sarebbe stato della Cina dopo che il Grande Timoniere, colui che aveva restituito al paese l'indipendenza e lo aveva unito e nutrito di obiettivi per il futuro, era scomparso.

Ma tra il dolore, l'incertezza e il lutto che accomunavano la maggior parte della popolazione, c'era chi pensava a colmare il vuoto di potere che si era creato con la scomparsa di Mao e lavorava freneticamente per impossessarsene.

Jiang Qing, insieme ai suoi tre alleati, stava al fianco di Hua Guofeng mentre questi leggeva l'elogio funebre di suo marito. La vedova appariva con un'espressione triste e assorta in volto. In realtà Jiang si sentiva niente di meno che la naturale erede di Mao e non tollerava che il semisconosciuto Hua, scelto negli ultimi momenti di vita del marito, le sottraesse il ruolo di guida del paese che era certa le appartenesse. Eppure ed inaspettatamente la risoluta Jiang Qing venne travolta velocemente dalla fermezza del suo rivale politico.

Il 6 ottobre Hua Guofeng fece arrestare la Banda dei quattro con l'accusa di complottare per usurpare il potere. I sogni dell'intraprendente ex attrice evaporavano così ancor prima che fosse riuscita ad organizzare un efficace piano politico per raggiungere i suoi obiettivi.

Nel processo contro di lei la vedova di Mao tentò di

difendersi abbaiando contro i suoi giudici e affermando di essere stata soltanto *"il cane del Presidente Mao"*. Ma tutto ciò valse a ben poco. Quattro anni dopo i membri della Banda vennero processati e condannati.

Hua Guofeng si era così liberato velocemente della pericolosa rivale politica e aveva guadagnato al contempo la gratitudine della popolazione, insofferente ai metodi repressivi di cui la Banda si era vista capace.

"Quando il grande albero cade, tutte le scimmie fuggono via" recita appropriatamente un vecchio proverbio cinese. Con la caduta di Mao, protettore di Jiang Qing e dei suoi alleati, i quattro avevano effettivamente perso tutto il loro potere politico e la loro legittimità. Le persone, infatti, li disprezzavano da molto tempo e solo grazie al favore di Mao erano riusciti a ricoprire cariche così importanti.

Alcuni cinesi chiamarono questa addirittura la loro "seconda liberazione".

Ora che i suoi rivali non potevano più nuocere, Hua Guofeng fece del suo meglio per rafforzare la sua posizione. Egli, premier della Repubblica Popolare Cinese, era convinto che per mantenere il potere e conservare la stabilità del paese fosse necessario attenersi scrupolosamente al pensiero di Mao, seguire quella che era stata la sua linea politica, favorire il rispetto della sua figura e più in generale comportarsi come Mao si sarebbe comportato.

Ma in questa sua convinzione giaceva la sua più grande debolezza.

Hua non sembrava rendersi conto che chi lo guardava non poteva fare a meno di pensare che facesse del suo meglio per imitare il grande leader: il modo in cui camminava, applaudiva, parlava, ogni suo gesto sembrava un tributo al passato di un uomo ormai scomparso e al contempo offriva un imbarazzante paragone che ovviamente Hua non poteva sostenere. Era un po' come portarsi addosso la bara di Mao e sorridere mentre la si mostrava al pubblico.

Hua, sempre più simile ad una copia sfocata e distorta di Mao, non riuscì a visualizzare l'opportunità storica che avrebbe potuto cogliere. Non riuscì o non volle avere la lungimiranza di proporre coraggiosamente un nuovo corso, necessario per incoraggiare nuovi eventi e sviluppi che non restassero fossilizzati sul passato. Le sue istruzioni imperanti e ripetitive erano che ogni parola di Mao doveva essere seguita alla lettera. Egli, in quanto custode della sua eredità, doveva incaricarsi affinché questo stato di cose venisse rispettato e preservato.

Hua Guofeng era un uomo capace e deciso ma difendeva un passato morto con Mao. Non ci volle molto perché Deng, rimasto all'ombra degli eventi, conquistasse abilmente e velocemente il ruolo di guida del paese approfittando del momento.

Dopo aver ottenuto nuovamente le cariche che aveva rivestito prima che la Banda riuscisse a cacciarlo, Deng si mosse intelligentemente per attuare i suoi piani.

Nei quattro anni successivi alla morte di Mao, egli promosse una serie di campagne aventi lo scopo di assicurare la riabilitazione delle vittime della Grande Rivoluzione Culturale Proletaria. Questo era niente meno che un implicito rigetto dell'eredità di Mao e, conseguentemente, un attacco al suo proclamato difensore e baluardo, Hua Guofeng.

Nel luglio del 1977 Deng apparve per la prima volta in pubblico (dopo la scomparsa di Mao) ad una partita di calcio a Beijing. L'evento era fortemente simbolico. In quello stesso stadio la Banda dei quattro aveva lasciato radunare migliaia di suoi oppositori durante la Rivoluzione Culturale. La sua influenza, chiaramente, stava crescendo.

Mentre minava le basi dell'eredità di Mao, Deng fece anche in modo che il partito comunista cinese rivalutasse milioni di persone che, come lui, erano state attaccate durante la Rivoluzione Culturale. La sua linea politica non tardò a rivelarsi vincente. Diverse migliaia di "ragazzi cacciati*" cominciarono a tornare nelle città dopo mesi o anni di lavori nelle campagne.

Nel frattempo i provvedimenti di Deng stavano minando lentamente ma progressivamente l'autorità di Hua e dei suoi alleati. Ogni "ragazzo cacciato" che tornava a casa era una

---

*Adolescenti ex Guardie Rosse "rieducati" attraverso il lavoro nelle campagne. In realtà si trattava di campi di lavoro in cui ragazzi, spesso giovanissimi, passavano gran parte delle loro giornate mentre gli "osservatori" più zelanti ricordavano loro che non sarebbero mai tornati a casa.

sconfitta per Hua e il passato che rappresentava.

Ma il colpo definitivo il fantasma di Mao Zedong lo ricevette da alcuni posters murali che cominciarono a comparire nell'autunno del 1978 a Beijing, su un muro nel viale Chang'an successivamente battezzato "muro della democrazia". Su di esso furono affissi articoli, poesie e foto che esprimevano la rabbia e la sofferenza causate dalla Rivoluzione Culturale, evento quest'ultimo che aveva profondamente scosso la coscienza collettiva del paese.

Deng Xiaoping, con acutezza e tempismo, approfittò della favorevole situazione. Il 27 novembre 1978 il *Quotidiano del popolo* riportò la notizia che il compagno Deng Xiaoping sosteneva questo movimento di protesta: *"noi non abbiamo intenzione di negare il diritto del popolo di esprimere le sue opinioni affiggendo poster murali"* egli affermò in questa occasione. Le sue parole, come previsto, diedero impulso al movimento e il colpo di grazia al passato di dolori e privazioni che il "muro della democrazia" ormai rappresentava.

Così, in un'atmosfera fluida e tesa al contempo, il partito comunista cinese si radunava nel dicembre del 1978. Dietro i convenevoli e i rituali di parata in questo raduno finalmente e indiscutibilmente Deng Xiaoping riuscì ad isolare Hua Guofeng, anche se ufficialmente egli rimase ancora premier (perderà questa carica nel 1980). Fu al terzo meeting del Congresso che Deng stabilì ufficiosamente il suo potere politico. Sebbene fosse ancora vice-presidente, la sua voce divenne la voce del partito e la sua politica venne accettata da tutti, nonostante i frequenti e duri scontri che ne deriveranno. Deng divenne de facto l'uomo più influente di tutta la Cina.

Il suo stile politico, lo si notò subito, era altamente personalizzato e non di rado egli utilizzò il suo potere per far valere le sue animosità private[*]. Risoluto e deciso, ad oltre settanta anni di età Deng era una persona che metteva la prosperità economica prima della pura utopia socialista e proprio per questo motivo era stato allontanato più di una volta

---

[*]Ad esempio utilizzò la sua autorità per punire con un decennio di carcere Nie Yuanzi, l'insegnante di filosofia dell'università di Beijing il cui manifesto a grandi caratteri aveva lanciato la Grande Rivoluzione Culturale Proletaria.

da Mao e dai suoi alleati. Deng credeva nel socialismo ma la visione che ne aveva era molto elastica, non dogmatica e sempre sottoposta all'imperativo del perseguimento dello sviluppo a tutti i costi. Allo stesso modo Deng era un convinto sostenitore dell'assoluta autorità del partito comunista, della sua ineluttabile missione di guida del paese. Senza di esso, egli era certo, la Cina si sarebbe spezzata e sarebbe precipitata nell'anarchia. Non era dunque un fautore della democrazia ma era convinto che alcuni modesti cambiamenti politici fossero necessari.

Proprio per questo motivo nel 1980 venne deciso di rimettere in uso il sistema di elezioni del Congresso e, in aggiunta a ciò, si tennero elezioni dirette per circa duemila membri del Congresso (a livello di contea). Altri cambiamenti non irrilevanti furono rappresentati dall'adozione della nuova costituzione cinese del 1982 la quale, tra le altre cose, ridefinì il ruolo del Congresso e riconobbe la natura "multinazionale" del paese e le cinquantacinque minoranze etniche in esso presenti[*].

Tre anni dopo, nel settembre del 1985, venne indetta una conferenza speciale del partito per invitare (costringendoli) alcuni membri più anziani del politburo a ritirarsi. Era questa una manovra di Deng finalizzata a ridurre il "carattere gerontocratico" del governo ma soprattutto per spianare la strada ai suoi piani di cambiamento economico.

Prima di questo importante passo, tuttavia, Deng si preoccupò di ridisegnare completamente la politica estera del suo paese e di iniziare una "politica dei sorrisi" cinese.

Dopo la morte di Mao, infatti, i cinesi vivevano in un quasi totale stato di isolamento rispetto al resto del mondo. I rapporti con i sovietici erano ai minimi storici senza contare che, nonostante il successo diplomatico di Mao con la visita di Nixon nel 1972, la Cina era legata agli Stati Uniti da rapporti

---

[*]Il gruppo più numeroso, gli zhuang, nel sud-est, conta oltre quindici milioni di persone. Gli altri gruppi numericamente consistenti sono gli hui, mussulmani di lingua cinese, gli uighur (o uiguri), nel nord-ovest e i miao nel sud. Il gruppo che in occidente ha però riscosso più simpatie è quello dei tibetani, coinvolti in numerose proteste contro il governo che mirano ad ottenere un maggior grado di indipendenza dal potere centrale di Beijing.

freddi e non raramente ostili.

Sotto Deng i due paesi erano pronti a voltare pagina.

Nel 1978 i loro rapporti cominciarono lentamente a distendersi, i contatti diplomatici si moltiplicarono e vennero avviati negoziati per migliorare le relazioni politiche.

Il risultato tangibile di questo clima di distensione venne palesato nell'incontro di Deng con l'ambasciatore nordamericano Leonard Woodcock.

Ma la vera pietra miliare di questo nuovo corso politico fu l'importante visita di Deng negli States, la prima di un leader cinese sul suolo statunitense.

A fianco del Presidente James Earl Carter, Deng pronunciò solennemente in quell'occasione: "*discuteremo con il governo americano lo sviluppo in aree di cooperazione politica, economica, scientifica e culturale*". Era una mano tesa verso la superpotenza che per anni era stata accusata dai cinesi di essere un'imperialista "*tigre di carta*", una nazione dittatrice e schiavista che si cibava della libertà dei popoli della Terra.

Nella visita negli Stati Uniti Deng ebbe modo di verificare la superiorità tecnologica dei nordamericani e il loro alto tenore di vita. Le convinzioni del leader cinese di fare della Cina una parte importante dell'economia mondiale, un paese forte, indipendente e tecnologicamente avanzato attraverso le riforme, trassero nuovo vigore e si irrobustirono nell'arco di questo viaggio.

La vivace curiosità del comunista dello Sichuan, testimoniata più volte dagli statunitensi, era rivolta in massima parte alla tecnologia degli occidentali. Il suo interesse a questo proposito divenne palese in una visita richiesta da Deng stesso al centro spaziale di Houston del quale il leader cinese rimase affascinato[*].

Ciò nonostante l'interesse di Deng nell'avviare rivoluzionarie riforme economiche per raggiungere i suoi ambiziosi obiettivi non era accompagnato da un parallelo interesse nel vedere realizzarsi riforme politiche di magnitudine simile,

---

[*]Dai filmati dell'epoca in particolare si può vedere un Deng Xiaoping non meno che deliziato quando si trattò di provare un simulatore dell'atterraggio di un veicolo spaziale. I testimoni dissero che ebbero difficoltà a far proseguire al leader cinese la visita.

comprendenti magari la tolleranza o la libertà di espressione.

Questa sua intransigente visione in proposito venne testimoniata più volte dal suo comportamento nei confronti di coloro che tentavano di strappare al governo concessioni politiche e quindi, secondo lui, fomentare disordini.

Deng ebbe modo di ricordare ciò ai suoi cittadini al suo ritorno in Cina. Il "movimento murale per la democrazia", da Deng inizialmente promosso, si era infatti diffuso in altre città e minacciava di propagarsi a macchia d'olio per tutto il paese. Su innumerevoli muri cominciarono ad apparire come era accaduto nel 1957 (con la "campagna dei Cento Fiori" promossa da Mao in persona) critiche al partito e ai suoi componenti.

Deng non perse tempo e prese decisamente in mano la situazione: fece arrestare le persone più coinvolte nel movimento e le costrinse a lunghe pene detentive, non di rado accompagnate da torture vere e proprie*.

I posters sui muri vennero strappati via dai funzionari comunisti e gli attivisti minacciati e intimiditi. I più coraggiosi si affrettarono a copiare su taccuini gli articoli e le poesie che inneggiavano alla libertà e alla democrazia prima che sparissero dietro la cortina di ferro della censura. Nel marzo del 1979 il movimento del "muro della democrazia" non esisteva più[lviii].

È utile ricordare che i protagonisti di questo movimento, a differenza della campagna dei Cento Fiori, non erano stati intellettuali ma semplici operai, tecnici ed impiegati dello Stato e ovviamente ex Guardie Rosse che erano gradualmente ritornate in città.

Per Deng questo movimento per la democrazia aveva esaurito la sua utilità. Ora che il fantasma di Mao era stato relegato a semplici quanto futili atti di tributo senza valore e i sostenitori ortodossi della sua linea politica messi a tacere,

---

*Quello dell'attivista del "muro della democrazia" Liu Qinq è forse uno dei casi più tristemente noti. Come testimoniato da una sua "confessione" lui ed altri carcerati venivano trattati come vegetali, costretti a restare immobili nella stessa posizione per diverse ore al giorno, veniva loro concessa una rapida pausa solo per andare al bagno. Maltrattamenti fisici e psicologici erano all'ordine del giorno.
Alla fine, dice un commosso Liu: *"capivo il partito comunista molto meglio"*.

potevano essere gettate le fondamenta per la costruzione della Cina sognata da Deng Xiaoping.

Oltre il Comunismo. Lo storico, politologo e saggista statunitense Chalmers Johnson, in una delle sue opere più vendute e acclamate, riassume in questo modo lo sviluppo della storia cinese dalla vittoria del partito comunista fino alla fine del ventesimo secolo:

> In 1949, in proclaiming the birth of the Chinese People's Republic from atop the Gate of Heavenly Peace overlooking the square of the same name, Tiananmen, in Beijing, Mao Zedong announced that finally "China has stood up." He was wrong. China had only rises to its knees. Of the two great objectives of the Chinese revolution—ending imperialistic interference in China's domestic affairs and overcoming China's economic weakness in relation to the developed world—the Chinese Communists proved able to deliver only on the first. The latter had to wait another forty years, until China finally discovered the secret of the enrichment of East Asia—Japanese-style, state-guided capitalism—and began to act on it. Its economy then started to grow at double-digit rates, threatening to alter the global distribution of power. Without question, the most important element in the current phase of Asia's empowerment has been China's belated discovery of the market and its consequent candidacy as the second great power in East Asia, perhaps as *the* superpower of the twenty-first century[lix].

Il "Nuovo Grande Timoniere" che condurrà il "veliero cinese" verso le acque descritte da Johnson è Deng Xiaoping. Il vecchio comunista aveva infatti ben chiaro il suo obiettivo e non tardò a manifestarlo prendendo le prime, rivoluzionarie decisioni in materia economica.

La Cina, arretrata ed affamata, necessitava di un nuovo impianto strutturale da ripensare dalle fondamenta. Ne aveva bisogno sopra ogni altra cosa per badare agli abitanti che a centinaia di milioni affrontavano la fame come una minaccia di tutti i giorni.

Quelle che erano state le aspirazioni degli attivisti del "muro della democrazia", infatti, furono nel migliore dei casi lontane eco di una realtà priva (o quasi) di interesse per la maggior parte dei cinesi: i contadini delle campagne e le loro famiglie. Essi erano oppressi da preoccupazioni decisamente più basilari e immediate.

Stanchi delle vessazioni subite negli anni passati, del pesante tributo che avevano dovuto pagare a causa degli obiettivi utopistici e fallimentari dell'elite politica e sempre più distanti dai vertici del partito, alcuni contadini cominciarono a non sentirsi più legati all'inefficace sistema collettivo delle Comuni che li aveva privati dei mezzi di sostentamento e li aveva spesso costretti alla fame. Consci di andare contro le direttive centrali del partito alcuni di essi progettarono un modo per assicurare alle loro famiglie il minimo indispensabile per sopravvivere.

La storia ufficiale di questo temerario gruppo di "criminali" divenne in seguito leggenda in tutta la Cina. Essi venivano da un remoto e fatiscente villaggio chiamato Xiaogang, nella provincia di Anhui, una delle più misere e arretrate del paese. All'epoca i contadini di quel luogo erano tra le persone più povero sul pianeta, con reddito annuo stimato a circa venti yuan (insufficiente per comprare qualsiasi cosa). La stragrande maggioranza delle famiglie non potevano permettersi neppure i generi di prima necessità e non avevano mai visto un elettrodomestico. Molte famiglie erano inoltre costrette a mandare i loro componenti in giro ad elemosinare.

La storia narra che in una situazione come questa diciotto agricoltori si misero d'accordo per annullare il sistema collettivo, dividersi le terre fra di loro e assegnarne ciascun appezzamento alle proprie famiglie. Al tempo era necessario pagare una "tassa sul grano" al governo. Gli agricoltori decisero di continuare a pagare questa tassa ma si accordarono anche che una volta che questa fosse stata pagata essi avrebbero potuto liberamente scambiare o vendere qualsiasi surplus avessero ricavato dalle loro terre. Questo accordo segreto era illegale e gli agricoltori sapevano molto bene che il loro patto avrebbe potuto significare prigione, tortura e forse persino la morte. Nondimeno, i diciotto di Xiaogang firmarono l'accordo nel dicembre del 1978. In esso era chiaramente esplicitato che se uno di loro fosse stato punito o catturato, i rimanenti si sarebbero fatti carico di sostenere la famiglia lasciata sola.

L'effetto di questo atto illegale ebbe riflessi incredibili quanto immediati. In pochi mesi i contadini raggiunsero infatti quello che anni legati all'ideologico e limitato sistema comunitario non avrebbero mai potuto garantirgli. Il ricavato dalla vendita dei prodotti delle loro terre crebbe in modo drastico e continuativo.

La storia non finisce qui. Sembra infatti che i risultati dell'accordo illegale attirarono inevitabilmente gli occhi del partito comunista e quindi di Deng stesso.

Fortunatamente per i diciotto di Xiaogang, i loro bisogni, seppure contrari alle direttive del partito, andavano incontro agli interessi del nuovo leader. Deng, infatti, tra i suoi obiettivi primari ed immediati, intendeva abbandonare la collettivizzazione della terra e adottare un'economia di mercato. La presa di posizione di questi contadini era quindi più che benvenuta per il leader comunista il quale sostenne da parte sua il proliferare di situazioni simili a quella che si era verificata nel villaggio di Xiaogang.

Come conseguenza di ciò nel 1979 vennero lanciate alcune riforme che avrebbero rivoluzionato il settore agricolo. Innanzitutto ai contadini non solo venne nuovamente permesso di possedere appezzamenti di terra ma vennero incoraggiati a intensificarne l'uso e venne successivamente concesso loro di vendere i prodotti ricavati sul mercato aperto. In questa opera si inserì il "sistema di responsabilità produttiva", inaugurato nel 1981. Secondo questo sistema «*la proprietà collettiva della terra venne conservata, ma ora le singole famiglie potevano stipulare contratti per la coltivazione di appezzamenti di terra con colture precise e potevano tenere per sé o vendere quella parte del prodotto che superava la quantità indicata nel loro contratto. Questi provvedimenti infusero uno spirito imprenditoriale nell'agricoltura. Venne coniato lo slogan "arricchire è glorioso" e comparve la famiglia "da diecimila yuan". Negli anni immediatamente successivi all'introduzione di queste riforme il tasso di crescita della produzione di cereali passò dal 3,5 al 5% all'anno; nel 1984 la produzione di cereali della Cina superò per la prima volta i 400 milioni di tonnellate metriche»*[lx].

Questo sistema di "responsabilità produttiva" non passò senza duri scontri all'interno del partito. Qualche ufficiale vedeva chiaramente che questa "nuova via" avrebbe potuto rovesciare l'intero sistema comunista, ma altri la supportavano attivamente perché la ritenevano l'unica soluzione possibile per risolvere il pressante (e pericoloso) problema della povertà nelle campagne. Deng riuscì a far prevalere questo punto di vista e ottenne il suo primo, grande successo in politica economica e con esso un inevitabile accrescimento del suo prestigio.

Una precisazione a questo riguardo è d'obbligo. Il cambiamento avvenuto con queste riforme è molto più importante di quanto appaia ad una prima, superficiale lettura perché possiede implicazioni che prevaricano il semplice campo economico. Infatti il sistema delle Comuni, che era la pietra angolare dell'organizzazione comunista e del suo controllo sulle campagne, con le nuove riforme cessava sostanzialmente di esistere. Era una svolta significativa che rinnegava quella che era stata per diversi decenni una costante nell'organizzazione amministrativa del partito.

Oltre a ciò, naturalmente, le riforme portarono un sostanziale e visibile miglioramento nella vita degli abitanti delle campagne cinesi.

Per secoli i contadini avevano vissuto al limite, confrontandosi con una carestia dopo l'altra. In seguito alle riforme in campo agricolo il contadino cinese avrà abbastanza di cui nutrirsi e sfamare i suoi familiari. Per sottolineare meglio questo stato di cose è utile aggiungere che a quel tempo nacque un detto popolare esplicativo del modo di vedere il nuovo corso: *"Mao Zedong ci ha dato la libertà. Deng Xiaoping ci ha dato da mangiare"*.

Eppure gli obiettivi che Deng Xiaoping si poneva erano ben più arditi e a lungo termine. Egli voleva ben altro che dare semplicemente ai contadini da mangiare. Era convinto che la Cina dovesse diventare al più presto una potenza economica e che dovesse per questo motivo aprirsi alle forze del mercato. Per riuscirci gli servivano soprattutto collaboratori capaci, fidati e in linea con la sua visione politica poco ortodossa. Deng trovò tali collaboratori nelle persone di Hu Yaobang e Zhao Ziyang.

Il primo, Hu Yaobang, divenuto segretario del partito, era un leader nato. Carismatico e amato dal popolo per la sua spontaneità, gentile nei modi ma profondamente risoluto nel perseguimento dei suoi scopi, Hu era il secondo in comando dietro Deng. Oltre a queste sue particolari caratteristiche egli aveva impeccabili credenziali rivoluzionarie (aveva fatto la Lunga Marcia con Mao). Come Deng, inoltre, soffrì e fu screditato e aggredito durante la Rivoluzione Culturale. Hu era quello che alcuni compagni del partito definivano *"un giovane, vecchio ufficiale"* perché era uno dei più giovani della generazione dei rivoluzionari. Era inoltre sempre aperto alle critiche che ascoltava senza pregiudizi.

Diversamente da Hu, Zhao Ziyang non era un veterano dell'Armata Rossa. Nominato premier nel 1980 (successe a Hua Guofeng), e chiamato da Deng a Beijing, egli aveva iniziato la sua carriera in provincia e capiva molto meglio di altri la realtà economica della vita rurale. Zhao era il figlio di un proprietario terriero che era stato ucciso durante le "purghe" degli anni Quaranta. Negli anni Settanta venne mandato a gestire la provincia dello Sichuan cercando di venire incontro alle esigenze dei contadini più poveri e bisognosi. Permise loro di unirsi in piccoli gruppi, più efficienti e motivati dei macchinosi collettivi, sperimentando in questo modo quello che sarebbe divenuto in sostanza il successivo modello nelle riforme in campo agricolo adottato in tutto il paese. I contadini di quella provincia, grati degli sforzi fatti da Zhao per alleviare le loro sofferenze, crearono anche un'esplicativa rima per rendere omaggio a questo suo particolare modo di fare: *"yao chi liang, zhao Ziyang"* (che significa, più o meno, "se *vuoi mangiare, rivolgiti a Ziyang"*).

Zhao vestiva in modo semplice, per far sentire i suoi interlocutori a loro agio e consentirgli così di esprimersi liberamente. Mostrava un rilassato atteggiamento da contadino del nord e aveva l'abitudine di dire sempre quello che pensava.

Hu e Zhao, comunisti di tendenze "progressiste",

incontrarono immediatamente le resistenze dei membri "conservatori" del partito. Questi ultimi erano fermamente convinti che le riforme economiche che i due pupilli di Deng andavano predicando fossero niente meno che una minaccia al cuore stesso del comunismo cinese.

Nelle riunioni private tra membri del partito Hu e Zhao si dimostrarono molto audaci e decisi, confrontandosi e spesso scontrandosi apertamente con i loro oppositori. I due mal tolleravano quelle che per loro erano le lacunose, bigotte e passate concezioni dei conservatori. Proprio in una di queste riunioni Zhao Ziyang affermò in modo inflessibile, spalleggiato da Hu: *"non siamo qui per discutere come andrà la riforma di quest'anno o come andrà quella del prossimo anno. Noi abbiamo già deciso che siamo un'economia socialista cinese! La domanda è: quale forma avrà questa economia socialista?"*

Hu e Zhao erano tanto impudenti e sicuri nei confronti dei severi e ancora influenti conservatori perché alle loro spalle avevano Deng. Lui si occupava discretamente di spianare loro la strada e i suoi due pupilli potevano così procedere alla messa in atto delle "poco ortodosse" riforme di cui la Cina aveva bisogno.

Le azioni congiunte di Hu e di Zhao, con il sostegno di Deng, non tardarono a provocare i primi rivoluzionari cambiamenti.

In realtà, sebbene le riforme economiche propriamente dette cominciarono a concretizzarsi dalla metà degli anni Ottanta, la genesi del cambiamento in politica economica può essere fatta risalire a qualche tempo prima, più precisamente al dicembre del 1978, quando la Cina abbandonò sostanzialmente la politica di autosufficienza economica nazionale. A quel tempo, infatti, il paese iniziò ad accettare investimenti, prestiti stranieri e successivamente entrò nella Banca Mondiale e nel Fondo Monetario Internazionale[lxi].

Ma la vera pietra miliare, la svolta decisiva che la Cina avrebbe intrapreso, venne dettata dalla strategia nota come "porta aperta", fortemente sostenuta da Deng e vera e propria colonna portante del suo ardito progetto di riforma in campo economico.

È utile ricordare a questo proposito che sotto la leadership di

Mao il commercio della Cina con il resto del mondo era stato poco più che inesistente. Deng, per contro, era caparbiamente convinto che per crescere e prosperare la Cina avrebbe dovuto necessariamente interagire con i paesi stranieri. La rivoluzionaria strategia della "porta aperta" trovò la sua realizzazione nel coraggioso e rischioso progetto delle "zone economiche speciali" iniziato nel 1979. In quello stesso anno, infatti, quattro zone molto particolari vennero creato nel sud della Cina: a Xiamen, Zhuhai, Shantou e Shenzhen.

Le ultime tre si trovavano nella provincia del Guangdong, il più vicino possibile a Xianggang (più spesso traslitterata in occidente come Hong Kong). Queste quattro zone erano situate tra Taiwan e la colonia inglese allo scopo di attirare capitali stranieri. Alle loro aziende venivano offerte in questi "territori selezionati" condizioni di investimento molto vantaggiose e soprattutto manodopera a basso costo.

Questo primo esperimento di timida apertura economica all'esterno si rivelò in breve tempo niente di meno che un clamoroso successo. Gli uomini di affari di Xianggang e Taiwan, comprensibilmente, non si fecero sfuggire questa lucrosa opportunità di guadagni e afferrarono al volo l'occasione insperata che il governo cinese offriva loro. Una delle prime e più significative conseguenze di ciò fu che, a causa del basso costo della manodopera, molte fabbriche vennero presto spostate verso le quattro speciali zone economiche. Così facendo gli investitori, spinti dalle sempre più rosee prospettive di guadagno, portarono con sé non solo lavoro e valuta estera, ma anche prassi gestionale e soprattutto nuova tecnologia. Molti di loro, inoltre, portarono con sé le rispettive famiglie e questo significò crescita di introiti anche nel settore turistico.

Ulteriore e collaterale conseguenza di questo fatto fu che il governo cinese, incoraggiato dai positivi, primi risultati della politica della "porta aperta", portò nelle quattro zone speciali elettricità, costruì strade, uffici e appartamenti.

Questo coraggioso esperimento di politica economica, semplicemente inconcepibile sotto Mao, attirò decine di migliaia di lavoratori da tutto il paese portando il governo ad attrezzare, ingrandire e rifornire sempre di più questo nuovo "angolo di ricchezza nel sud".

I risultati di questo importante cambiamento possono essere ancor meglio spiegati se si porta come esempio l'esplosione del commercio straniero nelle zone economiche speciali. Più in particolare se nel 1985, nelle fasi iniziali di questa politica, le esportazioni estere del Guangdong erano stimate intorno ai 2.9 miliardi di dollari, nove anni dopo salirono a circa 50 miliardi. Come se ciò non bastasse nella metà degli anni Ottanta la provincia del Guangdong sorpassò ampiamente Shanghai nel divenire il più grande esportatore di beni in Cina. Nei primi anni Novanta, inoltre, Guangdong costituiva circa il 40% di tutte le esportazioni cinesi.

La città di Shenzhen divenne forse l'esempio più emblematico di questa straordinaria accelerazione. Un minuscolo porto con una popolazione di circa settantamila abitanti si trasformò nell'arco di pochi anni in una prospera e avanzata città industriale.

Il tempo mostrò sempre più chiaramente un altro successo innegabile di Deng e della sua poco ortodossa politica in campo economico e al tempo stesso diede uno schiaffo al passato comunista chiaramente incompatibile con un progetto come quello delle zone economiche speciali. Questa serie di successi in politica interna permisero a Deng e ai suoi collaboratori di tenere a bada i conservatori e, al contempo, di continuare il progetto di trasformazione della Cina.

Va a questo punto ricordato che l'idea di Deng di fare della Cina una potenza economica era strettamente collegata a quella di renderla un paese unito all'interno e rispettato all'estero. Una Cina ricca, prospera e avanzata non poteva non essere anche solida, coesa e, più in generale, immune da qualsiasi influenza esterna, specialmente se veniva dall'inglorioso e umiliante passato del paese.

Eppure era oltremodo evidente come una città quale Xianggang, la piccola isola ceduta in perpetuo dalla dinastia Qing alla Gran Bretagna (in seguito alla prima guerra dell'oppio), rappresentasse con irritante efficacia proprio questo umiliante retaggio agli occhi di Deng e a quelli della maggior parte dei cinesi.

Quando i comunisti presero il potere nel 1949, molti avevano previsto che la Repubblica Popolare Cinese avrebbe richiesto la restituzione di Xianggang ma Mao non aveva mai dato un'alta priorità alla questione. Non aveva voluto (o potuto) eliminare questa piccola ma profonda cicatrice nel passato di "colonia" della Cina.

Al contrario di Mao, Deng aveva opinioni molto decise sull'unificazione nazionale. Parallelamente allo sviluppo e alla continuazione della politica della "porta aperta" Deng aspirava alla restituzione alla Cina di Xianggang.

In seguito a questa presa di posizione del leader comunista il primo ministro inglese Margaret Thatcher si recò a Beijing nel 1982 per negoziare con il governo cinese sulla questione di Xianggang.

Non fu affatto facile trovare un accordo e le posizioni risolute di Deng si scontrarono con quelle non meno inflessibili del primo ministro inglese. Un ufficiale anziano partecipante a uno di questi meeting commentò in proposito: "*quello che sta accadendo qui è che una donna di ferro ha incontrato un uomo di ferro*". Effettivamente le posizioni delle due parti sembravano ferme e risolute quanto inconciliabili. Per mesi, tra culture e punti di vista estremamente diversi, gli inglesi e i cinesi discussero animatamente sulla questione. Alla fine, quando sembrava si fosse giunti ad un punto morto, Deng ruppe l'impasse proponendo la semplice ma efficace idea "*un paese, due sistemi*": si offriva a Xianggang di conservare, dopo la reintegrazione, un elevato grado di autonomia. La Cina avrebbe acquisito la vecchia colonia ma essa avrebbe mantenuto il suo sistema economico capitalista. Nel 1984 Margaret Thatcher tornò a Beijing per firmare la dichiarazione congiunta. Questo accordo stabiliva che Xianggang sarebbe tornata alla Cina nel 1997 ma sotto forma di Regione Amministrativa Speciale. Ai suoi abitanti sarebbe stato consentito di conservare il proprio sistema sociale (oltre che economico) per mezzo secolo a partire da quella data.

Deng era chiaramente orgoglioso di essere riuscito lì dove Mao Zedong non aveva voluto o potuto. Era chiaro a chiunque che l'acquisizione di Deng della colonia inglese aveva definitivamente eliminato sul suolo cinese una delle più infamanti eredità del colonialismo europeo del diciannovesimo secolo[*].

I più anziani conservatori, ridimensionati e senza spazi di manovra, risposero ai successi di Deng con sentimenti contrastanti. Lo stile di vita capitalistico di Xianggang, l'affermazione di un metodo di sviluppo economico alieno ai precetti comunisti (se non ad essi apertamente ostile) nelle speciali zone economiche, la negazione di fatto di questi principi con la politica agricola del "sistema di responsabilità produttiva," tutto ciò andava contro quello che la loro rivoluzione comunista aveva rappresentato. Lo era una riprova il fatto che gli ufficiali comunisti mandati da Beijing a "predicare" il socialismo a Xianggang non attecchivano nelle menti dei giovani esercitate in quel contesto a pensare piuttosto a loro stessi che non al futuro comune del paese.

È inoltre utile precisare che le riforme e i successi di Deng non si tradussero solo ed esclusivamente in vantaggi per la Cina. Tutt'altro.

Un effetto non voluto dal leader cinese fu senz'altro che in seguito alle misure economiche adottate, il controllo del governo sulla società si fece mano a mano più distratto e permissivo mentre le persone, approfittando del momento di apertura verso l'esterno e ispirate dalle filtranti idee occidentali, sentivano di poter esprimere più liberamente le loro preferenze. Una conseguenza con implicazioni ben più gravi per i conservatori fu che questo nuovo clima diede impulso a crimini semisconosciuti e quasi inesistenti nella Cina di Mao. Contrabbando, prostituzione e pornografia apparvero nell'arco di pochi anni nella Repubblica Popolare minacciando la stabilità interna e il controllo del partito sulla società.

I conservatori avevano preso ad esempio questi effetti

---

[*]Come è noto il felice esito degli accordi degli anni Ottanta fra il Regno Unito e la Repubblica Popolare Cinese sulla restituzione di Xianggang alla Cina non mise propriamente la parola fine alla questione "coloniale". Esisteva, infatti, un'altra "cicatrice" rappresentata dalla colonia portoghese di Macau (Aomen in pinyin). Anche questa questione venne tuttavia risolta tra i governi dei due Stati quando, dopo pacifiche trattative, la Repubblica Popolare Cinese assunse formalmente controllo di Macau il 20 dicembre 1999. Il piccolo territorio costiero diventerà la seconda Zona ad Amministrazione Speciale dopo Xianggang.

indesiderati delle riforme di Deng per accusare lui e la sua linea politica. Deng, dal canto suo, non poté ignorare queste innegabili e dilaganti conseguenze nefaste anche perché non era nel suo stile permettere che simili variabili dannose minacciassero il controllo del partito sulla vita pubblica. Si vide dunque costretto, già nel 1983 (per placare le pressioni dei conservatori e soprattutto per ristabilire l'ordine minacciato), a permettere la prima "campagna" dell'era post-Mao allo scopo di sradicare quello che veniva chiamato «*l'"inquinamento spirituale"*, *espressione con cui si alludeva alle pettinature occidentali, alla musica di Beethoven e ad altri esempi di decadenza capitalistica*». Eppure «*Il gruppo dirigente non era unanime in questa condanna e fu riportato che Hu Yaobang (il quale divenne segretario generale del partito nel 1982) aveva espresso opinioni incaute, talora criticando il marxismo, talora elogiando vari aspetti dell'occidente. Alcuni intellettuali, tra i quali il più famoso era l'astrofisico Fang Lizhi, che era stato vittima al tempo dei Cento fiori e poi era divenuto vicepresidente dell'università della scienza e della tecnologia di Hefei, furono tanto audaci da mettere in discussione l'operato del Pcc*»[lxii].

Per la verità questa "attenzione alle apparenze" sembrava poco più di una nostalgica reminiscenza dello spirito che era stato proprio della Rivoluzione Culturale. Molte persone pensavano infatti che gli obiettivi che questa nuova Campagna si riproponeva fossero assurdi, sorpassati, nonché vaghi. Seppure molti cinesi non presero la campagna seriamente, questa non mancò comunque di allarmare i nuovi investitori stranieri, minacciando così i potenziali guadagni futuri della Cina.

Hu Yaobang e Zhao Ziyang, cogliendo immediatamente questo problema e anticipando le possibili ripercussioni sul fronte economico, diedero precise istruzioni che avrebbero ri-direzionato verso scopi più precisi e meno propagandistici la Campagna.

Innanzitutto, pensarono, i provvedimenti di contrasto all'"inquinamento spirituale" non avevano alcun motivo di essere portati avanti nelle campagne e così non vennero applicati lì. Poi si convinsero che non c'era bisogno di applicare i provvedimenti neppure in ciò che concerneva le riforme economiche e così non vennero applicati neppure in questo campo.

Il risultato di ciò fu che dopo qualche mese la Campagna contro l'inquinamento spirituale perse molto del suo iniziale impulso (e significato) e il partito si concentrò piuttosto nel ridimensionarla allo scopo di stroncare crimini come il contrabbando. Migliaia di persone trovate colpevoli di questo crimine e di altri vennero perciò arrestate, velocemente giudicate e in molti casi giustiziate.

Va inoltre detto che un problema come quello della corruzione covava persino all'interno del partito. In quegli anni molti ufficiali del governo cominciarono ad utilizzare i loro contatti e la loro influenza per crearsi vere e proprie fortune. Il partito, impreparato a questa vera e propria minaccia al cuore del comunismo, era titubante, distratto ed indeciso sui provvedimenti da prendere. Quello della corruzione dilagante e apparentemente inarrestabile, vale la pena anticiparlo, sarà un problema che impensierirà il partito comunista per tutti gli anni a venire e che provocherà al contempo un sempre maggiore malcontento nella popolazione cinese, malcontento questo che non tarderà a tradursi in molte proteste con lo scopo di far cessare questo insopportabile stato di cose.

In aggiunta a ciò negli anni Ottanta un altro grande problema sociale divenne di attualità e, più di altri, era necessario risolvere se si pensava di fare del paese una nazione ricca ed efficiente. Con una popolazione che in quegli anni si aggirava pericolosamente intorno al miliardo e duecento milioni di abitanti la Cina conteneva quasi un quarto dell'intero genere umano. Se la popolazione fosse cresciuta in modo incontrollato il partito temeva, a ragione, che sarebbe stato impossibile mantenere la stabilità sociale, vale a dire riuscire a nutrire un numero così elevato di persone.

Per questi motivi il governo aveva introdotto già nel 1979 la draconiana politica della "famiglia con un solo figlio". Per la verità una Campagna di controllo delle nascite era già stata introdotta nel 1953, in seguito ad un censimento che aveva constatato la crescita della popolazione, ma questa venne abbandonata durante il Grande Balzo in avanti. Ripresa successivamente, era però stata denunciata come eresia antimarxista durante la Grande Rivoluzione Culturale Proletaria.

La politica demografica introdotta nel 1979 si distingueva dai precedenti tentativi per la sua radicalità.

Donne che già avevano un bambino erano invitate ad usare contraccettivi. Se venivano messe incinta una seconda volta subivano pressioni affinché abortissero.

Non raramente ufficiali del governo ricorsero alla sterilizzazione.

Soprattutto nelle campagne questa politica incontrò resistenze. Nei villaggi, per tradizione, le persone volevano famiglie numerose per portare avanti il proprio nome ma soprattutto per aiutare i familiari con il lavoro e gli anziani a provvedere a se stessi. Molte donne dunque fuggirono via dai villaggi per partorire segretamente, altre pagarono alte quote per potersi permettere un altro figlio.

Il governo, ancora abbastanza potente da poter controllare la maggior parte degli aspetti privati delle famiglie, riuscì comunque ad ottenere, negli anni che seguirono, un drastico calo di circa la metà della crescita demografica grazie alla "politica di un solo figlio".

Mentre questi provvedimenti venivano portati avanti la Cina, seguendo la rotta incoraggiata da Deng, conosceva un periodo di crescita economica sorprendente. Negli anni Ottanta il prodotto nazionale lordo del paese asiatico crebbe mediamente del 9,2% all'anno. Parte di questa crescita fu realizzata nel settore agricolo ma anche e maggiormente nel settore dei servizi, fino ad allora decisamente sottosviluppato. L'area fondamentale di crescita rimase comunque l'industria. Tra il 1981 e il 1986 la produzione industriale della Cina andò vicina al raddoppiare. Nel 1984, in particolare, la politica economica iniziò ad allontanarsi dalla pianificazione centralizzata tipica degli anni precedenti (sistema questo che decideva cosa, come e a che prezzo un'industria dovesse produrre e vendere le sue merci) e si avvalse di un uso più marcato delle forze di mercato.

Sostenuto dai risultati della sua politica, nel gennaio del 1984 Deng in persona dichiarò che le riforme economiche sarebbero continuate. Egli stesso, in un viaggio attentamente pubblicizzato, andò a constatare i progressi delle speciali zone economiche.

Il vecchio leader era più conscio di quanto possa sembrare

del vero e proprio terremoto che le decisioni derivanti dalla politica economica da lui introdotta e sostenuta stavano provocando. Non solo questa politica stava agendo con radicalità sorprendente nella vita di tutti i giorni degli abitanti del suo paese, sul modo del partito comunista di concepire termini come progresso, controllo e società nonché sul grado di interesse con cui i paesi esterni stavano osservando la Cina ma anche e soprattutto sul significato stesso di ideologia socialista, il cardine basilare sul quale poggiava la legittimità stessa del Pcc agli occhi dei suoi governati.

In quel periodo Deng creò un'esplicativa storiella che rivela molto bene il suo stato psicologico personale, i contrasti delle sue idee con il retaggio comunista e più in generale il significato di quelle riforme che in così poco tempo stavano cambiando tanto profondamente il volto del suo paese. Egli disse in proposito: *"Karl Marx siede nel cielo ed è molto potente. Sta vedendo cosa stiamo facendo con il socialismo e la cosa non gli piace così mi sta punendo facendomi diventare sordo".*

Deng era effettivamente sordo da un orecchio ma il suo punto di vista era oltremodo chiaro: le sue riforme, sotto il velo di socialismo con il quale si era sforzato di mascherarle, apparivano decisamente più capitaliste che marxiste e il "patrono" ispiratore della politica economica cinese sembrava essersi trasformato da Karl Marx ad Adam Smith.

Deng, comunque, non tornò indietro sui suoi passi ed anzi accelerò i suoi piani.

In una mossa che avrebbe trasformato la costa della Cina il governo fece in modo che questa si aprisse in gran parte agli investimenti stranieri e quattordici nuove città ricevettero la benedizione di Deng come "speciali zone economiche". Altre regioni seguirono nel tempo questo esempio.

Al di là delle localizzate parti del paese sottoposte all'esperimento economico, nelle campagne della Cina i contadini stavano meglio che mai. Nella metà degli anni Ottanta le famiglie coltivavano liberamente e per conto proprio e guadagnavano denaro vendendo il prodotto in surplus. Le famiglie, inoltre, iniziarono a creare proprie attività per guadagnare soldi in più. Si producevano beni semplici, come scarpe, ma di cui il paese era stato a corto per anni. Nelle città, inoltre, per la prima volta dopo anni, riapparvero i primi mercati.

Le persone cominciarono a spendere i loro risparmi accresciuti per comprare beni non più esclusivamente di prima necessità. I cinesi cominciarono ad equipaggiare le loro case con televisori e frigoriferi, beni impensabili sotto Mao. Con i nuovi guadagni, inoltre, le persone potevano guardare oltre i loro bisogni immediati e soddisfarne altri più tipicamente occidentali.

Incassati i non indifferenti successi in politica estera e interna Deng si presentò nell'ottobre del 1984 dalla sommità di Tiananmen, dominando la piazza che porta il suo nome, per celebrare il trentacinquesimo anno al potere del partito comunista. In quell'occasione Deng parlò alla Cina, proclamando con voce piena di orgoglio: *"noi abbiamo dato la più alta priorità alla modernizzazione del socialismo. La nostra economia è cresciuta più vigorosamente di quanto abbia mai fatto in passato e sono stati raggiunti successi in tutti i campi. Oggi il nostro popolo è pieno di gioia e di orgoglio"*.

Deng aveva raggiunto l'apice della popolarità. Il suo prestigio in quel momento era al culmine.

Il popolo, dalla piazza, salutava festoso il suo leader. Le folle di studenti presenti nella piazza non marciavano in modo uniforme ma correvano e sventolavano striscioni di augurio per esprimere il loro affetto spontaneo per il leader Deng. Il popolo e i giovani in particolare avevano grande fiducia in lui, riconoscevano le conquiste che aveva garantito alla Cina e speravano che avrebbe portato il loro paese alla gloria e alla prosperità.

A dispetto di ciò, comunque, le sincere e ingenue speranze dei più giovani ed entusiasti cinesi erano molto diverse dal ferreo pragmatismo di Deng.

Ben presto l'inevitabile delusione per i vagheggiati desideri che aveva creato negli animi dei suoi concittadini, si trasformerà nel movimento di protesta più massiccio e radicale che la storia della Cina abbia conosciuto; una presa di posizione così seguita e poderosa da minacciare veramente per la prima volta la leadership del partito comunista cinese.

LA DEMOCRAZIA PASSÒ PER TIANANMEN

I Primi Movimenti per la Democrazia. Negli anni Ottanta l'apertura al mondo esterno portò ben altro che la musica e le capigliature occidentali in Cina. Conseguenze decisamente più profonde e a lungo termine del proliferare del contrabbando e della prostituzione e più impreviste e pericolose della corruzione dilagante nel partito apparvero nella società. La nuova generazione nata sotto il rosso vessillo cominciò a mettere in discussione il significato stesso del comunismo e a sognare cambiamenti politici. Il crescente entusiasmo per la cultura occidentale dilagò in quegli anni e il fiorire di nuove espressioni artistiche e letterarie cinesi diede nuovo impulso alle persone e le incoraggiò sempre più a fare scelte basate sulle proprie esperienze personali. Aumentarono le domande sulla politica, sulla società, sul valore dell'individuo e sul confronto tra la Cina e gli altri paesi.

Molti insegnanti ed intellettuali condividevano questa nuova visione più libera, di amplio respiro e adatta ad una Cina che, aprendosi come non aveva mai fatto prima al resto del mondo, avrebbe dovuto affrontare le nuove sfide con uno spirito totalmente rinnovato e non di certo ancorato al passato. Molti professori, ad esempio, cominciarono con l'incoraggiare maggiormente i loro studenti a pensare con la propria testa, ad essere critici e costruttivi piuttosto che semplici strumenti nelle mani del partito. Perfino membri del partito comunista ad altissimi livelli come Hu Yaobang condividevano molti dubbi degli intellettuali e degli studenti. Hu stesso metteva in discussione il dogma del comunismo andando oltre perfino a Deng Xiaoping, nel cui vocabolario la parola "riforma" mal si coniugava con il termine "politica".

Più di ogni altro leader Hu era in contatto con le persone comuni e non era raro vederlo intento a discutere con loro di famiglia, lavoro, società e politica. Grande ascoltatore e amato dal popolo, Hu era d'accordo con molte delle loro lamentele e non si preoccupava troppo di nascondere queste sue opinioni.

Nel 1986 Hu si diede da fare per ottenere da Deng alcuni, seppur limitati, cambiamenti politici. Il massimo leader cinese era restio a concedere qualsiasi riforma che sapesse anche solo lontanamente di democrazia ma alla fine sembrò cedere sotto le ripetute pressioni del suo secondo in comando. Autorizzò dunque malvolentieri il progetto di Hu mirante a far perdere potere ai membri più anziani e conservatori del partito (molti di loro vecchi veterani della rivoluzione). Ma l'attacco di Hu ai conservatori si rivelò blando ed inefficacie e Deng non poté e non volle restare estraneo alla visione dei conservatori che, almeno in campo politico, era affine alla sua. Così questo tentativo di riforme fu ben presto accantonato. A sua volta Zhao Ziyang tentò di proporre nel 1987 un certo numero di riforme politiche ma anche queste ultime non vennero prese in considerazione[*].

Frattanto il Pcc era infestato in maniera sempre più eclatante dal parassita della corruzione. I dirigenti, impreparati a questa minaccia, non sapevano come procedere. Gli stessi leaders del Comitato Centrale dichiararono, per difendersi dalle critiche e dalle accuse che si moltiplicavano, che bisognava sperimentare, che nei primi stadi del socialismo gli sbagli erano inevitabili.

La dichiarata impotenza del partito accese la miccia della protesta negli animi di alcuni studenti ormai stanchi del viziato clima politico e desiderosi di fare sentire la propria voce in proposito.

Nel dicembre del 1986 comparve a Hefei un movimento studentesco che protestava contro presunti brogli nelle elezioni per i congressi popolari. L'evento è rilevante se non altro perché «*nella Repubblica popolare questa era la prima serie prolungata di dimostrazioni studentesche non direttamente promosse o esplicitamente incoraggiate dagli alti funzionari del partito*»[lxiii].

---

[*]Ci si riferisce in particolare al documento abbozzato da Zhao Ziyang, con il supporto di Deng Xiaoping, e presentato al tredicesimo Congresso del Partito Comunista nell'autunno del 1987. Il documento di Zhao avrebbe forse potuto dirigere la Repubblica Popolare verso quel "soft authoritarian pluralism" descritto da Richard Baum. In quel meeting Zhao suggerì, tra le altre cose, la separazione del partito comunista dalle attività dell'amministrazione statale e una riforma per limitare il patrocinio politico e assicurare così maggiore fiducia riguardo alle promozioni che il Partito Comunista avrebbe deciso. Propose infine di rafforzare lo Stato di Diritto, il che avrebbe significato l'inizio della salvaguardia della supremazia del diritto e delle libertà dell'individuo.

Il movimento si estese rapidamente a Shanghai e a Beijing dove vennero organizzate imponenti manifestazioni. I dimostranti chiedevano di avere garantito il diritto di nominare i propri candidati nelle elezioni locali e condizioni migliori nei campus. Nelle piazze parole come *"libertà"* e *"democrazia"* vennero ripetute dai cori assordanti e non raramente apparvero cartelli raffiguranti la Statua della Libertà. A Shanghai marciarono trentamila studenti e a loro si unirono altri gruppi sociali oltre a molti residenti della città. Ci furono scontri con la polizia, assolutamente impreparata a manifestazioni di simile portata. Altri studenti in diverse città cinesi, indignati dall'atteggiamento della polizia nei confronti dei pacifici dimostranti di Shanghai, domandarono addirittura ai loro leaders provinciali di condannare le autorità di Shanghai per la violenza manifestata dalle forze dell'ordine. Contemporaneamente anche a Beijing gli studenti stavano facendo sentire la loro voce.

Deng, come quasi tutti gli altri leaders comunisti, era insofferente a simili atti di insubordinazione pubblica e vedeva nelle dimostrazioni un'inaccettabile minaccia all'autorità sacra del partito. Più il movimento acquisiva slancio maggiore si faceva la preoccupazione dei dirigenti del Pcc e, dunque, la loro inclinazione a restaurare l'ordine violato.

Il governo decise allora di condannare pubblicamente le dimostrazioni e ordinò agli studenti di tornare nei campus. Hu Yaobang, che fino a quel momento non si era schierato a favore della repressione nei confronti dei dimostranti, era contrario alla linea politica del suo partito.

Per la fine di dicembre gli studenti, spentisi gli ultimi fuochi di protesta e consapevoli che il loro messaggio aveva raggiunto le orecchie del partito, tornarono nelle loro classi e smisero di protestare. Ma non a Beijing. Il primo gennaio 1987 gli studenti sfidarono nella capitale l'ordine di rimanere nei campus e marciarono verso piazza Tiananmen. Ma la polizia era pronta per loro: assaltò gli studenti e ne arrestò diversi. Le proteste erano così ufficialmente concluse e il partito poté passare al contrattacco.

Nel gennaio del 1987 Fang Lizhi, il famoso astrofisico che aveva *"istigato"* i giovani alla protesta, venne licenziato e messo sotto sorveglianza. Altri professori subirono una sorte simile.

Ma il prezzo più alto fu Hu Yaobang a pagarlo. Nello stesso mese di gennaio il segretario del partito, che aveva lavorato attivamente affinché i conservatori non perseguitassero gli studenti che avevano partecipato alle manifestazioni e che si era assunto la responsabilità delle loro proteste (terminate anche grazie al suo conciliante intervento), fu costretto a dimettersi a causa delle feroci critiche da parte di molti membri del partito che lo accusarono veementemente di aver permesso alle dimostrazioni di sfuggire al controllo e di non aver soppresso i dissensi intellettuali. Neppure Deng poté opporsi a questa decisa linea politica, dopotutto non aliena al suo stesso modo di confrontarsi con quelli che per lui erano niente meno che tentativi deliberati di minacciare l'integrità dello Stato.

La reazione degli studenti e degli intellettuali a questi provvedimenti fu di muto sgomento. Essi capirono che non avrebbero più potuto rivolgersi a Hu per protezione.

Altre conseguenze immediate delle decisioni dei vertici del Pcc furono che molti professori vennero espulsi dal partito e licenziati dai rispettivi lavori mentre alcuni studenti attivi nelle proteste incontrarono difficoltà a trovare lavoro a causa delle loro idee.

Per colmare poi il vuoto di potere causato dalla estromissione di Hu la gerarchia ai vertici del partito venne ridisegnata. Zhao Ziyang divenne segretario del partito mentre nel novembre del 1987 fece il suo ingresso sulla scena politica "di palcoscenico" Li Peng, precedentemente Vice Premier e Ministro dell'Energia Elettrica e della Conservazione dell'Acqua, che divenne premier *ad interim*.

Nonostante la persecuzione del Pcc contro gli studenti avesse soppresso efficacemente le proteste e scoraggiato momentaneamente qualsiasi possibile ricaduta il bisogno di un profondo cambiamento politico era ancora vivo e sentito. Sarebbe bastato un semplice pretesto per ridestare le ceneri ancora roventi della protesta.

Il Funerale del Riformista. Qualche tempo dopo, mentre in Cina iniziava la primavera del 1989, il cinismo e la frustrazione abbondavano in larghi strati della popolazione. Il "mostro" crescente dell'inflazione, che aveva raggiunto il suo livello più alto dalla fondazione della Repubblica Popolare, assorbiva la maggior parte delle preoccupazioni dei cinesi. Si avvertiva chiaramente la sensazione che la crescita economica che si era manifestata negli anni Ottanta non beneficiasse tutti in maniera uguale ma che le elites stessero meglio della gente comune e che ciò stesse accadendo a causa della corruzione crescente. Come se non bastasse, i leaders del partito erano da un po' di tempo concentrati in una guerra interna per decidere quale nuova strada la Cina avrebbe dovuto imboccare ora che le riforme economiche cominciavano a prendere piede e a mostrare i primi risultati concreti.

Da una parte c'era Deng Xiaoping il quale credeva che la "porta aperta" in campo economico non fosse affatto il preludio di un'analoga rivoluzione in campo politico. Si stava poi configurando un'altra corrente capeggiata dal leader del politburo Zhao Ziyang che cominciava ad orientarsi verso l'idea che il partito dovesse assecondare *"il bisogno di costruire una democrazia socialista"*.

Mentre la Cina entrava nel mese di aprile, le ragioni di protesta di molti strati della popolazione, dagli studenti ai lavoratori, si moltiplicavano. C'era solo bisogno di una scintilla per far esplodere un movimento contro il governo che, in potenza, aveva la forza, la motivazione e soprattutto i numeri per diventare il più grande ed esteso nella storia della Cina.

Questa scintilla prese vita il 15 aprile del 1989 a causa di un decesso. Quel giorno "Radio Beijing" annunciò che Hu Yaobang era morto, stroncato da un attacco cardiaco. Gli studenti di Beijing non avevano dimenticato l'uomo che due anni prima si era assunto la responsabilità delle loro proteste e pensarono che un atto di tributo in onore del leader "riformista" fosse d'obbligo.

Per questo motivo quello stesso giorno, spontaneamente e massicciamente, centinaia di loro tennero dimostrazioni a piazza Tiananmen per commemorarlo (cogliendo anche l'occasione per protestare contro la corruzione e il nepotismo del governo).

La morte di Hu venne in realtà interpretata da molti degli studenti come un segnale che veniva dato loro per fare qualcosa, agitare le acque intorpidite della società e per riformare e democratizzare il paese. Le loro richieste in fondo erano molto semplici: cibo di migliore qualità nelle mense, migliori condizioni nei dormitori, più fondi per l'educazione e il diritto di formare associazioni libere di studenti. Eppure fin dall'inizio il governo non sembrò dare alcun credito alle loro richieste.

Il servizio memoriale ufficiale per Hu Yaobang si tenne regolarmente il 22 aprile 1989 nella Grande Sala del Popolo. Deng Xiaoping era in prima fila mentre Zhao Ziyang leggeva con composto rammarico l'elogio funebre del collega.

Durante la cerimonia le decine di migliaia di persone venute a tributare Hu non si fecero sfuggire l'occasione di protestare contro la concentrazione di potere radunata a qualche metro da loro gridando ripetutamente: *"Dialogo! Dialogo!"*. Le forze dell'ordine consentirono ad alcuni di loro di passare le linee di protezione della polizia che circondava la Sala del Popolo. Tre studenti cercarono di dare al governo una petizione con le loro richieste, aspettando in ginocchio per circa un'ora sugli scalini. Nessuno venne a parlare con loro e molti dei leaders preferirono prendere un'uscita secondaria pur di non affrontare le masse.

Dopo il funerale di Hu, le divisioni del partito in politica interna furono ben presto rimpiazzate da nuove fazioni che, proponendo modi diversi e discordanti per confrontarsi con questo nuovo movimento di protesta, minacciavano di paralizzare il potere di azione del Pcc. Da una parte stava il segretario generale Zhao Ziyang con i cosiddetti riformisti (i quali propendevano per un dialogo con gli studenti), dall'altra gli intransigenti conservatori che avevano trovato un capace leader nella figura di Li Peng. Entrambi auspicavano il sostegno di Deng, di fatto il vero leader (non ufficiale) della Cina.

Il 23 aprile 1989 Zhao Ziyang fu costretto a lasciare la Cina per una visita in Corea del Nord. Mentre era all'estero gli intransigenti approfittarono della sua assenza. Li Peng parlò con Deng e dipinse al leader il movimento di protesta studentesco come una banda di sovversivi senza scrupoli. Gli disse che stavano occupando le strade, mandando convogli nelle fabbriche e nelle scuole elementari e perfino in altre province con lo scopo di boicottare l'ordine sociale e alimentare gli scioperi. Infine affermò che nelle strade i rivoltosi gridavano con rabbia il nome di Deng del quale chiedevano insistentemente le dimissioni.

Li Peng aveva agito bene. Il 26 aprile 1989 il *Quotidiano del popolo*, l'organo ufficiale del partito comunista, riportò frasi di accusa di Deng contro gli studenti. Egli condannò le loro azioni come tumultuose e sovversive e venne affermato nello stesso editoriale che il loro obiettivo era avvelenare le opinioni della gente e *"creare agitazioni in tutto il paese"*.

Il *Quotidiano del popolo* era niente meno che la "bocca" del Pcc. L'editoriale rappresentava quindi il punto di vista del Comitato Centrale, dei leaders. Attraverso questo giornale era come se il partito desse ordini o istruzioni all'intero popolo.

Sfidando come avevano fatto due anni prima l'autorità del partito gli studenti rifiutarono di farsi intimidire da questa condanna. Non solo. L'uscita dell'editoriale del 26 aprile portò ad una svolta il movimento di protesta e ne trasformò sostanzialmente il significato. Prima dell'uscita del giornale gli studenti erano per lo più ragionevoli, pacati. Avevano avanzato richieste di cambiamenti tutt'altro che radicali. L'editoriale mise definitivamente i giovani contro il governo e fece emergere tra loro i primi studenti radicali.

Il risultato della presa di posizione pubblica del Pcc, lungi dal provocare la dispersione dei protestanti, rivelò una risposta di proporzioni inimmaginabili per il politburo e decisamente amara da digerire.

Una colonna di persone lunga quattro miglia marciò verso piazza Tiananmen il giorno seguente. Il fiume umano contava circa centocinquantamila persone. Se si esclude il movimento delle Guardie Rosse (che aveva avuto una ragione di esistere solo a causa delle figura di Mao) quella era la più grande manifestazione di protesta della storia della Repubblica Popolare Cinese. La gente avvertiva il bisogno di mostrare pubblicamente quanto si sentiva frustrata e indignata dalle accuse del governo. Loro non si sentivano una manciata di controrivoluzionari ma la voce del popolo cinese.

Le linee di blocco delle forze dell'ordine (organizzate per contenere il fiume di gente) non poterono nulla contro di loro e vennero infrante una dopo l'altra quasi come se i dimostranti fossero stati una lama di acciaio incandescente che incontrava del burro.

In seguito ad eventi di tale magnitudine il primo maggio del 1989 il politburo organizzò una riunione straordinaria. Li Peng, allarmato dalle dimensioni della protesta, affermò che se i dimostranti l'avessero avuta vinta la Cina avrebbe fatto un enorme passo indietro. Zhao, dal canto suo, invitò alla moderazione e fece presente che i valori di democrazia e di abbattimento della corruzione chiesti dalla gente erano in fondo anche gli obiettivi del governo e del partito. Intanto gli studenti continuavano a far sentire la loro voce nonostante gli avvertimenti dei vertici politici.

Curiosamente il caso volle che anche il tempismo si schierasse decisamente dalla parte dei dimostranti. Un importante anniversario, una «*data associata in eterno alle libertà democratiche*»[lxiv], era infatti alle porte.

Trenta Giorni di Democrazia. 4 maggio 1989. Settanta anni dopo la prima grande protesta studentesca della storia moderna cinese un movimento di protesta molto simile ma infinitamente più vasto dilagava per le strade di Beijing convergendo ripetutamente a piazza Tiananmen. I dimostranti (studenti e non) sfruttarono l'importante ricorrenza storica tornando nuovamente nelle strade in numero sorprendente. Enormi cortei non ufficiali vennero organizzati nella capitale ed in altre cinquantuno città della Cina mentre davanti alla Porta della pace celeste si ammassava un quarto di milione di persone trasformando così la protesta in una delle più imponenti nella storia del paese. Ancora una volta a nulla servirono i tentativi delle forze dell'ordine di contenere i soverchianti numeri dei manifestanti. La polizia fu costretta nuovamente ad assistere impotente all'infinita marcia costellata da cartelloni e striscioni con scritte come *"ogni potere assoluto corrompe in assoluto"* oppure *"noi siamo il mondo"*.

Molti osservatori stranieri che assistettero quel giorno alla incontenibile manifestazione e gli stessi partecipanti si convinsero che a quel punto, con una tale dimostrazione di fermezza, il governo avrebbe dovuto cedere e garantire almeno qualche limitata riforma politica.

Ma quello che stava accadendo ai vertici della politica cinese rendeva ogni possibile ipotesi o previsione su quello che sarebbe accaduto quantomeno azzardata.

La spaccatura tra le varie correnti di potere (a causa delle diverse opinioni riguardo i provvedimenti da prendere) si faceva sempre più profonda. Ciò che comunque accomunava ognuno dei dirigenti era il senso di stupore per la vastità e la partecipazione di queste dimostrazioni. Zhao Ziyang, mentre le proteste del 4 maggio si consumavano, pronunciò un discorso all'AsDB (Asian Development Bank) dichiarando che il governo avrebbe dovuto dialogare con i protestanti. Ciò era in palese contraddizione con l'editoriale del 26 aprile e con la linea di fermezza guidata da Li Peng e dagli intransigenti, poco inclini a fare concessioni di qualsiasi tipo. Il partito comunista in quel frangente sembrava bloccato, incapace di seguire una coerente e condivisa linea politica.

Paradossalmente la politica di "cauta attesa" seguita da questo indeciso governo sembrò inizialmente premiare i dirigenti del Pcc ed esaudire i loro desideri.

La settimana dopo la manifestazione del 4 maggio, infatti, la novità della protesta perse il suo fascino. Molti studenti decisero di tornare nelle loro classi, indignati ma impotenti contro il rifiuto categorico del governo a negoziare. Eppure molti altri studenti semplicemente pensarono che, arrivati a quel punto, bisognasse continuare fino a quando non si fosse raggiunto un risultato soddisfacente. Abbandonare gli sforzi dopo quanto si era riusciti a dimostrare, secondo molti di loro, sarebbe equivalso a rinunciare deliberatamente ad una situazione storica irripetibile. I dimostranti, comunque, erano allo stesso tempo consapevoli che bisognasse escogitare un modo per attirare nuovamente l'attenzione della gente e dei media su di loro se si voleva che le richieste che avevano avanzato rimanessero ben presenti ai membri del partito.

Per questa ragione alcuni di loro pensarono di compiere un atto di forza passivo quanto estremo. Il 13 maggio alcuni studenti radicali si radunarono nel campus per un ultimo pasto: avevano deciso insieme un ferreo sciopero della fame. Questo sciopero aveva uno scopo ben preciso. Era stato infatti ideato per produrre il massimo impatto possibile sul resto del popolo e sui governanti. L'idea estrema degli scioperanti si rivelò azzeccata e non tardò a produrre i primi simpatizzanti.

A questo proposito è utile una precisazione per capire meglio il gesto dei dimostranti e l'impatto che ebbe in quel periodo. In Cina, per millenni, la gente aveva sofferto una carestia dopo l'altra. Ora, vedere persone che volontariamente non mangiavano per "salvare il paese" fece riflettere alcuni e attirò l'adesione di molti.

Mentre la mossa degli studenti riaccendeva l'attenzione dei cinesi al tempo stesso alimentava la preoccupazione del governo e la sua partecipazione al movimento che sempre più si ergeva come una minaccia, una forza alternativa e collaterale alla sua autorità. Le immagini di centinaia di studenti con una caratteristica fascia bianca sulla fronte che si fermavano a piazza Tiananmen e iniziavano ostinatamente lo sciopero della fame erano un colpo duro da incassare per i dirigenti del partito che cominciarono a rendersi conto che stavano perdendo il controllo della situazione.

Proprio in quegli stessi giorni, come conseguenza di questi avvenimenti, strati sociali inizialmente estranei o timidi sostenitori degli studenti si unirono attivamente al loro coro per aggiungere le loro lamentele, rassicurati dall'atteggiamento ambiguo ed indeciso del governo. Professori, medici ed infermiere, operai, lavoratori, casalinghe, perfino alcuni militari e poliziotti si unirono ai manifestanti infoltendo in questo modo le file dei "sovversivi".

Perfino i media sembravano ormai essere passati dalla parte dei dimostranti. Parte dello staff di Radio Beijing e del *Quotidiano del Popolo* manifestarono come tutti gli altri nelle strade della capitale. Per la prima volta la stampa, la radio e la televisione riportarono fedelmente i fatti che stavano accadendo, scrollandosi di dosso l'occhio vigile del partito. Lo spirito di democrazia e libertà dilagava da uno strato all'altro della società, da città a città, da provincia a provincia senza che il partito riuscisse a contrastarlo in maniera efficace. Il solito autoritarismo di ferro sembrava impotente contro questo nuovo tipo di minaccia senza un preciso volto, senza nome o indirizzo, senza un corpo definito da imprigionare e umiliare.

Come se la situazione non fosse già abbastanza difficile da gestire per il governo un'ulteriore complicazione contribuì ad aumentare la tensione.

Per il 15 maggio, infatti, era prevista la visita in Cina del leader sovietico Mikhail Gorbaciov. Questa doveva essere l'occasione per distendere il clima politico fra i due paesi dopo decenni di ostile diffidenza. La stampa di tutto il mondo era presente a Beijing per immortalare lo storico evento. Per l'occasione era stato inoltre deciso di tenere la cerimonia di benvenuto per il leader sovietico in piazza Tiananmen ma a causa dell'occupazione degli studenti questa dovette essere improvvisata nell'aeroporto.

Fu questa una grande umiliazione per il Pcc, aggravata dal fatto che i media stranieri, quando non dovevano filmare o riportare i contenuti del meeting, si precipitavano a Tiananmen per intervistare i protestanti.

A questo proposito è utile dire che più di un giornalista occidentale comparò la piazza cinese a Woodstock, il festival Rock di tre giorni riconosciuto come l'acme del movimento di protesta degli anni Sessanta negli USA. Effettivamente piazza Tiananmen, dopo l'occupazione di alcuni giorni prima, era diventata una vera e propria "città nella città": erano presenti miriadi di tende che ospitavano i dimostranti, luoghi dove i contributi e le donazioni venivano radunate, aree dove lavarsi, altre dove mangiare, perfino ospedali improvvisati. Non si verificarono furti e la polizia era organizzata dagli stessi dimostranti.

Mentre l'importante visita di Gorbaciov veniva eclissata dalle immagini dei media stranieri che mostravano ragazzi svenuti e boccheggianti per via del digiuno e assistiti in improvvisati ospedali da campo, l'indignazione del popolo cinese e del mondo intero cresceva pericolosamente.

Centinaia di migliaia di simpatizzanti del movimento di protesta cominciarono allora ad accorrere da tutta la Cina verso la capitale per dimostrare il loro sostegno alla causa dei ragazzi di Tiananmen. A quel punto Beijing si era trasformata nel vero e proprio centro di un movimento nazionale e una gran parte della stessa popolazione cittadina lo sosteneva attivamente.

Il 17 maggio un milione e duecentomila persone si diressero verso piazza Tiananmen dando così vita alla più grande manifestazione democratica di massa nella storia della Repubblica Popolare Cinese. Ancora una volta il governo non poté fare altro che guardare impotente i fatti che si susseguivano davanti ai suoi occhi.

Umiliato davanti a tutto il mondo, minacciato da manifestazioni di protesta come mai se ne erano viste nella storia della Cina e dilaniato dagli scontri interni su quale linea politica seguire, il Pcc vedeva ormai molto bene il sentiero che porta sull'orlo del precipizio.

Deng Xiaoping, conscio di questo intollerabile stato di cose, sentiva che era venuto il momento di prendere una posizione precisa e fermare il movimento prima che fosse troppo tardi. Venne così convocata una riunione di emergenza nella quale Deng stesso spinse in modo sommesso ma fermo per l'adozione della legge marziale. Il Comitato accusò ricevuta e votò per autorizzare questo provvedimento estremo.

Frattanto il 18 maggio lo sciopero della fame era entrato nel suo quinto giorno. A sorpresa quello stesso giorno prima dell'alba gli studenti ricoverati a causa del digiuno ricevettero la visita dei leaders Zhao Ziyang e Li Peng. Entrambi sfoggiarono modi rassicuranti davanti alle telecamere ma privatamente i due erano chiaramente in guerra. Una guerra che il moderato Zhao stava inevitabilmente perdendo.

Preoccupati dalle implicazioni potenzialmente fatali della protesta molti leaders del partito esercitavano ormai sempre maggiori pressioni affinché venisse riportato l'ordine e le manifestazioni fossero soppresse. Li Peng, rassicurato dall'atteggiamento di Deng, sentì di avere libertà di azione ma non volle lasciare esclusa alcuna possibile alternativa pacifica alla risoluzione della crisi. Così lo stesso 18 maggio il governo acconsentì ad un incontro finale, un dialogo senza precedenti tra Li Peng e venti leaders degli studenti presso la Grande Sala del Popolo in diretta sulla televisione nazionale.

Il piano del premier cinese era chiaro: il suo scopo era fare apparire gli studenti davanti a tutto il paese come riottosi bambini insofferenti alla imposizione di giuste regole. Dai suoi atteggiamenti, infatti, il governo non sembrava affatto intenzionato a prendere gli studenti sul serio, a dargli importanza o ad ascoltare veramente le loro richieste.

Ma gli studenti, provati dalla protesta e sicuri della bontà delle loro rivendicazioni, erano poco disposti ad accettare l'arrogante paternalismo di Li. Un testimone riportò che ad un certo punto del confronto uno degli studenti, più degli altri provato dallo sciopero della fame e venuto direttamente dall'ospedale ancora in pigiama, interruppe Li affermando con enfasi: *"noi non siamo i tuoi figli e tu non sei i nostri genitori, noi siamo cittadini. Tu rappresenti i nostri governanti. Noi siamo qui per un dialogo alla pari"*.

Alla fine il confronto tra le parti sembrò apparentemente dare l'impressione agli studenti che il governo avrebbe accolto alcune loro richieste. Ma era un'impressione sbagliata.

Quella stessa sera la Commissione permanente del politburo si riunì per prendere una decisione definitiva. Deng continuava a credere fermamente che il movimento dovesse essere classificato come eversivo e in quanto tale non ci fosse nulla di buono da salvare. Fu a questo punto che cominciò a parlarsi di un vero e proprio "giro di vite" necessario per garantire solidità, coerenza e incisività alla linea politica del governo. Il risultato di ciò era chiaro: i riformisti e i moderati, esclusi ed emarginati, risultarono sconfitti nello scontro politico. Zhao Ziyang, consapevole di ciò, decise di compiere un ultimo gesto di solidarietà nei confronti dei manifestanti. Egli si recò nelle prime ore del 19 maggio a piazza Tiananmen con le lacrime agli occhi, scusandosi di non essere stato in grado di risolvere la crisi ed invitando gli studenti a interrompere lo sciopero della fame per preservare la loro salute[*].

---

[*]Di seguito verrà riportato un estratto del suo discorso: *"Studenti, siamo arrivati troppo tardi. Ci dispiace. Voi parlate di noi, ci criticate, tutto questo è necessario. La ragione per la quale sono venuto qui non è chiedervi di perdonarci. Tutto ciò che voglio dire è che voi studenti state diventando molto deboli. Siete stati in sciopero della fame per sei giorni, e ora è il settimo giorno. Non potete continuare così. Più il tempo andrà avanti, più vi danneggerà il corpo in modo irreparabile, potrebbe essere davvero pericoloso per la vostra vita. Adesso la cosa più importante è terminarlo. Lo so, il vostro sciopero della fame mira alla speranza che il Partito ed il Governo vi daranno una risposta soddisfacente per ciò che state chiedendo. Sento che la nostra comunicazione è aperta. Alcuni dei*

Fu la sua ultima apparizione in pubblico. Dopo di ciò Zhao Ziyang scomparve dalla scena politica per sempre.

Voci della caduta di Zhao e dell'instaurazione della legge marziale cominciarono allora a serpeggiare nella capitale. La sensazione che qualcosa di importante stesse per accadere era nell'aria e la avvertivano chiaramente tutti gli abitanti della città.

Il 20 maggio il governo fece finalmente la sua mossa: in un infuocato discorso alla televisione rivolto al partito Li Peng dichiarò la legge marziale. Le dimostrazioni venivano vietate e l'Armata Popolare di Liberazione veniva autorizzata ad agire in maniera appropriata, ad occupare Beijing e a mettere fine alle proteste concentratesi a piazza Tiananmen.

Centinaia di migliaia di soldati vennero mobilitati con mezzi corazzati, carri armati ed APC. Doveva questo essere l'inizio della fine per il movimento di protesta che sfidava il partito comunista ormai da oltre un mese.

Ma ancora una volta e nonostante la decisa e minacciosa presa di posizione del governo la reazione dei manifestanti e dei loro simpatizzanti alla dichiarazione della legge marziale fu rapida e assolutamente imprevista. A decine di migliaia essi si riversarono nelle strade impedendo così alle truppe di raggiungere il centro della città. I soldati e i loro mezzi furono completamente bloccati. Lo spazio di manovra era talmente limitato che i mezzi dell'esercito non potevano neppure ritirarsi tanto era numerosa la folla di gente che li circondava. Accadde così che una semplice protesta studentesca si trasformò in una vera e propria rivolta della capitale.

Bloccati in questa situazione imprevista i militari si trovarono a subire impotenti una particolare forma di pressione psicologica semplice, improvvisata quanto efficace. Molte madri portarono infatti i loro neonati mettendoli nelle braccia dei soldati mentre conversavano con i ragazzi in uniforme che avrebbero tranquillamente potuto essere loro figli. Altre persone ripetevano ai militari frasi tratte dal Libretto Rosso di Mao, allo scopo di ricordare loro quale era lo scopo ultimo e più sacro dell'Armata Popolare di Liberazione. Frasi come:

---

problemi possono solo essere risolti con certe procedure [...] Non potete continuare lo sciopero della fame per il settimo giorno, ed ancora insistere per una risposta soddisfacente prima di terminarlo."

"stare fermamente al fianco del popolo cinese e servirlo con tutto il cuore" facevano un certo effetto sulle truppe che avevano ricevuto da parte del partito ordini esattamente opposti. Infine ragazzi e ragazze portavano cibo e bevande ai soldato bloccati, molti dei quali erano loro coetanei, descrivendo la città come tranquilla, serena e pacifica a differenza di quello che il governo aveva detto loro.

Nel frattempo a Beijing gli studenti discutevano se abbandonare o meno la piazza. A questo proposito si venne a creare una vera e propria spaccatura fra gli studenti moderati, che optavano per tornare nei campus, e altri più radicali, che insistevano per continuare le proteste. Questi ultimi, a causa dell'evolversi degli eventi, riusciranno a prendere sostanzialmente il controllo della leadership studentesca.

Sembra per di più che alcuni di questi estremisti volessero ben altro che continuare semplicemente le proteste così come era stato fatto fino ad allora. Essi si auguravano che avvenisse un vero e proprio massacro degli studenti da parte del governo perché solo in questo modo, essi credevano, la Cina e il mondo avrebbero saputo[*].

---

[*]Emblematico a questo proposito il filmato del giornalista nordamericano Philip Cunningham del 28 maggio 1989 che riporta la testimonianza di una commossa Chai Ling, una dei massimi leaders studenteschi che organizzò molti scioperi della fame e fu fra i più attivi dimostranti. Ella disse: (per una maggiore fedeltà verrà riportata la versione inglese): "*The students kept asking, 'What should we do next? What can we accomplish?' I feel so sad, because how can I tell them that what we are actually hoping for is bloodshed, for the moment when the government has no choice but to brazenly butcher us. Only when the Square is awash with blood will the people of China open their eyes. Only then will they really be united. But how can I explain this to my fellow students? And what is truly sad is that some students, and famous well-connected people, are working hard to help the government, to prevent it from taking such measures. For the sake of their selfish interests and their private dealings they are trying to cause our movement to collapse and get us out of the Square before the government becomes so desperate that it takes action.*"
In seguito Chai Ling cercherà di difendersi dalle accuse che le vennero mosse secondo le quali i leaders degli studenti si stavano servendo delle vite dei loro compagni dichiarando che la sua testimonianza venne "decontestualizzata".

Intanto era intelligentemente stata organizzata dagli studenti una rete di ragazzi in biciclette chiamati *"le tigri volanti"* con l'ordine di aggirarsi intorno a Beijing per spiare i movimenti delle truppe e riferire ai manifestanti.

Con il passare del tempo e il prolungarsi dello stallo inflitto dai cittadini all'esercito, il governo decise di cambiare strategia. Alla periferia di Beijing (quattro giorni dopo il tentativo dei soldati di entrare nella città) all'esercito venne ordinato di lasciare la capitale e di ritirarsi nelle basi.

Beijing era euforica. Fu un'enorme umiliazione per la leadership del Pcc. Ancora una volta il suo metodo autoritario e deciso aveva cozzato contro la pacifica ma ferma volontà democratica dei cittadini e aveva perso.

Una cosa a questo punto era sicura. I dirigenti comunisti, perfettamente consci della posta in palio, non avrebbero permesso che la situazione andasse nuovamente diversamente dai loro piani perché sapevano oltremodo bene quale sarebbe stato altrimenti il prezzo da pagare.

Nella notte del 22 maggio e due giorni dopo, Deng Xiaoping aveva riunito gli alti dirigenti del partito per discutere della crisi. Erano prevalsi in questa sede i fautori della linea decisa i quali sostenevano che, se il partito si fosse piegato, avrebbe perso il potere e la Cina si sarebbe arresa al capitalismo.

Per dieci giorni l'esercito restò fuori dalla capitale mentre un nuovo piano veniva preparato. Consistenti contingenti di truppe vennero richiamati da altre province (perché si riteneva che le truppe locali simpatizzassero con i protestanti della città). Inoltre gli ordini vennero ribaditi ai comandanti e resi perentori: *"la prossima volta piazza Tiananmen dovrà essere messa al sicuro avvalendosi di qualsiasi mezzo necessario"*.

Dal canto loro anche i dimostranti rimasero risoluti sulle loro posizioni.

Il 29 maggio studenti dell'Accademia delle arti decisero di lasciare un simbolo a piazza Tiananmen: una statua di gommapiuma e gesso alta dieci metri raffigurante una donna, la Dea della democrazia. Era questa una bianca figura che sorreggeva una fiamma con entrambe le mani, mentre fissava direttamente l'immagine di Mao Zedong affissa all'entrata della Città Proibita.

Ma lo spirito di libertà e protesta racchiuso nella figura della Dea della democrazia, l'acme per molti dimostranti di quelle settimane di rivolta democratica, poteva ben poco contro il ferreo autoritarismo di Li Peng e degli intransigenti i quali decisero una ferma e violenta fine della crisi. In un trascritto ufficiale risulta da un meeting del 3 giugno del 1989 che Li Peng enunciò: *"dobbiamo essere assolutamente decisi nel soffocare questo movimento controrivoluzionario nella capitale. Dobbiamo essere spietati. Le forze di sicurezza sono autorizzate ad usare ogni mezzo necessario per agire contro le persone che interferiranno con la missione. Quello che accadrà sarà una responsabilità di coloro che non avranno ascoltato gli avvertimenti e oltrepasseranno insistentemente i limiti della legge".*

Quel giorno la vita nella capitale sembrò come cristallizzarsi. Molti sentivano che presto il governo avrebbe fatto la sua mossa. E così avvenne.

Simultaneamente e massicciamente le forze moltiplicate dell'Armata Popolare di Liberazione entrarono a Beijing da quattro diverse direzioni con l'ordine di convergere a piazza Tiananmen.

I cittadini, avvertiti in ritardo dalla notizia, non riuscirono a bloccare che qualche unità mentre altre entrarono con successo nella città. Vennero allora erette affrettatamente dagli stessi cittadini barricate nelle maggiori strade e incroci utilizzando veicoli, grate e muri improvvisati.

Trenta giorni dopo il 4 maggio lo spirito di democrazia e libertà che aveva permeato la capitale e nutrito di speranze i suoi abitanti veniva stroncato dalle prime raffiche di fuoco.

Il *Massacro di Beijing*. *"Stanno usando proiettili veri! È un massacro!"*

Le urla e le grida echeggiarono sinistre nelle strade di Beijing quando i dimostranti che avevano sentito dello svolgersi degli eventi ai margini della città riportarono agli stupefatti presenti l'inesorabile avanzata dell'esercito verso piazza Tiananmen.

Mentre le voci dell'approssimarsi di decine di migliaia di soldati si diffondevano, gli abitanti continuarono instancabilmente ad alzare barricate con qualsiasi cosa gli capitasse sotto mano. Autobus vennero bruciati per tentare di interrompere l'avanzata dei soldati mentre urla e sassi vennero lanciati all'unisono contro l'esercito che incombeva. La risposta delle truppe furono raffiche incessanti provenienti da armi semiautomatiche. Sulle strade della città bossoli di munizioni calibro 14.5 (proiettili tipicamente usati dalla artiglieria contraerea) accompagnavano la marcia dei soldati.

Presto Beijing divenne il teatro di una vera e propria guerra urbana. Per ogni barricata eretta c'era un carro armato che la schiacciava sotto i suoi cingoli. Per ogni APC manovrato per disperdere i dimostranti sassi e Molotov rispondevano in coro così come per ogni proiettile sparato sulla folla le parole *"Fascisti! Fascisti!"* venivano urlate di rimando dalla folla inferocita di abitanti impegnati in una ritirata disordinata.

Gli scontri fra i dimostranti (assieme ai cittadini loro sostenitori) e l'Armata Popolare di Liberazione andarono avanti per diverse ore, dalla remota periferia fino al viale Chang'an, la famosa strada che si estende attraverso Beijing e che fu la principale via usata dall'esercito per avanzare da est ed ovest nonostante le barricate erette ad ogni intersezione.

Il vivo della battaglia si concentrò proprio nelle strade che circondavano piazza Tiananmen dove scene di soldati che sparavano alla schiena di civili indifesi e protestanti che picchiavano a morte ufficiali trascinati fuori dai carri armati erano uno spettacolo che si ripeteva tristemente sotto gli occhi dei presenti.

Nonostante la tenace resistenza di molti cittadini, l'Armata Popolare di Liberazione guadagnò presto il controllo di quasi tutta la città e stabilì sistematicamente numerosi checkpoints, inseguì e disperse i protestanti ormai in rotta e bloccò il distretto universitario.

A piazza Tiananmen, nel centro della tempesta di boati assordanti, urla e ordini perentori, migliaia di persone sedevano assieme, mano nella mano, cantando canzoni, determinate a mostrare fino all'ultimo la solida convinzione dei loro valori. Per loro gli spari non avevano una direzione precisa perché si susseguivano incessantemente dappertutto e da nessuna parte. L'unica cosa di cui erano certi era che si stavano avvicinando.

Nelle prime ore del mattino del 4 giugno l'esercito raggiunse finalmente piazza Tiananmen: si fermò, dispiegò i suoi uomini e attese ordini dal governo. A questi stessi soldati era stato detto di non aprire il fuoco, ma allo stesso tempo sapevano che avrebbero dovuto liberare la piazza per le sei del mattino. Nessun ritardo o eccezione a questo ordine perentorio sarebbe stata tollerata.

Qualche ora dopo l'arrivo dell'esercito un gruppo di intellettuali lì presenti propose ai soldati una soluzione pacifica. I soldati non rimasero sordi alla richiesta, memori dei loro ordini contraddittori, e afferrarono l'opportunità di una possibile soluzione pacifica e veloce alla crisi. Acconsentirono così a trattare.

Alla fine i militari decisero di offrire una amnistia alle migliaia di persone nella piazza a condizione che se ne fossero andate immediatamente e di loro spontanea volontà.

Gli studenti allora misero la questione ai voti: lasciare la piazza o restare e subirne le conseguenze. Si decise per la prima alternativa.

Attorno alle cinque del mattino dai tremila ai cinquemila studenti e cittadini lasciarono piazza Tiananmen dall'angolo sud-est della stessa, scortati a vista dai militari.

Le truppe presero così il controllo del cuore di Beijing e si disposero a sua difesa mentre la mole di uno dei carri armati si avventava sulla statua eretta solo qualche giorno prima dagli studenti, la Dea della democrazia, decretando ufficialmente la fine degli ideali di libertà e uguaglianza che aveva rappresentato per così poco tempo.

Per le cinque e quaranta del mattino del 4 giugno la piazza era stata liberata e messa al sicuro.

Centinaia di morti e migliaia di feriti sparsi per la capitale decretarono il totale successo dell'operazione. Quella mattina il silenzio in cui si svegliò Beijing urlava il massacro di cui era stata involontaria protagonista.

Il giorno dopo l'Armata aveva assunto il completo controllo della città. Aveva inoltre respinto efficacemente alcuni tentativi di ciò che rimaneva dei protestanti miranti a ritornare nella piazza ormai fortificata.

Le strade ora erano sgombre, i soldati dominavano la capitale, i dimostranti erano fuggiti, imprigionati o morti. Tutti tranne uno.

Quella stessa giornata l'insignificante e anonima figura di un ragazzo in camicia bianca armato di due buste di plastica incontrò una colonna di carri armati di tipo 59 che percorrevano vittoriosi viale Chang'an. Egli si mise davanti agli imponenti corazzati militari, aprì le braccia e bloccò la loro marcia. Il primo carro armato della fila, dopo alcuni secondi di muta esitazione, deviò a destra, nel tentativo di guadagnare nuovamente la strada ma il ragazzo seguì i suoi movimenti, parandosi ancora davanti e sfidando la sua marcia.

Il singolare valzer tra l'uomo e la macchina andò avanti per qualche altro momento. Era chiaro che il ragazzo non avrebbe permesso al veicolo di procedere. Il carro armato sembrò arrendersi alla sconsiderata e coraggiosa risolutezza del "tank man" e allo spirito di resistenza, protesta e sfida che per così tante persone avrebbe rappresentato in futuro.

A poco meno di un chilometro di distanza, dal sesto piano dell'Hotel Beijing, una solitaria macchina fotografica immortalava l'evento.

Era appena nata una delle immagini più famose del ventesimo secolo.

Le Conseguenze del Massacro. Li Lu, uno dei più famosi leaders studenteschi del movimento per la democrazia del 1989, verrà a dire riguardo gli avvenimenti del 4 giugno: *"il massacro di Tiananmen fu il primo della storia del genere umano in cui un governo organizzato massacrò pubblicamente i suoi propri pacifici dimostranti di fronte al mondo intero"*. L'analisi di Li è cruda ma efficace.

Dopo la soppressione del movimento democratico a Beijing, alcune proteste continuarono in diverse parti della Cina trascinandosi per alcuni giorni. A Xianggang, Guangzhou e Shanghai il governo dovette reprimere i disordini e garantire il ritorno all'ordine con azioni decise e non di rado con il ricorso alla forza. Ci furono ovviamente altre proteste in altri paesi sia da parte della popolazione che dei loro governi allo scopo di denunciare l'atteggiamento del partito comunista nei confronti dei propri pacifici cittadini.

Il governo cinese riuscì comunque a riguadagnare in fretta il controllo delle città in fermento ma senza provocare altre perdite ingenti di vite, evitando in questo modo una "seconda Beijing".

Soffocate le proteste interne e sconfitto definitivamente il movimento studentesco, il governo cinese agì chirurgicamente contro i fomentatori della più grande minaccia interna al potere centrale che il partito comunista avesse affrontato dalla sua fondazione.

Le autorità arrestarono, processarono ed incarcerarono diverse migliaia di persone ritenute colpevoli dei disordini. I più fortunati, dopo un veloce processo, vennero condannati a diversi anni di carcere, altri vennero spediti in campi di lavoro, altri ancora, specialmente gli studenti nella lista nera del governo, fuggirono all'estero.

Una cifra mai precisata venne semplicemente condannata a morte.

La maggioranza degli studenti e degli universitari implicati vennero "politicamente stigmatizzati" e molti di loro non riuscirono per anni a trovare un impiego a causa del marchio di sovversivi che si portavano dietro.

Nei giorni successivi al massacro di Beijing Deng Xiaoping apparve alla televisione congratulandosi con i militari per aver arrestato con successo i rivoltosi.

Le iniziali stime del governo cinese furono che centinaia di soldati dell'Armata Popolare di Liberazione morirono mentre solo ventitré "controrivoluzionari" rimasero uccisi negli scontri. Ma queste cifre sembravano improbabili anche in un paese che era solito usare una propaganda iperbolica, così la stima dei caduti "controrivoluzionari" venne elevata a circa trecento.

Alcuni esperti occidentali, da parte loro, stimarono che un numero compreso tra alcune centinaia e qualche migliaia di dimostranti vennero realmente uccisi in quei giorni.

Le conseguenze del 4 giugno erano destinate ad avere implicazioni se possibile di più vasta portata in politica interna, specialmente all'interno della leadership del partito.

Come già era accaduto in passato, dopo un evento che aveva scosso dalle fondamenta la società cinese, la gerarchia del Pcc venne ridisegnata per adeguarsi al corso della nuova situazione che si era venuta a configurare e vennero abbandonati come frutti marci coloro che erano stati ritenuti incapaci di prevenire tali pericolosi sommovimenti dell'ordine stabilito.

Come conseguenza di ciò Zhao Ziyang, riconosciuto colpevole di non essere riuscito ad imporsi con fermezza contro gli studenti, venne espulso dal Comitato Permanente dell'Ufficio Politico del Comitato Centrale del Partito Comunista Cinese insieme ad altri riformisti e successivamente licenziato. Zhao venne inoltre confinato agli arresti domiciliari dove rimase fino alla sua morte, avvenuta nel 2005.

Deng Xiaoping, inoltre, era in cuor suo convinto che anche Li Peng fosse per certi aspetti da biasimare, perché prima aveva commesso errori di giudizio nel tentare di contenere il movimento, poi aveva dovuto ordinare la sua repressione. Allo scopo di allontanarsi dalle persone ritenute colpevoli, Deng utilizzò la sua influenza affinché Jiang Zemin, il sindaco di Shanghai la cui risoluta azione aveva prevenuto disordini e violenze eccessive nella città, venisse promosso ad un rango superiore a quello di Li Peng, cioè a quello di segretario generale del partito comunista.

Per rimanere nella sfera politica, riguardo il concetto di "liberalizzazione politica" che era divenuto molto popolare nei tardi anni Ottanta, esso perse progressivamente il suo impulso ed entusiasmo dopo gli eventi di piazza Tiananmen. Molte riforme democratiche che erano state proposte durante gli anni Ottanta divennero semplicemente "argomento tabù" così come ogni possibile discussione riguardo cambiamenti strutturali del governo della Repubblica Popolare Cinese e soprattutto del ruolo del Pcc.

I leaders studenteschi di Tiananmen, inoltre, negli anni immediatamente successivi alla repressione del governo, furono incapaci di creare un movimento ideologico coerente che potesse sopravvivere alle azioni repressive del Pcc o contrastarne efficacemente l'operato. Questo anche perché molti degli stessi leaders studenteschi venivano da fasce relativamente agiate della società e non riuscirono quindi a creare contatti durevoli o profondi con i larghi strati della popolazione cinese (costituita perlopiù da contadini) che rimasero estranei quando non apertamente ostili alle loro rivendicazioni.

Le conseguenze del 4 giugno furono visibili perfino

nell'economia cinese, la quale subì un certo impatto in seguito alla politica del governo nei confronti dei manifestanti. Più in particolare gran parte dell'opinione pubblica occidentale e molti governi stranieri condannarono l'azione di repressione del Pcc e questo atteggiamento provocò conseguenze non trascurabili sugli introiti dello Stato cinese. Molti uomini d'affari e compagnie richiamarono indignati i loro impiegati e ritirarono i loro investimenti. La Banca centrale, l'AsDB e alcuni governi ritirarono i loro prestiti. I proventi derivanti dal settore turistico scesero significativamente.

In termini più ampi (ma per questo meno accurati) gli esiti degli avvenimenti del 4 giugno possono essere illustrati come «*un fallimento del sistema politico cinese. Le riforme economiche avviate nel 1978 avrebbero potuto alleviare le tensioni all'interno del gruppo dirigente e avrebbero potuto essere accompagnate dallo sviluppo di istituzioni in grado di promuovere una stabilità politica a lungo termine, invece si risolsero in un ulteriore argomento di dispute tra i riformatori e i conservatori*»[lxv].

IL DRAGO ALLA FINE DEL LETARGO

Deng Va a Sud. Nello stesso anno in cui si svolse il massacro di Beijing, in Europa la caduta di un muro decretò la fine di un'epoca e dell'ideologia politica che aveva mosso per decenni le sorti dei paesi nati sotto il segno della falce e del martello.

Il "vento dell'est" smise di soffiare nel 1991 quando il collasso della superpotenza sovietica e la fuga dei suoi satelliti mise fine al titano di oltre ventidue milioni di chilometri quadrati di estensione, dimora di quasi trecento milioni di individui. Mentre il potente motto *"Proletari di tutto il mondo, unitevi!"* scemava in un lontano bisbiglio senza ormai alcun valore, il "Secolo Breve" poteva dirsi compiuto.

Le contraddizioni economiche interne, il dispendioso imperialismo* e l'incapacità di adottare riforme si tradussero

---

*Ci si riferisce in particolare a quella che potrebbe essere definita la costosa "avventura afghana", derivante dall'incapacità dell'Unione Sovietica di sostenere il governo comunista in difficoltà in Afghanistan e di sopprimere i Mujaheddin. In Afghanistan morirono oltre quindicimila

ben presto nella caduta dell'Unione Sovietica e nella fine della guerra fredda.

La leadership del partito comunista cinese osservò con misto di orrore e impazienza la caduta dei loro più forti e antichi cugini e non mancò di constatare la soddisfazione delle popolazioni degli Stati satelliti dell'est che, dopo anni di proteste e repressioni, si rallegravano nel contemplare il "grande compagno" agonizzante a terra fra la polvere della sua inadeguatezza.

Deng Xiaoping, come i suoi colleghi di partito, era conscio del periodizzante cambiamento che si stava verificando e del pericolo che lo stesso Pcc come sistema politico e guida sociale si trovava ad affrontare. Ancora una volta e a distanza di pochi anni la Repubblica Popolare Cinese affrontava una prova che, in potenza, avrebbe facilmente potuto decretare la sua fine.

Deng non sottovalutò l'importante cambiamento in campo internazionale né le sue ripercussioni nel resto del mondo ma era convinto (forse ancor più convinto di prima) che per salvare il futuro socialista della Cina e per evitare il destino dell'URSS le riforme economiche nel suo paese andassero ulteriormente alimentate.

Tuttavia il piccolo comunista dello Sichuan era ormai vecchio e malato. La sua influenza si faceva ancora sentire nelle alte sfere ma ormai da tempo non ricopriva nessuna carica politica rilevante. Come se ciò non bastasse, il movimento democratico della primavera del 1989 e le sue conseguenze avevano spinto un numero sempre crescente di membri

---

soldati russi e il governo spese nell'impresa miliardi di dollari che a stento poteva permettersi.

A questo proposito Zbigniew Brzezinski, il consulente per la sicurezza nazionale sotto il Presidente James Earl Carter, in un'intervista nel 1998 con il magazine francese *Nouvel Observateur*, verrà a dire: "*The day that the Soviets officially crossed the border, I wrote to President Carter, essentially: 'We now have the opportunity of giving to the USSR its Vietnam War.'* "

Una curiosità riguardo questo argomento è rappresentata dal modo in cui Chalmers Johnson non manchi di sottolineare nel suo best-seller "*Blowback*" come questo passaggio sia, secondo lui, solo una delle prove del fatto che l'invasione dell'Unione Sovietica dell'Afghanistan venne deliberatamente provocata dai nordamericani.

irriducibili del gruppo dirigente a diffidare delle riforme e a spingere per un più sicuro ritorno al passato. Tra il 1989 e il 1991, infatti, venne effettuato un tentativo di restaurare il controllo centralizzato dell'economia da parte dello Stato.

Per Deng questo atteggiamento significava niente meno che prendere una lapide e incidere su di essa le parole "Repubblica Popolare Cinese". Era qualcosa che, dopo tutti i suoi sforzi e le sue speranze, non poteva assolutamente permettere.

Così, ad ottantasette anni di età, Deng Xiaoping raccolse ciò che rimaneva delle sue forze e provò a tutti per l'ultima volta la sua visionaria, cocciuta tenacia nel difendere quello che per lui era l'irrinunciabile futuro verso il quale la Cina era destinata.

Nel gennaio del 1992 Deng decise di organizzare una singolare e ardita iniziativa per finalizzare i suoi propositi. Egli si mise a bordo di un treno diretto nel sud della Cina e iniziò quello che in futuro sarebbe divenuto famoso come "Nan Xun", il viaggio nel sud.

In questa sua iniziativa, è utile precisarlo, Deng non era affatto sostenuto dalla leadership del partito che, al contrario, non sapeva nulla delle sue intenzioni. Quando poi il suo viaggio nel sud iniziò, venne ignorato da Beijing e dai media nazionali che erano a quel tempo sotto il controllo dei rivali politici di Deng. Lo stesso segretario generale del partito, Jiang Zemin, mostrò poco supporto alla sua iniziativa.

Era dunque questa una mossa coraggiosa e al contempo rischiosa per il vecchio comunista.

John Farndon spiega con acutezza cosa stava cercando di fare Deng imbarcandosi in questo viaggio che lo avrebbe condotto, tra le altre tappe, a Shenzhen:

> Deng's whole aim was to push the whole economic reform process further just when it was faltering. As he went on his four-day tour of the south, he hammered home his message that 'if the economy cannot be boosted … [it] will only lead to a collapse and disintegration of the Communist Party'. To those critics who charged him with abandoning the spirit of communism, Deng argued forcefully that

making money was not at odds with a socialist way of life. He urged local officials to be bold in pushing reforms and not act like 'a women with bound feet'.

By choosing Shenzhen for his stand, Deng was not simply choosing a place where the eyes of the world would be upon him but a place that better than anything demonstrated the extraordinary effects the open door policy was having. Over the previous decade, Shenzhen's economy had gone grown by 50 per cent each year, and was, by 1991 worth an astonishing US$3.5 billion. Skyscrapers were shooting up on every corner and Shenzhen builders were able to demonstrate their reputation for adding three complete floors a day as they raced upwards. As Deng spoke, the message relayed on TV was unmistakable: China's reform works[lxvi].

La strategia di Deng si rivelò una volta in più quella vincente. Le sue vibranti parole, diffuse inizialmente solo attraverso giornali provinciali, scavalcarono il silenzio che avrebbe potuto decretare il fallimento della sua iniziativa e gli fecero guadagnare un fermo supporto tra gli ufficiali locali e tra la stessa popolazione delle province.

A quel punto Deng era riuscito a guadagnare astutamente l'attenzione della stampa e a scalfire il muro di recalcitrante diffidenza dietro il quale molti membri del politburo si nascondevano.

Jiang Zemin, accortosi del modo in cui stava soffiando il vento, si schierò apertamente dalla parte di Deng. I media nazionali si adeguarono ben presto a questo cambio di rotta.

Le parole di Deng, ormai impossibili da ignorare, echeggiarono tra i membri del partito. Chi di loro era contrario al contenuto dei proclami da lui espressi dovette piegarsi senza alcuna possibilità di appello.

La conseguenza più importante di questa situazione fu che i voleri del vecchio leader vennero ascoltati, accolti e ufficialmente tradotti in linea politica quando, qualche mese dopo, Jiang Zemin (che aveva rimpiazzato di fatto il ruolo di Zhao Ziyang), destinato in futuro a divenire il nucleo della "terza generazione" dei leaders comunisti, si rivolse in questo modo al quattordicesimo congresso del partito: "*la riforma socialista, l'apertura e la modernizzazione devono essere portate avanti con maggiore sforzo e velocità. Il nostro sviluppo si deve concentrare sull'economia*".

Quando Deng aveva proclamato nel "Nan Xun" che la Cina avrebbe adottato un'"*economia di mercato socialista*" aveva più o meno decretato la fine del controllo sui prezzi, promosso l'incoraggiamento e lo stimolo dell'iniziativa privata nonché un ridimensionamento del numero dei lavoratori.

Le affermazioni combinate di Deng e di Jiang erano la prova inequivocabile che l'intero Pcc si sarebbe votato (volente o nolente) a questa linea politica ed erano allo stesso tempo una rassicurazione tra le righe agli investitori stranieri, un augurio affinché essi valutassero nuovamente l'intransigenza provocata dall'atteggiamento del governo cinese nei confronti delle proteste per la democrazia svoltesi qualche anno prima.

Questa politica della "mano tesa" funzionò.

Attirati dall'enorme mercato cinese gli investitori stranieri tornarono in massa. Compagnie statunitensi, da Taiwan, dal Giappone e dall'Europa erano ora smaniose di firmare contratti con i cinesi:

In November 1993, German chancellor Helmut Kohl headed for Beijing accompanied by a glitzy entourage of Germany's biggest business leaders, including the heads of Siemens, Volkswagen-Audi and BMW. When Kohl came back gleefully waving contracts worth US$4.1 billion, including six Airbuses and a brand new metro system for Guangzhou, the scene was set for a stream of trade delegations from the world's richest nations. American secretary of commerce Ron Brown, British trade minister Michael Heseltine and French premier Edouard Balladur all came here, as did the heads of nearly every major multinational, from

General Motors (GM) to Coca-Cola. In little more than two years, from the end of 1993 to the beginning of 1996, trips such as this yielded contracts worth US$40 billion or more[lxvii].

Fu questo per la Cina l'inizio di una nuova fase di prosperità e di crescita.

Non solo la ritrovata confidenza dell'estero nel mercato cinese e il proseguimento spedito delle riforme economiche garantì al paese, per ciò che rimaneva degli anni Novanta e in quelli che seguirono, una crescita economica a due cifre ma gli consentì anche di affrontare e superare la crisi economica asiatica del 1997 senza troppe conseguenze (cosa che non successe ad altri paesi asiatici come Sud Corea e Giappone) e, l'anno successivo, addirittura di concedere un importante sostegno finanziario alla Russia.

Sempre in questi anni, come d'accordo con il Regno Unito, Xianggang venne restituita alla Cina (30 giugno 1997) mentre il gruppo dirigente, capeggiato dal nuovo Presidente Jiang Zemin (che aveva in passato ricevuto la chiara benedizione di Deng alla sua successione), rimase al suo posto, evitando costose faide interne per il potere o pericolosi cambiamenti ai vertici del partito che avrebbero potuto stravolgere la ritrovata stabilità interna.

Ma per Deng Xiaoping tutti questi eventi non si verificarono mai.

L'ultimo grande della generazione di donne e uomini che avevano fondato il partito comunista cinese, avevano combattuto nella rivoluzione e contribuito a riunificare il paese, si spense in un placido giorno di febbraio del 1997.

L'Ultimo Imperatore. Quando il novantaduenne Deng Xiaoping scomparve, il celebre settimanale nordamericano *Time Magazine*, che lo aveva già dichiarato due volte uomo dell'anno[*], lo descrisse come *"the last emperor"*.

---

[*]Rispettivamente nel 1978 e nel 1985.

Poche altre definizioni avrebbero potuto essere più appropriate per riassumere e commemorare il vecchio comunista dello Sichuan.

Nella metaforica definizione del *Time* erano presenti tutte le battaglie, i successi, i fallimenti e le speranze che erano orbitate intorno alla sua vita, avevano incoraggiato le sue azioni e soprattutto dettato il suo scopo primario: rendere la Repubblica Popolare Cinese una nazione da fissare con entrambi gli occhi puntati sul mappamondo.

Sebbene Deng si fosse ufficialmente ritirato dalla scena politica già nel 1990, nessuna importante decisione che riguardasse la Cina fu presa senza la sua approvazione negli anni seguenti, né i nuovi dirigenti del partito (al loro posto perché lui aveva voluto che così fosse) si sognarono anche solo lontanamente di deviare dalla linea politica da lui imboccata circa venti anni prima.

Dall'estero diverse personalità rilevanti della politica internazionale manifestarono il loro composto cordoglio per l'avvenuto decesso[*].

I funerali e il lutto per Deng Xiaoping furono largamente seguiti quanto poco fastosi. L'addio all'uomo che aveva completamente ripensato l'economia del paese più popoloso del mondo non venne gridato dalla nazione ma rispettosamente annunciato, senza essere eccessivamente pubblicizzato, senza grandi stravolgimenti nella giornata tipo dei cittadini cinesi.

La morte di Deng fu comunicata dai media della nazione senza alcuna nota emotiva e senza alcun altisonante titolo affiancato al suo nome. Se Mao era stato il *"Grande Timoniere"*, il

---

[*]Tra i tanti il Segretario di Stato statunitense Madeline Albright disse che egli fu "una figura storica". Il segretario Generale delle Nazioni Unite Kofi Annan dichiarò che sarebbe stato ricordato "nella comunità internazionale in generale come l'architetto principale della modernizzazione della Cina e del suo spettacolare sviluppo economico". Aggiunse inoltre che le riforme di Deng Xiaoping "hanno migliorato incommensurabilmente la vita dei suoi cittadini". Il Presidente francese Jacques Chirac disse a sua volta "nel corso di questo secolo, pochi uomini hanno, come lui, condotto una vasta comunità umana attraverso così profondi e determinanti cambiamenti". Si ricorda infine che anche l'ufficio presidenziale di Taiwan e il Dalai Lama mandarono le loro condoglianze.

"Maestro", Deng fu semplicemente ricordato come il *"compagno"*.

Mentre la bandiera nazionale veniva esposta a mezz'asta non ci fu nessun grande shock nei mercati azionari, nessuna chiusura delle attività commerciali, nessuno speciale bracciale di cordoglio e nessuna interruzione della vita di tutti i giorni.

Piazza Tiananmen, il cuore simbolico della Cina, batteva regolarmente quei giorni senza che alcun manifestante si preoccupasse di sottolineare in qualche modo l'accadimento[lxviii].

Avrebbe potuto essere un giorno qualsiasi per la nazione del popolo dei "Cento Antichi Nomi". Un giorno di lavoro, un giorno di progresso, un giorno di imperturbabile pragmatismo.

L'Eterno Dragone si Desta. Se Mao Zedong riuscì dopo decenni a fondare una Cina forte, indipendente e coesa, Deng Xiaoping fece in modo che il mondo intero se ne accorgesse.

Sono stati scritti articoli, saggi e libri sull'impatto che le riforme economiche di Deng ebbero sulla Repubblica Popolare, sulle cosiddette "Teorie di Deng Xiaoping" (conosciute anche come "Denghismo"), sulle conseguenze dell'apertura del paese al resto del mondo, sull'adozione di un'"economia di mercato socialista", ovvero l'unione precedentemente impensabile dell'economia di mercato con un sistema politico socialista guidato con autocratica efficienza dal partito comunista.

Gli stupefacenti risultati che una politica come quella della "porta aperta" ebbero sullo sviluppo della Repubblica Popolare erano davanti agli occhi di tutti già quando il loro fautore venne a mancare e non smisero di stupire neppure negli anni immediatamente seguenti, quando la crescita non solo non rallentò ma trovò nuovo impulso.

> When Deng's open-door policy first began, China was effectively a closet economy, buying in virtually nothing from the outside world and selling nothing either. Combined exports and imports accounted for less than 10 per cent of the country's GDP. Within a decade they were worth 30 per cent of GDP, and by 2002, they were worth half of all

China's GDP. Since China's economy had grown by near enough 10 per cent a year for all that period, that amounted to a huge stride into the world economy. In 1978, China accounted for just 0.6 per cent of all world trade. By the time China was admitted into the World Trade Organization in 2001, it accounted for over 5 per cent. In 2004, it outstripped Japan, the world's postwar economic miracle, as the world's third largest exporter, with exports worth US$593 billion, compared with Japan's US$565 billion. Only the USA (US$819 billion) and Germany (US$915 billion) exported more[lxix].

Le politiche in campo economico (e non solo) di Deng portarono la Repubblica Popolare Cinese verso un tipo di industrializzazione tra le più riuscite nella storia, comparabile forse solamente a quella dell'Unione Sovietica e simile per certi aspetti ad alcuni particolari casi di paesi nel sud-est asiatico (oltre alle cosiddette "Tigri asiatiche", di cui già si è discusso) e al caso forse più emblematico rappresentato dal Giappone.

La Cina, ormai parte integrante dei più importanti meccanismi economici mondiali, impossibile da ignorare e sempre più presente sul palcoscenico internazionale si era decisamente destata dal suo letargo alle porte del nuovo millennio.

Napoleone Bonaparte, uno dei condottieri più famosi e ricordati dalla storia moderna, sembra aver detto una volta qualcosa di simile guardando il profilo dell'allora Impero cinese su una mappa e indicandolo con la mano: *"ici repose un géant endormi, laissez le dormir, car quand il s'éveillera, il étonnera le monde"* – *"qui giace un gigante dormiente, lasciamolo dormire, perché quando si sveglierà, farà tremare il mondo"*.

Il conquistatore dell'Europa sembrò dimostrare niente di meno che uno spiccato spirito profetico. Ciò che fece Deng Xiaoping fu esattamente questo: destare il gigantesco dragone dormiente, e assicurarsi che non si addormentasse mai più.

V. L'ALFA E L'OMEGA DEL DRAGONE

L'antica Via della Seta era il sistema circolatorio che collegava i corpi dei continenti di Asia, Africa ed Europa.

Per secoli la via commerciale che dal prezioso tessuto prende il nome fu il solo, unico ponte di collegamento fra mondi completamente diversi ed esotici, sul quale mercanti, pellegrini, missionari, nomadi e soldati viaggiavano all'unisono portando con sé cultura, religione e tecnologia.

Lunga circa quattromila miglia, la Via della Seta era il canale di comunicazione privilegiato tramite il quale le civiltà dell'Egitto, di Roma, della Persia, dell'India e della Cina dialogavano con parole fatte di gioielli, schiavi, profumi, medicinali e spezie.

Gli storici affermano che nel suo periodo più intenso e trafficato la Via iniziasse a Chang'an (l'odierna Xi'an), nel settimo ed ottavo secolo. L'evoluta Chang'an era la capitale del Regno di Mezzo quando il mandato celeste era stato affidato alla dinastia Tang.

Parte di questa Via sarà il panorama custodito dalla magica atmosfera racchiusa ne *Il Milione* e l'esploratore veneziano legato alla sua storia sarà uno dei tanti europei a viaggiare l'antico canale fra mondi verso il lontano Est, il luogo su cui si era sentito tutto e non si sapeva nulla.

Lo stesso Marco Polo scrisse che si fermò a Kan Chau (Zhangye), verso la fine della Via della Seta, e che vi restò per circa un anno. A quel tempo, nel tredicesimo secolo, il percorso fra mondi viveva i suoi ultimi decenni d'oro, prima che i sempre più agili e veloci vascelli europei solcassero i mari e lo rendessero ormai inutile, scomodo e dispendioso.

Il lungo viaggio fatto di sabbia, città e cammelli che aveva descritto con i suoi odori e panorami esotici la caduta e la nascita di intere civiltà non era più necessario.

Esiste oggi una nuova Via della Seta.

Questa si dipana per quasi tremila miglia, attraversando l'estensione dell'intera Repubblica Popolare Cinese, dalla sfolgorante "città-neon" Shanghai, fino a Korgaz, nel deserto del Gobi, al confine con il Kazakistan. Route 312 è il suo nome, ma viene più spesso ricordata come il *"Percorso Madre della Cina"*.

Questa enorme arteria che attraversa per intero il vasto paese si fonde con la leggendaria Via della Seta ma, a differenza di quest'ultima, ha ormai perso gran parte del suo carattere "multi-continentale", di incontro fra popoli.

Route 312, lo smisurato serpente fatto di asfalto, acciaio e cartelloni segnaletici, infatti, è la Via della Seta esclusiva della Cina. Su di essa si incontrano le merci che le città dell'ovest e dell'est del nuovo Regno di Mezzo si scambiano per i diversi e sempre crescenti bisogni quotidiani di una nazione che guarda solo avanti. È il passaggio attraverso cui centinaia di milioni di cinesi possono raggiungere con facilità impensabile in epoche passate una qualsiasi delle numerose destinazioni che si trovano sul suo percorso, dai desertici ma immortali panorami silenziosi del deserto del Gobi fino alle maestose, produttive ed asmatiche megalopoli ad est. È la linea rossa che collega le diverse etnie che abitano la Cina e che divide il paese del secco nord, dove il miglio cresce incontrastato, dal piovoso sud, dove le distese ininterrotte di riso ricordano panorami e sapori antichi di millenni.

È, ancora, la via di passaggio di monaci buddhisti e di migranti speranzosi nonché l'ufficio dello stormo di camionisti che la attraversano giornalmente. È l'itinerario dell'esercito di turisti che affollano come non mai i luoghi dai quali la loro cultura, la cultura cinese, proviene. Dall'antica capitale Xi'an, dove un esercito antico di duemiladuecento anni ancora attende in formazione, fino alle caverne vicino a Dunhuang dove i mille, sacri Buddha accolgono i visitatori in un'atmosfera di mistico raccoglimento, il popolo dei "Cento Antichi Nomi" ha oggi per la prima volta la possibilità di ripercorrere con facilità tutti i cinquemila anni della sua storia.

Eppure ed incredibilmente le conquiste raggiunte grazie alla Route 312 non sono che uno dei più piccoli e invisibili segnali di una serie di cambiamenti epocali che stanno interessando il nuovo Regno di Mezzo, null'altro che trascurabili scintille di un incendio che si sta alimentando e crescendo in intensità, giorno dopo giorno.

È il segnale che qualcosa di grande sta avvenendo in Cina e che qualcosa di ancora più grande questo paese sta riservando per il futuro.

Agli stranieri di tutto il mondo che raggiungono la titanica Shanghai, l'inizio di questa nuova Via della Seta, un mondo in fermento e costante dinamismo esplode loro davanti. Guardando le insegne che si succedono da un futuristico cartellone pubblicitario all'altro, indicando i grattacieli che giganteggiano sulla città e accorgendosi di aver perso il conto, accecati dalle luci al neon che comandano il giorno alle notti di shopping e di divertimento, questi visitatori non possono fare a meno di leggere negli occhi dei venti milioni di abitanti della megacittà-porto: *"Benvenuti nella nazione che ha cancellato cento anni di imperialismo gettandosi nel più veloce e riuscito processo di industrializzazione della storia umana; che ha trovato un'unità e una coesione mai raggiunte in cinquemila anni di storia e che guarda avanti a sé varcando orizzonte dopo orizzonte, raggiungendo successo, prestigio e progresso in misura giorno dopo giorno maggiore. Benvenuti nell'officina del mondo, il luogo dal quale il marchio 'Made in China' è divenuta la frase più conosciuta e pronunciata sul pianeta; dove le nostre fabbriche danno lavoro a centinaia di milioni di lavoratori che producono i vostri cellulari, le vostre televisioni, i vostri computers, i vostri vestiti, scarpe e forni a microonde. Benvenuti nel nostro paese che è la casa di un quinto della popolazione terrestre, che ha raggiunto la crescita economica più veloce e continuativa di qualsiasi altra nazione sul pianeta e che si sta trasformando con un ritmo senza precedenti nella storia umana. Siate i benvenuti qui, nella nostra Cina, in un mondo dove tutto è possibile e il futuro non ha che nuove opportunità di crescita e progresso da offrire."*

Nella megalopoli Shanghai questo è il soffuso mantra che i suoi abitanti sembrano pronunciare giorno dopo giorno, gli occhi aperti e la testa alta, consci come non mai della svolta alla loro portata e del fatto che, dopo secoli, la Cina ha ora la possibilità di tornare a rivestire il ruolo che ha avuto per gran parte della sua storia: quello di potenza egemone e inarrivabile, il centro del mondo.

Eppure, all'ascoltatore attento, un altro tipo di litania emerge quando il frastuono di voci che esultano al progresso e al benessere si interrompe per qualche istante. Più che una litania, tuttavia, sembra un lamento. Distante e sommesso, ma chiaro.

È il lamento di una figura curva, schiacciata dal peso di un enorme sacco che si porta sulla schiena per le scintillanti vie di Shanghai. La sua testa china, gli occhi semichiusi dallo sforzo e le mani callose che sorreggono il carico raccontano una storia molto diversa da quella che si respira nella città.

È la storia di un semplice contadino che ha perso la moglie, battuta fino alla morte dalla polizia per aver partorito un terzo figlio. Che ha affrontato un viaggio di quaranta ore su un vagone stipato di persone come lui, diretto in una delle rumorose capitali industriali dell'est di cui non sa nulla, alla solitaria ricerca di un lavoro inesistente nella sua remota, povera e arretrata provincia nell'occidente del paese; che ha lavorato senza sosta dodici ore al giorno per l'equivalente di una manciata di dollari al mese in un cantiere dove la settimana prima sono morti due suoi compagni, feriti a morte dal peso di una carrucola; un incidente che alcune semplici misure di sicurezza avrebbero potuto evitare. I suoi guadagni vanno quasi esclusivamente alla famiglia che ha lasciato indietro, troppo vecchia o troppo giovane per seguirlo e che rivede ormai una sola volta all'anno.

Adesso il contadino trascina via il suo carico perché il lavoro è finito e deve cercarne un altro. Lo troverà a Shenzhen, un'altra megacittà come tante in Cina, e poi a Nanjing e infine a Guangzhou, nella costa sud, dove gli anni di inquinamento e di tossine nell'acqua bevuta gli provocheranno quel cancro al fegato che concluderà il suo viaggio.

La Cina ha molte storie come questa da raccontare, corollario inevitabile e tragico fatto di donne e uomini trasportati da strade come Route 312, la nuova Via della Seta, testimone privilegiata di un paese che va così veloce da lasciare molti dei suoi abitanti indietro, senza fermarsi ad aspettare.

IL PAESE DEI FUOCHI D'ARTIFICIO

La Cina Alfa. È il 26 agosto del 2009 quando sui giornali on-line di mezzo mondo compare la notizia: *"La Cina diventa il più grande esportatore di beni al mondo, sorpassando la Germania".* Il giorno prima la WTO (World Trade Organization) aveva riportato i numeri dopo aver controllato i dati di crescita dei due paesi nella prima metà del 2009: la Germania ha esportato beni per un valore di 521.6 miliardi di dollari. La Cina per 521.7 miliardi di dollari[lxx]. Il margine di sorpasso è sottile ma inequivocabile.

Per quanto gli effetti della crisi economica del settembre del 2008 abbiano influito su questo risultato storico, c'è da dire che la Cina aveva già accorciato significativamente, anno dopo anno, il suo "gap" nei confronti delle esportazioni tedesche. Dal 2000 al 2007, infatti, se le esportazioni cinesi erano cresciute in media del 25% all'anno, quelle tedesche erano cresciute solo del 13% (secondo la OEDT, Organization for Economic Development and Trade, nel 2004 la Cina era già divenuta il più grande esportatore di beni high-tech). Un confronto che con il tempo non avrebbe che potuto condurre ad uno scontato quanto prevedibile risultato.

Ora, un fatto indicativo quanto particolare è che una notizia come questa, per quanto importante, ormai non provochi più lo scalpore che ci si potrebbe aspettare. Questo, infatti, è solo uno dei tanti strabilianti risultati della sfolgorante ascesa del colosso cinese nei mercati del mondo. Per gli addetti ai lavori di Europa, delle Americhe, dell'Asia e per il resto del pianeta è stato più o meno come se qualcuno, all'acme del capodanno cinese (quando i fuochi d'artificio incendiano il cielo in un tripudio di colori, luci e rumori) avesse acceso una torcia tascabile e l'avesse puntata a terra. Tutti erano fin troppo occupati a guardare in alto per non perdersi lo spettacolo.

E di fuochi d'artificio la Cina non ha smesso di lanciarne da tre decenni a questa parte.

Da quando le riforme economiche di Deng Xiaoping vennero varate e fino ad oggi, la Repubblica Popolare Cinese ha aggiunto record su record: è uscita dagli schemi di analisi di economisti e statisti vantando una crescita economica a due cifre mantenuta costante per decenni; ha fatto ascendere sopra la soglia della povertà 400 milioni di persone[*] (più dell'intera popolazione dell'America Latina); ha stravolto i mercati di tutto il mondo fagocitando decine di milioni di posti di lavoro all'Europa, alle Americhe, all'Asia e all'Africa e inspirato la massiccia delocalizzazione che ha spostato nell'arco di una manciata di anni la produzione delle marche più famose del pianeta entro i suoi confini, divenendo in questo modo famosa come la "fabbrica del mondo". Nel 2004 la Cina aveva raggiunto e superato l'Italia divenendo la sesta economia più grande del mondo e nel 2005 si era ripetuta scalzando la Francia dal quinto posto. Nell'arco dei tre anni successivi aveva poi sorpassato il Regno Unito e la Germania raggiungendo il gradino più basso del podio e convertendosi nella terza maggiore potenza economica del pianeta. Ancora, nell'anno 2010[lxxi], tra voci contrastanti e sguardi accigliati, la Repubblica Popolare Cinese sostituiva il Giappone, lo storico rivale asiatico, sul secondo prestigioso gradino e si posizionava dietro agli Stati Uniti d'America diventando la seconda economia del pianeta.

Quella cinese è senza margini di errore tra le economie in "via di sviluppo" con il maggiore tasso di crescita al mondo: è cresciuta del 9,4% tra il 1978 e il 1995, dell'11,2% tra il 1990 e il 1998, di circa il 10% dal 1999 al 2007, dell'8-9% nel 2008[lxxii], dell'8,7% nel 2009[lxxiii], di oltre il 10% nel 2010, del 9,3% nel 2011 e di quasi l'8% nel 2012[lxxiv] nonostante la più volte citata crisi finanziaria nata negli Stati Uniti.

Con i suoi un miliardo e quattrocento milioni di persone che la abitano è il mercato più vasto del mondo, possiede la forza lavoro più numerosa di qualsiasi altro paese (due volte l'intera popolazione degli Stati Uniti), è la meta più attraente per gli investimenti stranieri oltre ad essere il primo mercato mondiale dell'auto[lxxv].

---

[*]Più in particolare, il numero delle persone che vivono sotto la soglia della povertà assoluta è sceso del 90%: da 250 milioni nel 1980 a circa 25 milioni oggi.

La nazione che, citando le parole del giornale *The Economist*, ha sperimentato *"the most dynamic burst of wealth creation in human history"*[lxxvi], è anche la casa di oltre 450 milioni di abbonamenti alla telefonia mobile (che aumentano di 5 milioni ogni mese), di quasi trecentocinquanta milioni di utenti internet[lxxvii], di oltre 10 milioni di proprietari di automobili e del maggior numero di megalopoli al mondo (gli Stati Uniti, infatti, hanno 9 città con più di un milione di abitanti, l'Europa Occidentale e Orientale combinate assieme ne hanno 36 mentre la Cina ne ha più di 170[lxxviii]).

Il progresso economico e la ricerca del benessere hanno fatto sì che milioni di contadini cinesi si spostassero dalle campagne alle città, ingigantendo la popolazione urbana del paese dal 17,9% del 1978 al 42% del 2005[lxxix] (osservatori cinesi anticipano che la percentuale crescerà ulteriormente arrivando al 60% della popolazione dell'intero paese nel 2020[lxxx]).

Terzo Stato più esteso al mondo, dietro solo a Russia e Canada, la Cina è un monumentale drago che si è da poco svegliato e ha scoperto di essere incredibilmente affamato.

Questo paese aveva già sorpassato nel 2003 il Giappone diventando il secondo consumatore di petrolio al mondo e la sua domanda di oro nero continua ancora oggi a crescere del 10-15% all'anno. Per assicurarsi la preziosa risorsa i suoi leaders viaggiano continuamente per tutto il mondo e stipulano contratti miliardari con paesi dell'Africa e del Sudamerica, dell'Asia e del Medio Oriente. I bisogni di materie prime e di energia del gigante asiatico non conoscono limiti. Già nei primi anni del ventunesimo secolo il paese acquistava un quarto di tutto l'alluminio e di tutto l'acciaio prodotti sul pianeta, quasi un terzo di minerale ferroso e il 40% del cemento. La domanda di platino, rame, legname, semi di soia, gomma e cotone sta crescendo anch'essa esponenzialmente. Miniere vengono aperte in Australia e in Africa e intere foreste si convertono in legname in America Latina semplicemente per soddisfare la crescente domanda di materie prime del dragone orientale.

Eppure ed incredibilmente, non è ciò che la Cina domanda ma quello che produce a stupire maggiormente e a far riflettere. La nazione asiatica è la più grande produttrice di acciaio (un terzo della produzione totale mondiale), carbone (oltre un terzo della produzione mondiale), carne, pesce e frumento ed è in testa alle classifiche per produzione di riso e patate. Domina l'industria manifatturiera essendo il massimo esportatore di giocattoli, scarpe, vestiti, mobili, computers portatili, macchine fotografiche, fotocopiatrici, forni a microonde, lettori DVD e decine di altri beni mentre si sta velocemente specializzando nella produzione di beni qualitativamente più raffinati come macchine, chip e video games.

Per comprendere poi il potere di attrazione che la Cina esercita nei confronti degli investimenti stranieri basti ricordare che nel 2004 la sola città di Shanghai (casa di circa venti milioni di cinesi) richiamava più o meno lo stesso livello di investimenti attirati nello stesso periodo da tutta l'Indonesia[*].

Dalle università cinesi escono ogni anno eserciti sterminati di laureati in scienze ed ingegneria (erano circa ottocentomila intorno al 2005, il doppio di quelli negli Stati Uniti) e il paese investe sempre più soldi in ricerche avanzate ed innovative riguardanti lo sviluppo industriale, le nanotecnologie, la biotecnologia e finanzia ricerche sulle cellule staminali e sul genoma. Sono stati scienziati cinesi i primi a "mappare" il genoma completo del riso, a progettare motori di nuova generazione per le automobili (più efficienti e meno inquinanti) e reattori nucleari più sicuri per le centrali atomiche. È cinese, inoltre, uno dei "supercomputer" più potenti del pianeta, il Tianhe-1A, che ha conquistato il record mondiale di velocità di calcolo detronizzando le più avanzate macchine nordamericane[lxxxi].

All'avanguardia nell'industria aerospaziale, la Cina è stato il terzo paese nella storia a mandare indipendentemente un uomo nello spazio (ottobre 2003), il "taikonauta" Yang Liwei, divenuto un eroe nazionale per il suo popolo e che per l'eternità rimarrà sul podio delle conquiste spaziali accanto ai leggendari John Glenn e Yuri Gagarin.

La Cina è anche la nazione con l'esercito più vasto del pianeta (oltre due milioni di effettivi) e che spende ogni anno qualcosa come 50 miliardi di dollari per aggiornare il suo esercito e il suo sistema di difesa. Inoltre il suo budget militare

---

[*] L'Indonesia è il quarto paese più popolato al mondo.

cresce annualmente del 10-15% (secondo le "discutibili" stime ufficiali).

Nessun dubbio che questa lista potrebbe continuare ancora per molto, ma il rischio che questo lavoro si trasformi in una sorta di libro sui guinness dei primati cinesi è davvero troppo grande.

I traguardi e i records appena elencati contribuiscono a comporre il ritratto della Cina dinamica, scoppiettante e avanzata che a Beijing piace sponsorizzare; un paese che, tra le altre cose, si è gettato con successo nel più riuscito e veloce processo di industrializzazione, modernizzazione ed urbanizzazione nella storia del genere umano. Questi sono i risultati stupefacenti di progresso, crescita e ricchezza di cui i cittadini del nuovo Regno di Mezzo sono, a ragione, incommensurabilmente fieri ed orgogliosi.

Questa è la "Cina Alfa", la Cina al primo posto, quella in testa alle classifiche, con il picco più alto nelle statistiche degli economisti. È il paese impossibile da trascurare, in cui, per una ragione o per un'altra, ci si imbatte ogni giorno, che si porti con se uno dei tanti prodotti "Made in China" o che si guardi uno dei tanti telegiornali internazionali. Questo è il paese che, secondo un osservatore di Xianggang, ha avuto solo un *"paio di secoli difficili nella sua storia, ma che ora è tornato"*.

Non ci sono dubbi che quanto detto finora corrisponda alla realtà dei fatti e, anzi, molto spesso non sono pochi gli esperti che affermano che da molto tempo a questa parte le statistiche di crescita cinesi siano state addirittura fuorvianti, nel senso che sono state sottovalutate per certi aspetti e trascurate per altri[*]. Per quanto riguarda poi l'analisi di termini come progresso, industrializzazione ed urbanizzazione applicati alla Cina non bisogna andare molto lontani per verificare quanto questi siano veritieri e dissipare ogni possibile e legittimo dubbio. Basta soggiornare in una delle tante megalopoli della costa orientale del paese per accorgersi del fatto che gli abitanti si sveglino giorno dopo giorno in città completamente diverse, con nuove strade, negozi, piani di grattacieli e uffici che il giorno prima,

---

[*]Per una trattazione più diffusa della questione riguardante la *"legal economy"* contrapposta alla *"underground economy"* cinese si rimanda al noto lavoro di Ted C. Fishman, *China Inc.*, Scribner, New York, 2006.

letteralmente, non esistevano. Oppure visitare uno dei tanti siti di costruzione per le grandi opere e per le infrastrutture e vedere come la sconfinata manodopera cinese venga assorbita velocemente e massicciamente, trasportando nel mercato del lavoro milioni di nuovi cinesi ogni anno.

Anche il modo di guardare il dragone asiatico è cambiato radicalmente negli ultimi anni. Per forza di cose il paese fa notizia ed è davvero difficile che passi giorno senza che le emittenti televisive più note del pianeta abbiano almeno una "news" riguardante il nuovo Regno di Mezzo, notizie che nella maggior parte dei casi influenzano l'Asia, quando non il mondo intero. Anche in questo caso non occorre una lente di ingrandimento per constatare la veridicità dell'affermazione. Basta, ad esempio, dare un'occhiata al prezzo del greggio e, subito dopo, al proprio portafogli.

La stessa consapevolezza di grande potenza del paese orientale (nonostante l'intelligente atteggiamento internazionale di basso profilo perseguito fino ad ora dai politici cinesi) cresce anno dopo anno e a livello internazionale i risultati non hanno tardato ad attirare molti sguardi attenti.

Questa è la Cina Alfa, dunque, dove la "A" è una lettera capitale, che vuole sovrastare con la sua sfavillante mole tutto ciò che la circonda e che suggerisce al resto degli abitanti del pianeta (i quattro quinti rimanenti) che il ventunesimo secolo è il "Secolo Cinese", destinato al popolo dei "Cento Antichi Nomi".

Questo ritratto della popolosa nazione asiatica, lo si capisce bene, appare fin troppo idilliaco, quasi bidimensionale, praticamente monocolore e come è giusto obiettare le carte degli economisti, prese singolarmente, raccontano molto poco della realtà di una nazione.

Così, per quanto l'Alfa sia affascinante e monumentale, brillante e in primo piano, vale la pena ricordare che si tratta solamente della prima di una serie di lettere che formano le parole capaci di raccontare l'attuale storia della Repubblica Popolare. E per capire a fondo questa storia, non possono essere tralasciate le altre lettere dell'alfabeto.

La Cina Omega. Ürümqi, la capitale della provincia autonoma dello Xinjiang (nel nord-ovest della Cina) è al centro del mondo. È il 6 luglio 2009. Meno di due mesi prima dello storico sorpasso nel campo delle esportazioni del gigante asiatico nei confronti della Germania, un'altra notizia riguardante il drago d'oriente troneggiava sui giornali e veniva riportata dai media di molte nazioni. Un altro "fuoco artificiale" erutta dal "vulcano" che è il nuovo Regno di Mezzo e il mondo sta a guardare.

Il giorno prima proprio a Ürümqi, nella città più popolosa dell'occidente della Repubblica Popolare, centinaia e centinaia di persone erano scese nelle strade e nelle piazze per protestare. Ben presto le dimostrazioni pacifiche si erano tramutate in scontri con le forze di polizia, sopraggiunte per evitare quello che sembrava il preludio di una guerra civile all'interno della città.

Il disordine e il caos erano dilagati velocemente per le strade mentre macchine e autobus erano stati incendiati, abitazioni distrutte, passanti catturati e pestati. La polizia aveva risposto alla violenza dei rivoltosi con altra violenza. Quando i primi colpi di arma da fuoco cominciarono a riecheggiare per le strade della città già diverse decine di corpi giacevano a terra, inerti e ormai senza vita.

Era l'inizio di quella che secondo molti osservatori si è risolta in una delle peggiori rivolte interne dal massacro di Beijing, venti anni prima.

Questa volta, tuttavia, la situazione non ha nulla a che fare con il tristemente noto evento passato e i protagonisti principali non sono affatto giovani intellettuali alla ricerca della democrazia o del progresso politico.

Questa è la rivolta di una delle etnie minoritarie presenti nel nuovo Regno di Mezzo, gli uiguri (una delle 56 ufficialmente riconosciute dal governo cinese), contro i cinesi (cosiddetti) Han, che rappresentano circa il 90% dell'intera popolazione del paese.

Gli uiguri, prevalentemente concentrati nella vasta provincia dello Xinjiang, sono una delle etnie più controllate e temute da Beijing per i suoi trascorsi "secessionisti" assieme ai ben noti vicini tibetani.

Ebbene, i circa 200 morti e gli oltre 1700 feriti (secondo

ottimistiche stime ufficiali) che risulteranno dagli scontri del 5 luglio e dei giorni seguenti non sono che un altro dei "fuochi artificiali" che attirano con così tanta facilità l'attenzione delle altre nazioni su questo paese; solo, di una tipologia che il governo cinese preferirebbe non fosse visibile nei cieli di tutto il mondo.

Episodi di scontri etnici come quello del 5 luglio raccontano realtà che sono molto distanti dall'immagine di progresso, armonia, crescita economica ed unità tanto ricercata quanto fortemente pubblicizzata dal governo cinese. Questi episodi suggeriscono e contribuiscono a comporre il ritratto a due facce di un paese che cerca di apparire forte e unito, ma nel quale i potenti leaders passano molte notti insonni a struggersi sulla possibilità che la loro legittimità e il loro potere sfumino da un giorno all'altro come cenere al vento.

Il caso della rivolta uiguri è solo uno degli esempi più visibili che raccontano un paese molto diverso da quello descritto dalle brochure turistiche e dalle statistiche di crescita economica tanto care al politburo. Un paese che, stando a molte organizzazioni umanitarie occidentali, non discute o patteggia con i bisogni della sua popolazione ma la sopprime e la incarcera quando ai vertici politici si crede che la frase "*mantenere la stabilità domestica*", seguita come un dogma religioso e immutabile, venga anche solo lontanamente messa in discussione dai "sovversivi"[*]. Dove la censura su notizie riguardanti una rivolta etnica come quella avvenuta ad Ürümqi nel 2009 (o, per citare un esempio meno recente, quella tibetana del 2008) viene sostenuta e applicata dalle autorità governative per ragioni di "*sicurezza nazionale*". Un paese nel quale sono mal tollerati simili atti di insubordinazione, ancor più quando ispirano al "*secessionismo*" e minano l'idea incontrastabile di una Cina armoniosa.

---

[*]L'esponente del movimento di piazza Tiananmen, Liu Xiaobo, simbolo per molti occidentali della lotta per i diritti umani in Cina, è un classico esempio di "sovversivo" per le autorità di Beijing. Le differenze di opinioni riguardo la questione dei diritti umani tra l'occidente e il paese asiatico hanno avuto modo di manifestarsi in maniera palese l'8 ottobre 2010 quando il "criminale" Liu Xiaobo ha ricevuto il premio Nobel per la pace.

Per molti osservatori occidentali, immuni all'ipnotica Cina Alfa, basta un singolo caso come quello della rivolta uiguri per trovare con disarmante facilità in questo paese, che è sul piedistallo del mondo, tre limiti tanto visibili quanto sconcertanti: intolleranza e astio fra etnie che si tramuta spesso in insurrezione e che può sfociare in disastrosi scontri fra civili; mancanza di trasparenza e di libertà di informazione e sistema giuridico di tutela dei cittadini che dà sostanzialmente ai leaders di Beijing lo stesso potere che aveva Luigi XIV nei confronti dei suoi sudditi.

Sempre secondo questi osservatori un caso molto vicino ad una guerra civile come quello testimoniato dall'episodio del 5 luglio non svelerebbe che il punto più alto della punta di un iceberg che non sembra avere inizio. Un monolitico ostacolo fatto di disparità, limitazioni, povertà, restrizioni e oppressione che si frappone ai desideri di progresso e crescita dei leaders cinesi e, in generale, dell'intero popolo dei "Cento Antichi Nomi".

La verità, semplice e chiara, è che questo paese sta viaggiando al contempo su due Route 312, e lo sta facendo a due velocità diverse. La nuova Route 312 è moderna e facile da percorrere e porta virtualmente in qualsiasi luogo si voglia, con il minimo sforzo e spreco di risorse. Esiste tuttavia una seconda Route 312 all'ombra della prima: vecchia, malandata e in disuso; una strada questa testimone, tra le altre cose, di un passato scomodo e del fantasma dell'arretratezza e della povertà tipiche del periodo in cui venne costruita. Un percorso che i più si ostinano a non voler vedere nemmeno quando ci camminano sopra o che ci si limita a scordare se si è forzati dal caso a dover percorrere.

E così, nelle menti di chi vede nel progresso economico tutte le risposte ai problemi di questo paese sembra ripetersi la frase: *"perché ricordare una pagoda quando si può progettare un nuovo grattacielo?"* Dimenticare ciò che è scomodo del passato e chiudere un occhio sulle anomalie del presente, secondo molti, è un buon metodo per assicurarsi un felice futuro.

Ma in questo modo vengono inevitabilmente a configurarsi due Cine lontane, distinte, quanto impossibili da conciliare fra loro. E se la Cina fosse una moneta, c'è chi è certo che i governanti di questo paese stiano facendo di tutto perché questa cada sempre ed esclusivamente su una sola faccia.

La Repubblica Popolare ricca, progredita e unita è la Cina Alfa che a Beijing ci si sforza di pubblicizzare in tutto il mondo, di mettere in primo piano, di far vedere e respirare agli stessi cinesi; è il punto dal quale partire per la rotta, dritta e senza ostacoli, del progresso indefinito.

Ma per quanto ci si sforzi di rendere l'Alfa una lettera capitale, è importante non dimenticare che ci sono molti altri elementi da leggere per cercare di comprendere il mosaico complesso, eterogeneo e frastagliato chiamato Cina. Arrivare all'Omega di questo paese è la condizione necessaria per evitare che l'immagine della Cina si fermi lì dove la "grande muraglia della censura" impedisce di guardare.

Ed oltre questo muro, la Cina del perduto comunismo non festeggia.

È la Cina in cui si allarga come una voragine il divario fra le ricche città dell'est, il povero entroterra e il lontano occidente del paese*. Dove, per raggiungere il miraggio di progresso e ricchezza che viene ripetuto insistentemente in ogni angolo del paese, un numero compreso tra i novanta e i centocinquanta milioni di cinesi si sta spostando dalle povere e arretrate campagne verso le già sovrappopolate e caotiche megalopoli dell'est, dando così luogo alla più massiccia e veloce migrazione nella storia del genere umano. È il luogo in cui la chiamata del governo al progresso ha fatto sì che circa 7 milioni di ettari di terre fossero convertiti in aree urbane negli ultimi venti anni[lxxxii] costringendo così molti contadini ad abbandonare le loro terre e le loro case per far posto ai grattacieli di Beijing, agli appartamenti di Shanghai e alle fabbriche di Shenzhen. Altri quaranta milioni di agricoltori hanno perso le loro terre a causa della forzata industrializzazione rurale e sono stati costretti a cercare lavoro altrove, nelle pericolose miniere cinesi (dove si verificano circa l'80% delle morti "da incidenti per estrazioni" del mondo), negli insicuri cantieri cittadini o che, semplicemente, hanno infoltito l'esercito di elemosinanti e nullatenenti che popolano le città dell'est.

---

*Nel 2001 il PIL pro capite di una città come Shanghai era tredici volte superiore a quello di una provincia come il Guizhou.

Questa è la nazione che ospita sedici delle venti città più inquinate del pianeta e che assiste al macabro spettacolo delle sue città che diventano invisibili dai satelliti a causa dell'inquinamento che le avvolge, le permea e le chiude in una cappa di aria irrespirabile e velenosa. Desertificazione, deforestazione, prosciugamento e inquinamento dei corsi d'acqua a causa degli scarichi delle industrie onnipresenti sono solo il preludio di un problema domestico sempre più pressante e sentito dalle autorità di Beijing che porta inevitabilmente a conseguenze dannose ma indicative, come un crescente aumento di casi di cancro e difetti nei nascituri della popolazione. Disordini, proteste e sempre più gravi e numerose rivolte a livello locale seguono le espropriazioni delle terre per far posto alle fabbriche, mentre l'inquinamento dell'aria e dell'acqua (più del 70% dei laghi e dei fiumi sono inquinati e nel 90% delle città l'acqua è contaminata[lxxxiii]) annienta interi villaggi. La mancanza basilare di terre per coltivare il cibo, inoltre, è la conseguenza inevitabile di una industrializzazione che sta procedendo alla velocità della luce ma i cui effetti negativi stanno aumentando di pari passo.

E, ancora, la Cina è l'ultima grande nazione comunista che si guarda allo specchio e non sa chi ha di fronte, che ha perso l'identità descritta da una bandiera rossa con cinque stelle che ormai testimonia un fantasma sbiadito nel capitalismo più sfrenato, nella ricerca del denaro prima di tutto, nella corruzione dilagante e crescente, nella assistenza sanitaria allo sfascio e nelle profonde diseguaglianze sociali. Il paese in cui il leggendario e onnipresente Libretto Rosso di Mao è stato sostituito da portafogli gonfi e telefonini di ultima generazione, rinnegato da legioni di giovani cittadini che hanno tanta libertà e benessere quanto poca coscienza politica.

Nella piazza Tiananmen sembra quasi che il ritratto del Grande Timoniere, che osserva placidamente il popolo dal centro del nuovo Regno di Mezzo, sia rimasto dove è solo perché la gente è troppo impegnata a fare soldi per sprecare del tempo a toglierlo di mezzo. E la figura che un tempo inspirava centinaia di milioni di cinesi con il suo spirito rivoluzionario si è ora trasformata nel souvenir venduto sotto forma di stoviglia, portachiavi o poster che si può facilmente trovare in una delle tante bancarelle agli angoli delle strade. In questa nuova Cina il "Maestro" Mao Zedong, simbolo principale della rivoluzione e della fondazione del paese, si è trasformato come tutto il resto: velocemente e radicalmente. È divenuto una pop star, al massimo un'icona, e ormai, lungi dall'indicare il percorso per una rivoluzione palingenetica, può al massimo indicare da qualche cartello pubblicitario la via più veloce per il ristorante che porta il suo nome.

È vestito con la cravatta e il doppiopetto il drago cinese e tiene in una mano la falce e il martello e nell'altra il giornale *The Economist*. Questo gigante asiatico sembra interessato esclusivamente a mantenere stabile la sua crescita economica per evitare disordini sociali e, al contempo, è impegnato a sorridere rassicurante al resto del mondo che lo vede sempre più frequentemente spiegare le sue ali per raggiungere i luoghi più lontani ed assicurarsi le risorse e i contratti necessari alla sua sopravvivenza.

Eppure, sotto questo sponsorizzato ritratto pacifico e rassicurante, è possibile a tratti vedere un bagliore di fuoco che si desta occasionalmente, quando questo paese pensa che i suoi interessi vengano minacciati o la sua sicurezza messa in pericolo.

Quando ciò accade, il drago si alza e comincia a sputare fuoco: intolleranza, nazionalismo e astio esplodono allora nelle piazze delle città del paese con una facilità allarmante quanto pericolosa.

Non sono pochi gli esperti che vedono in tutte queste mancanze e squilibri un futuro oscuro per il nuovo *Regno di Mezzo* e c'è chi pensa che questi problemi, molti dei quali di natura strutturale, si aggraveranno con il passare del tempo e che i governanti cinesi saranno incapaci di risolverli efficacemente in tempo utile.

La Cina, dunque, sarebbe destinata a crollare sotto il peso della propria inadeguatezza, incapace di sopravvivere a se stessa, trascinando probabilmente con sé il mondo in un periodo di lunga e pericolosa recessione economica, se non peggio.

Il futuro di questo paese si rivelerebbe allora molto simile a quello del più magnifico dei fuochi d'artificio: il suo fulgido splendore ha catturato lo sguardo di tutti, ma è durato poco.

Quel che si Lascia. Una sola cosa rimane certa per chiunque, incontestata sia dagli entusiasti sostenitori della Cina Alfa che dagli indignati osservatori della Cina Omega: la Cina sta cambiando, e lo sta facendo molto velocemente.

Il giornalista nordamericano James McGregor descrisse la Cina durante i primi anni Novanta del ventesimo secolo come il paese che stava *"simultaneously experiencing the raw capitalism of the robber baron era of the late 1800s; the speculative financial mania of the 1920s; the rural-to-urban migrations of the 1930s; the emergence of the first-car, first-home, first fashionable-clothes, first college-education, first family-vacation, middle class consumer boom of the 1950s; and even aspects of the social upheaval similar to the 1960s."*

C'è dell'altro. Nell'occidente due rivoluzioni epocali e periodizzanti come quella industriale e quella tecnologica sono state separate dallo spazio di circa un secolo. In Cina stanno avvenendo contemporaneamente.

Il cambiamento è tanto radicale, visibile e diffuso nelle ricche città dell'est quanto invisibile e stentato nel vasto entroterra e nelle campagne, dove ancora circa 700 milioni di cinesi (circa la metà dell'intera popolazione del paese) non hanno accesso ad una buona istruzione o ad una sanità efficiente, sopravvivono con l'equivalente di qualche centinaio di dollari all'anno e per potersi permettere un elettrodomestico come un frigorifero o un televisore devono unire assieme i risparmi di un intero villaggio. I contadini, punto di partenza della rivoluzione maoista, avanguardia del pensiero comunista cinese, hanno visto passargli accanto la locomotiva del progresso senza che avessero possibilità alcuna di salire a bordo.

Il motivo per cui ora decine di milioni di loro sono disposti a trascorrere giornate intere stipati in treni, senza mangiare per risparmiare più renminbi possibili, è proprio la speranza di assicurarsi un barlume della ricchezza del paese che li ha dimenticati. Un paese che, affamato di forza lavoro, si serve di loro per continuare ad oliare gli ingranaggi della colossale fabbrica chiamata Cina.

Ma questa, come ormai dovrebbe essere chiaro, non è che una singola conseguenza di una trasformazione che anche il suo protagonista principale e più strenuo promotore, il lungimirante Deng Xiaoping, avrebbe faticato a concepire perfino nei suoi sogni più reconditi. Il piccolo comunista dello Sichuan, nel suo viaggio in Nordamerica alla fine degli anni Settanta, si stupiva e ammirava la tecnologia statunitense e augurava che un tipo di progresso simile potesse raggiungere anche il suo paese. La verità è che quel progresso non ha semplicemente raggiunto il suo paese ma lo ha investito in modo drastico e repentino. Se Deng rimaneva affascinato, a Houston, dal simulatore dell'atterraggio di una navicella, oggi probabilmente rimarrebbe senza parole osservando l'imponente programma spaziale cinese[lxxxiv] che ha portato in meno di una generazione i cinesi a "camminare" nello spazio con razzi di propria fabbricazione.

A questo punto capire che la Cina è cambiata non è solo scontato ma è anche superficiale. Bisogna capire *come* è cambiata. È cambiata in meglio o in peggio?

La risposta a questa domanda è ovvia: dipende da quale angolatura si guardano le molteplici sfaccettature di questo paese e dipende soprattutto dal giudizio di chi risponde. La Cina Alfa e la Cina Omega sono ben lungi dall'essere semplici per quanto (si è consapevoli) colorite metafore; sono veri e propri angoli visuali opposti dai quali osservare i cambiamenti della nazione più popolosa del pianeta.

In una intelligente analisi proprio di questi cambiamenti, di queste trasformazioni, la sinologa italiana R. Pisu commentava a venti anni esatti dalla morte del Grande Timoniere:

> Mao morì il 9 settembre del 1976; si disse che, nell'Aldilà, il Grande Timoniere aveva finalmente incontrato Marx. E tutta la Cina si sciolse in lacrime. Da allora sono passati venti anni, venti anni che hanno sconvolto la Cina. Mai si è registrato in nessun paese al mondo un tale tasso di sviluppo economico costante come negli anni del dopo Mao: mai si è visto un simile rapido stravolgimento di modi e concezioni di vita come in Cina, paese che per Mao era come «un foglio di carta bianca» sul quale, diceva lui, si potevano scrivere le parole più belle. Oggi sul grande cartellone all'angolo della Via della Lunga Pace, a

pochi passi da Tien An Men, là dove c'era scritto «Servire il popolo», si legge «Bevete Coca-Cola» [...] [P]assati soltanto venti anni, Mao è diventato una specie di Pop Star per i più giovani, un «Venerabile Antenato» per i più vecchi, una divinità per i più superstiziosi.

Eppure niente di quello che aveva previsto si è avverato. Per avviarsi alla modernità la Cina ha dovuto fare esattamente tutto il contrario di quello che Mao predicava. Lui diceva, per esempio, «Fate figli! La forza sta nel numero»; e ora la coppia che mette al mondo più di un bambino viene tartassata e se qualcuno osa concepire un terzo figlio c'è la sterilizzazione forzata. Nel 1969, parlando con un gruppo di Guardie Rosse, Mao disse: «È impossibile che Pechino si sviluppi come Tokyo, con quel traffico inquinante di automobili [...]». Oggi in effetti Pechino registra un enorme traffico caotico di automobili private, il tasso di inquinamento è superiore a quello di Tokyo, migliaia di macchine passano ogni giorno davanti al Mausoleo, in fondo al grande spiazzo di Tien An Men, dove giace la mummia, malamente imbalsamata, del Grande Timoniere.

Là davanti non c'è mai una lunga coda di gente che attende di entrare a riverirlo. Una scritta a caratteri dorati su di un grande pannello ricorda Mao come «grande condottiere e maestro, per l'eternità indimenticabile». Non un cenno al marx-leninismo o alla rivoluzione socialista e oggi, visto come sono andate le cose, pare che non ci fosse nessuna necessità che la Cina diventasse comunista.

In realtà del fatto che Mao fosse comunista, o marxista-leninista, non importa proprio più niente a nessuno [...]

Oggi alla Cina del miracolo economico, dei grattacieli e delle automobili di lusso, se ne contrappone un'altra di miseria e disperazione che assomiglia per molti versi e soprattutto nelle sue più intime strutture e nelle sue sempre frustrate aspirazioni, al paese in cui Mao pensò che fosse il caso di fare una rivoluzione. Nelle campagne e nelle regioni interne nemmeno sfiorate dalla nuova prosperità, la fatica umana continua a consumarsi in una alacrità inefficiente, i funzionari sono corrotti e prevaricatori, le tasse inique, i governanti lontani e rapaci, si vendono le bambine come concubine ai «signorotti locali» che stanno riemergendo e spadroneggiano; oppure le si opprime appena nate perché una femmina non serve a niente, altro che «le donne reggono metà del cielo», come diceva Mao[lxxxv].

Soltanto pochi mesi dopo la stesura di questo articolo spirava l'uomo che aveva reso possibili simili cambiamenti, l'unico ed il solo che era riuscito a smentire Mao, a trasformare il suo paese in qualcosa di totalmente diverso, a plasmarlo secondo l'immagine di uno Stato moderno e avanzato che, a questo punto, poteva cominciare la sua progressiva e inarrestabile scalata verso quel ruolo di grande potenza a cui la storia l'aveva eletto per gran parte della sua esistenza.

Ma a questo punto è lecito chiedersi: chi sarebbero stati i protagonisti di questa nuova parte del viaggio? Cosa è accaduto dopo la morte del piccolo comunista dello Sichuan e in che modo la Cina sarebbe stata plasmata dalle generazioni di leaders successivi fino a raggiungere la forma odierna? Quel che Deng aveva lasciato dietro di sé, la sua eredità, i mezzi che aveva dato alla Cina, come sarebbero stati utilizzati dai nuovi leaders che gli sarebbero succeduti alla guida del paese? Trovare risposte a queste domande è importante non solo per capire *come* la Repubblica Popolare Cinese sia cambiata negli anni successivi alla morte di Deng e come, dunque, sia diventata il paese del progresso e delle contraddizioni ma anche e soprattutto *perché* ciò sia accaduto. Rispondere in maniera credibile a queste domande è inoltre indispensabile per completare la valutazione iniziata nelle prime pagine di questo testo, e quindi capire effettivamente per quale motivo questo paese sia ufficialmente diventato la Notizia del decennio.

Si è già visto come Deng avesse designato come suo successore Jiang Zemin (l'autorità più importante di Shanghai) dopo l'evento periodizzante del massacro di Beijing, ma è altrettanto noto come, fino a pochi anni prima della sua morte, nessuna decisione importante venisse presa senza almeno un tacito assenso da parte del vecchio leader. Una volta scomparso Deng Xiaoping i suoi successori avrebbero dovuto vedersela da soli, pensare e pianificare modi efficaci e originali per affrontare le sfide che si sarebbero frapposte fra loro e la meta di benessere e prosperità necessaria alla sopravvivenza del paese.

Con il passare degli anni le nuove generazioni di leaders scoprirono ben presto di trovarsi di fronte ad un duplice problema: da una parte, continuare il non facile compito di mantenere il paese sulla rotta dettata dal riformatore economico, per evitare che la Cina vacillasse proprio nel momento più delicato, in cui si stava sviluppando e la sua nuova impalcatura si stava cementando. Dall'altra parte come avrebbero potuto essi adempiere a questo obiettivo? Gli ostacoli che li attendevano erano molti, ma uno più di tutti minacciava i loro piani di crescita e sviluppo perché proprio da questo derivavano di conseguenza molte delle altre sfide. Come avrebbero potuto loro, infatti, guadagnarsi la legittimità così essenziale per una forte e riconosciuta guida del paese? Non certo seguendo Mao e il suo comunismo, ormai abbandonato e relegato al passato di povertà e privazioni, visibile solo di facciata, nei limitati e desueti simboli di una bandiera rossa o di un ritratto vagamente bonario che osservava placidamente piazza Tiananmen. La risposta era dunque seguire le direttive dettate da Deng: solo mantenendo, per usare le sue parole, *"politiche stabili volte alle riforme e l'apertura del paese al resto del mondo"* ed, insieme, alti tassi di occupazione continuando a far crescere l'economia si sarebbero evitati possibili, fatali stravolgimenti nella società. Ma fino a quando tutto ciò sarebbe stato possibile? Legare il proprio destino ad una serie di numeri e percentuali sembrava superficiale quanto pericoloso. Quali altri strumenti, dunque, avrebbero potuto mantenere stabile, unita e coesa la società e legittimare il politburo come guida effettiva del paese?

Poco tempo dopo la morte di Deng Xiaoping, in un dibattito sulla Cina "post-Deng" trasmesso nel corso di un noto programma nordamericano[lxxxvi], l'osservatore ed esperto Michel Oksenberg (membro sotto l'amministrazione Carter dello staff del National Security Council e organizzatore del viaggio di Deng in Nordamerica), concludeva proprio a questo proposito il suo intervento, con un'osservazione che sarebbe risultata sotto certi aspetti quasi profetica: *"one has to remember that Deng Xiaoping was part of that remarkable generation that earned its legitimacy by defeating the Japanese, unifying China, restoring China's greatness in world affairs, and then after an unacceptably high, terrible human price did set the nation on a course of economic development. There's a question now as to whether this successor generation can establish the same claim of right to rule and how will they do so. Will they do so by building up their nationalistic appeals? We already see some signs of that, and that's disturbing. Or will they continue on the road of rapid economic growth? Can't that play itself out, or will they perhaps begin to address the issues of political reform, maybe moving into ways that make them more responsive to the popular will and renew their mandate in that fashion, and those are some very fundamental questions these leaders face"*.

Per scoprire, dunque, quale fu la scelta dei nuovi "timonieri" del paese e come si evolsero gli eventi bisogna necessariamente continuare il viaggio intrapreso nell'osservazione di questa Repubblica Popolare da dove si era interrotto, con il passaggio di testimone dalla seconda generazione (quella di Deng Xiaoping) alla terza (quella di Jiang Zemin) fino alla quarta (quella di Hu Jintao) per vedere come i nuovi leaders abbiano influenzato il futuro della Cina fino al suo storico sessantesimo anniversario.

GENERAZIONI

La Dinastia Jiang. Deng Xiaoping sapeva bene che una crisi interna come quella scaturita dalle proteste di Tiananmen aveva la forza necessaria per distruggere il partito comunista e il suo controllo sul paese. Deng aveva assistito come gli altri leaders del partito cinese al crollo del muro di Berlino (solo qualche mese dopo il massacro di Beijing), alla rivolta popolare che aveva cacciato dal potere il dittatore Nicolai Ceaușescu in Romania, alla progressiva caduta dei regimi comunisti in Polonia, Cecoslovacchia, Ungheria, Bulgaria. La stessa Unione Sovietica, la superpotenza comunista più antica e influente, non poté che cadere sotto il peso delle rivolte e delle contraddizioni interne.

La Repubblica Popolare Cinese rischiava di essere la prossima.

A dispetto di molti suoi colleghi, tuttavia, Deng non si fece influenzare dall'ansietà che serpeggiava tra le mura del complesso di Zhongnanhai (sede del partito comunista e del governo) e reagì alla situazione nettamente sfavorevole che stava attraversando l'elite comunista cinese con calma e costruttivo spirito di iniziativa, prendendo una serie di decisioni che si sarebbero rivelate vitali per il futuro del suo paese.

Si è già visto quali furono quelle di natura economica (si veda il suo viaggio nel sud) ma si è solo accennato a quelle, egualmente importanti nel lungo periodo, di natura politica.

Dopo la violenta repressione dei dimostranti di Tiananmen Deng aveva deciso insieme ai conservatori di licenziare Zhao Ziyang e di gettarlo nell'oblio a causa del suo rapporto troppo rilassato e permissivo con i dimostranti. Allo stesso modo aveva deciso di non promuovere il premier Li Peng perché troppo coinvolto nella sanguinosa soppressione del movimento studentesco. Eppure il paese aveva bisogno di un nuovo leader che lo traghettasse fuori dall'uragano delle polemiche e che continuasse senza indugi la sua ascesa economica.

Per questo arduo compito Deng cercava un uomo favorevole alle sue riforme economiche ma che, all'occorrenza, sapesse mostrare il pugno di ferro contro i nemici dello Stato e del partito; qualcuno che avesse la capacità di governare il paese ma senza farlo con troppa confidenza o spirito di iniziativa. Jiang Zemin, l'allora relativamente oscuro segretario del partito comunista di Shanghai, sembrava fare al caso suo.

Jiang era nato nell'agosto del 1926 nella città di Yangzhou, nella provincia di Jiangsu, come il terzo figlio di uno scrittore. Era cresciuto durante l'occupazione giapponese e suo zio era morto combattendo gli invasori.

Si era trasferito ancora ragazzo a Shanghai per studio e si era laureato in ingegneria nel 1947. Poco prima era entrato nel partito comunista. Dopo un periodo di formazione in Russia negli anni Cinquanta era tornato in Cina dove aveva lavorato nell'industria e cominciato lentamente ma inesorabilmente a scalare i ranghi della burocrazia comunista. Negli anni Sessanta era stato a capo del ministero dell'industria elettronica. Era successivamente riuscito a salvarsi dalla bufera della Rivoluzione Culturale (anche perché era stato trasferito per lavoro in Romania dove era vissuto per due anni).

Quando nel 1978 le riforme economiche vennero avviate la carriera politica di Jiang fece molti balzi in avanti che lo portarono a divenire sindaco di Shanghai nel 1986, dove si distinse per non aver soppresso i rivoltosi pro-democrazia ma anche per non aver fatto precipitare la situazione. Questo suo atteggiamento gli valse molti plausi da parte dei leaders di Beijing e attirò anche l'attenzione di Deng.

Nel 1987 Jiang divenne fra i primi quindici membri più influenti della Cina (ruolo questo rafforzato dal fatto di essere segretario del partito comunista di Shanghai).

Per quanto riguarda il profilo più strettamente personale, Jiang Zemin era un uomo intelligente e avveduto. Aveva tenuto per la maggior parte della sua carriera politica un basso profilo, aveva lavorato sodo, e aveva scalato i vertici della gerarchia più come un burocrate che non come un comunista. A differenza di Mao e Deng, infatti, Jiang non aveva nessun trascorso da vero comunista rivoluzionario. Non era mai stato nell'esercito e non aveva mai combattuto gli invasori del suo paese[*].

Aveva però qualcosa che i suoi predecessori non avevano. Tanto per cominciare una laurea, un titolo di studio che Mao e Deng non avevano mai posseduto. Parlava quattro lingue (russo, rumeno, tedesco e inglese) oltre al cinese, era a suo agio fra montagne di carta, rapporti e statistiche e capiva i segreti della farraginosa burocrazia statale meglio dei suoi rivoluzionari predecessori.

Ebbe inoltre più tempo per formarsi in ambienti che Deng e

---

[*]In un'intervista apparsa sulla CBS (all'interno del programma televisivo "60 minutes") parlando con il giornalista Mike Wallace Jiang Zemin si autodefinirà semplicemente un "*intellettuale*".

Mao conoscevano appena, come i circoli dei tecnocrati, e aveva accumulato più esperienza internazionale degli altri due messi assieme, essendo vissuto per diversi anni all'estero.

Eppure quando Deng Xiaoping prese dall'oscurità questo "outsider" più o meno sconosciuto e lo chiamò a governare il paese furono ben pochi a credere che sarebbe durato più di qualche mese. Jiang era un burocrate come ce ne erano migliaia in Cina e, a differenza di molti altri comunisti, non aveva un background rivoluzionario vero e proprio, quindi poca o nulla legittimità agli occhi dei più.

Come notava l'esperta di politica cinese Susan Shirk in proposito:

> No one expected Jiang Zemin to last more than a few years because the engineer politician was nothing special—he had neither outstanding abilities nor the personal charisma of a Mao or Deng. China watchers predicted that like Hua Guofeng, the nonentity whom Mao Zedong chose as his successor after he had purged all his previous choices, Jiang would not survive long after the death of his patron[lxxxvii].

Pochi erano dunque pronti a scommettere che l'occhialuto protégé scelto quasi inspiegabilmente da Deng potesse sopravvivere a lungo ai vertici del potere.

Sta di fatto che Jiang rimarrà fermamente al suo posto per quasi un quindicennio, e nessuno metterà mai in dubbio la sua leadership in questo periodo.

Dal 1990 fino, sostanzialmente, al 2003-2004 (quando passerà gradualmente a Hu Jintao lo scettro della leadership), Jiang Zemin sarà il leader "nominale" della Repubblica Popolare. Questo suo periodo di leadership può essere diviso in due parti per esigenze di semplificazione: la prima, dal 1990 al 1994 (1997 de facto), fu un periodo di transizione e di cautela per il nuovo leader, ancora sotto la tutela del suo protettore. La seconda, invece, che si svilupperà dopo il nono Congresso

Nazionale del Popolo (marzo 1998), può essere definita come il periodo di vera e propria leadership.

Nella prima fase Jiang prese tempo per capire il nuovo ambiente politico in cui si trovava. Mentre seguiva le direttive di Deng ed evitava di prendere troppe decisioni proprie, cominciò ad assicurare ai colleghi comunisti a lui fedeli posti rilevanti nell'amministrazione, nell'esercito e nella politica del paese. Come segretario generale del partito, infatti, egli aveva l'ultima parola sulla decisione dei ministri del governo, degli ufficiali dell'esercito e dei governatori provinciali. Con il passare degli anni, sempre più persone si ritrovarono a ringraziare Jiang per il loro posto. In questa fase Jiang costruì la sua autorità ed estese i suoi legami con le cariche al vertice del paese mentre emarginò sempre di più i suoi oppositori politici.

Egli si mostrò capace di isolare, accerchiare e infine eliminare i suoi rivali, coltivare e irrobustire i vincoli con l'esercito, trarre vantaggio dalle situazioni sfavorevoli, trattare con calma, uno ad uno, i problemi che si sarebbero posti nel suo mandato e, al contempo, supervisionare efficacemente il periodo di crescita economica che sperimenterà il suo paese.

Jiang, va detto, mancava del tutto del carisma di Mao, non esercitava la muta reverenza di Deng in pubblico e non riuscì mai a guadagnare i cuori dei cinesi ma in compenso fu un eccellente pianificatore, un intelligente approfittatore e un leader cauto e avveduto, conscio di essere niente di più che un "primo fra pari".

Era insomma un buon politico. Ed infatti può essere detto che, se Mao era stato più che altro un guerriero rivoluzionario e Deng un lungimirante impresario, Jiang fu il primo vero politico al comando della Cina.

Nella seconda fase, in cui Jiang venne affiancato dal premier Zhu Rongji (l'architetto, secondo molti, del secondo periodo di crescita economica della Cina), il nuovo leader ebbe modo di imprimere un'impronta più personale al suo governo anche se le ripetute battute di arresto che fu costretto a subire a causa delle decisioni non sempre uniformi del politburo resero ben chiaro a tutti che, ormai, dopo la morte di Deng, non c'era più nessun "uomo forte" in grado di plasmare singolarmente la politica cinese in modo significativo.

Ricordando Deng. Quando Li Peng, nel marzo del 1998, passò lo scettro di primo ministro a Zhu Rongji quest'ultimo divenne il secondo uomo più potente di tutta la Cina.

Zhu nacque nell'ottobre del 1928 nella città di Changsha, nella provincia dello Hunan, da una famiglia di proprietari terrieri e si laureò in ingegneria in una delle università più prestigiose del paese, l'università Tsinghua (Qīnghuá Dàxué) di Beijing.

Si unì al partito comunista cinese nel 1949. Nel 1957, nel bel mezzo del movimento dei Cento Fiori, fece un discorso critico nei confronti della politica economica cinese ed auspicò riforme economiche pragmatiche. Venne per questo relegato nel nord-est del paese, ad insegnare in una remota scuola.

Zhu venne riabilitato da Deng nel 1982, dopo venti anni di oblio politico e, da quel momento in poi, la sua intelligenza e il suo spirito di iniziativa gli fecero presto scalare i ranghi del partito. All'inizio degli anni Novanta Deng chiamò Zhu a Beijing come riconoscimento per le sue politiche in campo economico. Nel 1992 Zhu era già tra i sette uomini più influenti della Cina essendo parte del Comitato Permanente dell'Ufficio Politico del Pcc e da questa posizione conquistò il ruolo di nuovo architetto della politica economica cinese.

Per molti aspetti superiore a Jiang, Zhu Rongji era visto come una persona brillante, diretta, dinamica ed incredibilmente più popolare in pubblico del suo Presidente.

Fortunatamente per Jiang Zemin, Zhu non era affatto interessato alla sua sedia; egli si limitò infatti a rimanere al suo posto ed evitò così un potenziale conflitto nel seno della leadership del partito.

Insieme Jiang e Zhu lavorarono per continuare ad assicurare al loro paese la crescita economica iniziata con Deng Xiaoping.

Più in particolare, nella seconda fase in cui Jiang esercitò il suo potere, il primo ministro cinese viene ricordato come l'architetto delle politiche economiche che inaugurarono il secondo periodo di vertiginosa crescita del paese. Zhu Rongji, tra le altre cose, si preoccupò nel suo mandato di indebolire e poi eliminare le barriere commerciali, creare posti di lavoro, tenere a bada l'inflazione con imponenti lavori pubblici, vendere le inefficienti imprese dello Stato e spezzare i monopoli, allontanare i militari dalle imprese commerciali, snellire la burocrazia, introdurre la competizione e abbandonare la pianificazione economica dello Stato, salvare la Cina dalla crisi economica asiatica del 1997 e soprattutto assicurare al suo paese l'ingresso come membro nella World Trade Organization (2001). Questi sforzi furono una degna continuazione della politica economica di Deng e, probabilmente, in un certo senso, furono anche il suo superamento.

Entrando più nel particolare è utile fare presente che negli anni immediatamente successivi al massacro di Beijing il governo era stato in grado di attenuare l'inflazione degli anni Ottanta grazie ad alcune misure capaci di controllare il prezzo delle merci. Anche i problemi di ordine sociale che avevano agitato la vita quotidiana del paese alla fine degli anni Ottanta sembravano nei primi anni Novanta essere stati risolti.

In questo favorevole clima politico poterono essere avviate le riforme di ordine economico necessarie all'ulteriore sviluppo del paese.

Già nei primi anni Novanta, a questo proposito, il partito comunista aveva annunciato la sua intenzione di iniziare un programma per ristrutturare, vendere o dichiarare la bancarotta di migliaia di industrie e imprese-statali la cui inefficienza avrebbe potuto minacciare la prosperità del paese. Permettere ciò, ovviamente, significava allentare il controllo dello Stato sulla vita economica del paese, in particolar modo sulla sua industria, e permettere così una maggiore licenza in questo campo, una licenza che avrebbe incoraggiato più o meno rapidamente la privatizzazione di migliaia di compagnie-statali. Questo obiettivo venne rallentato da un acceso dibattito in seno al partito comunista e dal timore che un provvedimento del genere potesse falcidiare molti posti di lavoro e, dunque, provocare malcontenti nella popolazione. Nella metà degli anni Novanta, tuttavia, Jiang Zemin, convinto che questo provvedimento fosse necessario per rendere l'economia più efficiente, esercitò pressione affinché fosse attuato. Sotto Zhu, anch'egli convinto della bontà del provvedimento, il processo guadagnò velocità e decine di migliaia di compagnie-statali (in maggior parte di medie o piccole dimensioni) vennero privatizzate. Da oltre 260.000, il numero delle imprese scese a meno di 160.000 nel 2002. Quando nel 2003 venne poi permesso ad investitori stranieri di comprare quote delle più grandi imprese-statali il processo di privatizzazione aumentò ulteriormente mentre, contemporaneamente, altre imprese-statali venivano modernizzate e rese più efficienti.

Sebbene lo "shift" fra statale e privato ebbe successo, non fu estraneo a episodi di corruzione (molte delle migliori compagnie-statali, infatti, furono vendute a prezzo decisamente poco competitivo a persone che avevano agganci all'interno del governo).

Altri problemi pressanti che il governo si trovò ad affrontare in questo frangente derivarono in gran parte dal "boom" dell'urbanizzazione che città come Shenzhen, Beijing e Shanghai stavano sperimentando.

L'esercito di migranti che già da svariati anni si stava riversando dalle campagne alle città in cerca di lavoro provocò in breve tempo disoccupazione in alcune grandi città e la nascita di numerosi bassifondi resi necessari dalla carenza di alloggiamenti o dal loro costo troppo elevato (primi fra tutti divennero tristemente famosi gli "slums" di Shanghai e Guangzhou). Contemporaneamente le riforme nell'agricoltura che Deng aveva inaugurato già alla fine degli anni Settanta stavano perdendo il loro impulso lasciando gli introiti dei contadini stagnanti e aumentando vertiginosamente il divario tra l'ovest e l'est del paese in termini di stipendi, servizi primari e crescita economica generalizzata. Acquisì in questo modo impulso il "gap" economico (e non solo) tra l'est e l'ovest del paese che continuerà ad allargarsi negli anni a venire.

Frattanto, come previsto, milioni di operai persero il loro lavoro a causa della chiusura massiccia delle imprese statali.

Zhu reagì a questa situazione incoraggiando progetti per grandi opere pubbliche ed infrastrutture come ponti, centrali elettriche, autostrade, porti, aeroporti e metropolitane. Non riuscì, tuttavia, ad evitare di sostenere alcune imprese-statali la cui privatizzazione o il cui fallimento avrebbero significato la perdita di troppi posti di lavoro.

A causa dei forti legami del governo con la sfera economica del paese, il primo ministro si vide anche costretto ad affrontare episodi di corruzione e di clientelismo. L'inflazione, inoltre, si dimostrava difficile da tenere a bada.

Nel 1998, per di più, gli effetti della crisi economica asiatica (verificatasi l'anno precedente) rallentarono significativamente la crescita del paese. Va comunque detto che a dispetto di paesi come la Corea del Sud, la Tailandia, l'Indonesia e perfino il Giappone, la Cina riuscì ad affrontare questo instabile periodo senza troppi stravolgimenti o lunghe battute di arresto. Il fatto di possedere un'economia ancora arretrata, di essere un paese da poco aperto al mondo esterno, di avere una valuta (Yuan o Renminbi) non convertibile e non commerciabile liberamente sul mercato (e quindi protetta e isolata dalla speculazione della moneta), furono fattori che tutelarono la Cina dagli effetti più debilitanti della crisi.

Tra i più grandi successi ottenuti dall'amministrazione Jiang-Zhu va poi ricordato il processo di adesione della Repubblica Popolare Cinese alla WTO (World Trade Organization) felicemente conclusosi l'11 dicembre del 2001.

Come è ben noto la WTO costituisce «*il quadro istituzionale comune per la gestione delle relazioni commerciali fra i suoi membri nelle questioni relative agli accordi e agli strumenti giuridici ad essi attinenti*»[lxxxviii] e, come ricorda Alberto Santa Maria, questa organizzazione ha come compiti primari:

> [L]'amministrazione e il funzionamento dell' Accordo che l'ha istituita nonché degli *accordi commerciali multilaterali*, persegue gli obiettivi e funge da *quadro* per l'attuazione, l'amministrazione e il funzionamento anche degli *accordi commerciali plurilaterali*. Essa, inoltre, fornisce un contesto idoneo a favorire negoziati fra i suoi membri per quanto riguarda le loro relazioni commerciali multilaterali anche al di là dei settori attualmente disciplinati. E, ancora, amministra l'intesa sulle norme sulle procedure di risoluzione delle controversie, *"Dispute Settlement Understanding"* ("DSU") ed il meccanismo di esame delle politiche commerciali, *Trade Policy Review Mechanism* ("TPRM")[lxxxix].

Ora, si vedrà fra breve perché e come questo evento abbia inciso in maniera significativa sullo sviluppo del commercio mondiale, ma è interessante notare innanzitutto come il processo di radicale riforma dell'economia nazionale cinese allo scopo di renderla conciliabile con le regole e le prassi del commercio internazionale abbia favorito (come ben pochi altri eventi) l'ingresso a tutti gli effetti del paese nella comunità internazionale ed abbia altresì, con il passare degli anni, rafforzato la capacità del gigante asiatico (una volta "convertitosi" al liberalismo internazionale) di indirizzare a proprio favore l'andamento dell'economia planetaria.

Sempre Alberto Santa Maria, commentando gli effetti del crescente peso economico della Repubblica Popolare sul commercio internazionale e le conseguenze della sua "conversione" al liberoscambismo afferma:

L'aumento vertiginoso dei dati economico-commerciali si è manifestato a partire dall'entrata della Cina nel GATT-WTO, operativa dall'inizio del 2002: al di là dell'apertura di un grande mercato interno di importazioni la cui capacità reale ai livelli di quella dei paesi più sviluppati cresce ad un ritmo stimato in circa dieci milioni di persone l'anno, le esportazioni dalla Cina di beni e servizi, hanno rappresentato il 3,8% circa dell'interscambio mondiale complessivo nell'anno 2002 ed il 5,8 nell'anno 2003 e sono in continuo aumento negli anni successivi [...] È chiaro che la conversione del colosso cinese – quale ne sia la sincerità degli intenti – alle regole del liberismo internazionale ha una valenza epocale; ma è altrettanto chiaro che tale evento segna il repentino rovesciamento degli equilibri economici consolidati sino a pochi anni fa a livello mondiale: nella contrapposizione fra paesi ad alto sviluppo tecnologico e paesi in via di sviluppo si assiste ad un ribaltamento, radicale quanto immediato, per cui l'attuazione delle regole del libero scambio ed il contestuale generale azzeramento dei dazi, o l'eliminazione delle quote, lungi dal *"proteggere"* i paesi *"ricchi"*, costituiscono il grimaldello sul quale poggiano i due grandi paesi, una volta *"poveri"*, la Cina e, qualche passo indietro, l'india (due miliardi e trecento milioni circa di abitanti, complessivamente) per ribaltare nell'immediato la loro arretrata posizione economica[xc].

Nessun dubbio, quindi, che la Cina abbia enormemente beneficiato dall'ingresso nella WTO già negli anni immediatamente successivi la sua adesione. Non solo l'export ma anche l'import del paese subirono già nei primi anni del nuovo secolo un aumento significativo, senza contare come la maggiore presenza del colosso asiatico nei mercati gli abbia permesso una maggiore capacità di manovra e di adattamento al sistema economico internazionale, integrando in questo modo sempre di più il paese nel mercato mondiale e favorendo i suoi contatti commerciali con il resto del globo.

Questa nuova, maggiore apertura della Cina al resto del mondo e la sua più profonda integrazione nel mercato mondiale ha anche favorito un significativo trasferimento di tecnologia dai paesi dell'Europa e dagli Stati Uniti al meno progredito ma infinitamente più affamato colosso asiatico. Si è cioè verificato un vero e proprio "travaso di conoscenze" dall'ovest all'est che con il passare degli anni sta beneficiando la Cina in modo smisuratamente maggiore rispetto a quanto non accada per i paesi occidentali.

*Il **Risveglio del Qigong**.* Al di là del progresso puramente economico e dei cambiamenti ad esso più strettamente correlati, un altro fenomeno stava interessando la Repubblica Popolare, favorito dalla politica di Jiang Zemin di ulteriore apertura del paese (la quale aveva incoraggiato una crescente libertà nei costumi). Negli anni Ottanta e Novanta, infatti, con l'indebolirsi e il distrarsi del controllo socialista sul paese, molti cinesi, provenienti da diverse fasce sociali (ma specialmente in età avanzata), cominciarono ad interessarsi ai vari movimenti religiosi o mistici che da qualche anno stavano emergendo (o ri-emergendo) e moltiplicandosi per tutto il paese, specialmente nelle aree rurali e a dispetto delle pressioni esercitate dalle autorità locali per sopprimerli.

Il partito comunista, per la verità, non aveva mai visto di buon occhio questo tipo di attività sul suo territorio e, fin dai tempi in cui la Repubblica Popolare venne fondata, Mao Zedong si era prodigato affinché quella che veniva vista come una minaccia alla sanità e all'unità dello Stato venisse estirpata.

Il partito unico aveva incoraggiato immediatamente dopo la sua ascesa al potere diverse campagne finalizzate a sopprimere i vari movimenti religiosi, mistici o settari che si erano formati e moltiplicati dal 1911 al 1949, periodo in cui il controllo dello Stato sulla società, come si è già visto, fu in gran parte debole e lacunoso.

Proprio riguardo al particolare modo del Pcc di rapportarsi a questo tipo si attività religiose e sottolineando un atteggiamento tipico dell'elite del paese, il professore di storia David Ownby afferma:

> [T]he Communist state did what the imperial state had done: arrested and executed the worst of the offenders, imprisoned some others-but simply spoke harshly to the majority and sent them home. This meant that the roots of the traditions remained. And indeed, there were many more local rebellions against the Communists, organized around local religious groups, than we have previously been aware of, particularly at moments of crisis-such as during the subsistence crisis provoked by the disastrous failure of Mao Zedong's Great Leap Forward[xci].

La repressione del Pcc nei confronti dei vari movimenti religiosi, dunque, ebbe luogo, ma senza portare i risultati che il partito si aspettava. Questi movimenti non vennero mai completamente estirpati dalla società e riemergevano sempre nei momenti in cui il controllo sulla società e la censura del partito comunista si facevano più distratti o rilassati.

Così, negli anni che seguirono l'inizio delle riforme economiche e la lenta ma progressiva apertura della Cina al resto del mondo, un numero sempre maggiore di movimenti Buddhisti, Taoisti, Cristiani assieme a vari nuovi movimenti religiosi, socio-religiosi e sette, ebbero la possibilità di emergere dall'oblio al quale erano stati confinati e cominciarono ad attirare a sé un numero sempre maggiore di adepti, specialmente nelle campagne.

Nelle città, più in particolare, a partire dagli anni Ottanta fu l'antica idea del Qigong (l'arte del Qi, l'energia vitale del corpo) ad irretire ed interessare un numero sempre maggiore di persone.

Descrivibile a grandi linee come un complesso di tecniche che si credono in grado di giovare alla mente e al corpo attraverso esercizi fisici o di respirazione (spesso ci si riferisce ad esso come lo "yoga cinese"), nella rivista *Nova Religio* Chatherine Wessinger definisce più in particolare il Qigong come una serie di «*exercises to stimulate and direct qi energy within the body to promote health, spiritual growth and balance. Qigong includes body movement, breathing exercises, and meditation. Qigong (or ch'i-kung) has its origins in ancient Chinese practices and worldviews, but separate movements and institutions focused exclusively on qigong began in the twentieth century*»[xcii].

Per cercare di inquadrare meglio questo crescente fenomeno, alcuni dati dimostrano come già a metà degli anni Ottanta in Cina fossero presenti più di 2.000 organizzazioni correlate al Qigong e un numero stimato tra i 60 e i 200 milioni di aderenti.

Gli studiosi di questa pratica mistica individuano alcune caratteristiche in grado di spiegare un successo tanto esteso e capillare del Qigong in Cina. Innanzitutto orgoglio nazionalista (molti vedevano il Qigong come una scienza esclusivamente cinese, rimasta immune da influenze esterne e facente parte della tradizione millenaria di questo paese) ma anche il desiderio iniziale del governo di ridurre le spese per la sanità pubblica (il Qigong aveva come scopo principale esattamente quello di migliorare la salute dei praticanti attraverso un esercizio fisico che aveva molte caratteristiche tipiche delle arti marziali).

Ciò contribuisce a spiegare perché, inizialmente, il governo non disturbò mai seriamente questo tipo di pratica anche se questa attirò già qualche anno dopo la sua ri-affermazione un numero non irrilevante di critiche (da parte di scienziati, giornalisti e alcuni membri del partito innanzitutto) nelle quali il Qigong veniva accusato di essere una pratica superstiziosa, pseudoscientifica e sovversiva il cui unico scopo era quello di sfruttare le persone influenzabili e insicure per fare soldi.

Questa tolleranza del governo nei confronti del Qigong venne meno quando apparve, all'inizio degli anni Novanta, un movimento che si rifaceva all'antica pratica cinese ma che venne visto dal partito unico come una grave minaccia al suo controllo sulla società e come un potenziale elemento destabilizzante da localizzare ed eliminare con qualsiasi mezzo.

Falun Gong[*]. Nel bel mezzo del "Qigong boom" in Cina emerse, all'inizio degli anni Novanta, una forma di pratica "spirituale" che, come molte altre a quel tempo, si rifaceva un po' agli insegnamenti dell'antica disciplina, un po' a concetti presi in prestito dal Confucianesimo, dal Buddhismo e dal Taoismo.

Il suo fondatore, Li Hongzhi, era stato un ex-trombettista che più tardi dichiarerà di essere stato istruito da alcuni maestri buddhisti e del Dao. Egli chiamò il suo movimento Falun Gong.

Nel 1992 Li Hongzhi presentò Falun Gong (o Falun Dafa, letteralmente "pratica della ruota della legge") al pubblico ed ebbe modo di pubblicizzare in modo capillare i suoi insegnamenti, prima con una serie di tour in molte città cinesi che dureranno circa due anni (dal 1992 al 1994) nei quali spiegò le caratteristiche principali del movimento, e poi con la pubblicazione, nel 1995, di Zhuan Falun, il libro principale su

---

[*]Desidero ringraziare il direttore esecutivo dell'ICSA (International Cultic Studies Association) Michael Langone per avermi gentilmente fornito il materiale relativo a Falun Gong e al Qigong senza il quale la realizzazione di questo capitoletto sarebbe stata decisamente più problematica.

Falun Gong che divenne ben presto un best-seller in Cina.

Questo nuovo sistema di credo e pratica si rifaceva al Qigong ma presentava al contempo diverse, significative differenze rispetto a tutti gli altri movimenti del periodo. Falun Gong, innanzitutto, aveva un'autorità unica e carismatica, il maestro Li Hongzhi, l'unica entità vivente autorizzata a definire quali tecniche dovevano essere usate e in quale modo. Li si presentava come il più avanzato essere vivente dell'epoca e l'unico in grado di spiegare con esattezza il Qigong: *"io sono l'unica persona davvero in grado di insegnare il Qigong"* Li Hongzhi dirà nella sua opera principale; *"nell'epoca presente, nessun'altra persona è veramente in grado di elevare le persone come io sono in grado di fare"*.

Li era inoltre un intelligente uomo d'affari e riuscì a battere la concorrenza degli altri movimenti Qigong favorendo la diffusione di Falun Gong e vendendo sul mercato prodotti che riguardavano il suo movimento a prezzi competitivi.

La rapida crescita e l'affermazione di Falun Gong venne inoltre favorita da un dilagante passaparola e dall'importanza che i legami familiari e comunitari rivestono ancora in Cina.

Nell'arco di pochi anni Falun Gong divenne di gran lunga il movimento che si rifaceva al Qigong più popolare di tutta la Cina e nel 1998 il governo cinese pubblicò un documento secondo il quale i praticanti di Falun Gong solo in Cina erano circa 70 milioni (per la verità, altre stime arriveranno all'impressionante cifra di 100 milioni di praticanti), una cifra addirittura maggiore degli aderenti al Pcc (il partito politico con più membri al mondo).

Una tale diffusione in un arco così esiguo di tempo fu per gli osservatori dell'epoca un accadimento non meno che ragguardevole.

Non c'è alcun dubbio che l'improvviso aumento di fervore spirituale in quegli anni può essere sottolineato come una delle ragioni principali del successo di Falun Gong in Cina ma ve ne sono di altre, ben più specifiche e appurate, in grado di spiegare questo interessante fenomeno e la sua indiscussa popolarità. Ownby, in particolare, ne individua quattro: il suo sistema morale basato sulla compassione, la verità e la pazienza, la sua capacità di legare la scienza moderna alle tradizioni cinesi, la promessa di poteri soprannaturali ai suoi praticanti e, naturalmente, il suo orgoglio nell'essere un movimento cinese. Come già accennato, altre ragioni più strettamente economiche si sommano a quelle fin qui espresse, come quella relativa al basso costo dei materiali riguardanti Falun Gong (che a volte venivano distribuiti completamente gratis) rispetto agli altri movimenti Qigong.

Con il crescere della popolarità, comunque, il movimento di Li Hongzhi dovette affrontare anche critiche sempre più serrate da parte degli altri movimenti (che accusavano il suo fondatore di essere un affarista senza scrupoli) e da parte di molti giornalisti e scienziati che continuavano ad accusare la sua pratica di essere fuorviante, pseudoscientifica e dannosa per la salute delle persone.

Per quanto riguarda la posizione del governo cinese riguardo questo fenomeno può essere detto che fu, almeno per un certo periodo, abbastanza indecisa. Da una parte, infatti, Falun Gong appariva come un pacifico movimento spirituale che mirava solamente ad aiutare la gente a sentirsi meglio; da un altro lato, tuttavia, le impressionanti cifre relative alla crescita dei suoi partecipanti facevano alzare più di un sopracciglio all'interno del vasto complesso di Zhongnanhai, e più di una voce cominciò a chiedere un qualche tipo di intervento del partito in merito.

Sta di fatto che, nonostante alcune misure "preventive", come scrutinare i gruppi che si rifacevano al Qigong e la necessità di un permesso preventivo per praticare pubblicamente, il governo non sembrava vedere come una minaccia imminente Falun Gong o gli altri movimenti in generale. Intanto, più o meno palesemente, si venne a conoscenza che anche alcuni membri dell'esercito e soprattutto del governo e del partito comunista cinese erano stati attirati da movimenti religiosi e spirituali e non pochi di loro aderivano apertamente a Falun Gong. In uno Stato come quello cinese, che professa la "fede" al materialismo scientifico (ateismo) come unica strada per garantire il progresso del paese, una tendenza di questo genere non poté che alimentare sentimenti di astio crescente nei confronti del dilagare di questi movimenti e mettere in stato di allerta molti membri del partito.

Frattanto, all'inizio del 1998, il maestro Li Hongzhi, dopo

che il suo enorme successo lo aveva messo al centro di pesanti critiche da parte degli altri movimenti e dopo essere stato espulso dall'Istituto della Scienza del Qigong nel novembre del 1996, decise di trasferirsi negli Stati Uniti, nella città di New York, per supervisionare la crescita internazionale di Falun Gong.

Mentre il "fenomeno Falun Gong" si estendeva e acquisiva schiere di nuovi entusiastici praticanti, lo strano spettacolo di decine di migliaia di persone che si radunavano nelle piazze di molte delle maggiori città cinesi a praticare per ore esercizi di meditazione cominciò a dare anche ai media nazionali un argomento di discussione. Sempre più articoli apparvero sui giornali, inneggiando o accusando Falun Gong che continuava a guadagnare legioni di sostenitori come di irriducibili oppositori. In certi casi i membri di Falun Gong furono in grado di scoraggiare calunnie o attacchi contro il loro movimento e in un caso riuscirono anche a far licenziare un reporter che aveva diffuso contenuti critici. Questo episodio, insieme ad altri simili, contribuisce a testimoniare una crescente influenza del movimento nella società cinese e, contemporaneamente, il suo largo seguito.

Nell'aprile del 1999 uno dei tanti studiosi contrari ai metodi usati da Falun Gong scrisse un articolo che accusava le pratiche del movimento di essere dannose, specialmente per i giovani. L'articolo venne pubblicato a Tianjin. Immediatamente i praticanti, che considerarono questo articolo calunnioso e ingiusto, decisero di radunarsi per protestare contro le accuse. Contemporaneamente alcuni di loro mandarono un appello al partito municipale di Tianjin. Come conseguenza di ciò vennero chiamate le forze dell'ordine per sedare le manifestazioni e molti praticanti vennero arrestati.

Scontenti e oltraggiati dal trattamento subito a Tianjin dal governo, i membri di Falun Gong iniziarono un passaparola avvalendosi di messaggi cellulari e di Internet per organizzare una protesta di fronte al complesso Zhongnanhai, la residenza dei leaders del partito comunista, per il 25 aprile 1999.

Quel giorno oltre diecimila praticanti di Falun Gong si assemblarono davanti a Zhongnanhai in una risposta militante del tutto imprevista dal governo.

Il partito comunista fu scioccato dall'avvenimento e dall'audacia della protesta. Nessuna protesta di quelle dimensioni si era mai verificata davanti alla residenza dei leaders comunisti. Neanche gli studenti del movimento per la democrazia del 1989 avevano mai osato assemblare un simile numero di manifestanti davanti al complesso.

I leaders comunisti, inoltre, rimasero stupiti nell'osservare i componenti dell'enorme protesta radunati fuori dalle proprie finestre. I partecipanti non erano ragazzini freschi di laurea, contadini o lavoratori: erano persone di mezza età, anziani in pensione, molti provenivano dal governo stesso, dal partito e dall'esercito. Tutti loro sapevano esattamente cosa stavano facendo, i rischi che correvano e il significato di quella opposizione al governo, eppure si trovavano a protestare insieme quel giorno, numerosi e impavidi.

I praticanti, comunque, non marciarono o gridarono slogan contro il governo, si limitarono ad aspettare molto semplicemente che qualche ufficiale venisse ad accogliere le loro proteste. La polizia chiamata ad intervenire non dovette ricorrere a nessun mezzo di repressione particolare e, in verità, si limitò a guardare semplicemente gli immobili e pacifici dimostranti.

Nonostante lo stupore del governo e del partito per la dimostrazione imprevista e massiccia, il premier Zhu Rongji acconsentì ad incontrare alcuni rappresentanti e li invitò ad entrare dentro l'edificio. Il dialogo fra le parti portò degli sviluppi. Il governo rilasciò coloro che erano stati detenuti in seguito ai fatti di Tianjin e la massa di diecimila dimostranti poté tornare tranquillamente a casa.

Quello che tuttavia potrebbe sembrare un successo di Falun Gong, in realtà si risolse come l'inizio di una serie di eventi dalle conseguenze disastrose per il movimento di Li Hongzhi e per i suoi seguaci.

Per qualche tempo si creò un acceso dibattito all'interno del partito sul modo più efficacie per affrontare l'accaduto. Nonostante qualche voce moderata, Jiang Zemin decise di mobilitare l'intero partito affinché sopprimesse Falun Gong e gli altri movimenti religiosi (come Zhon Gong e Xiang Gong) visti come una minaccia al potere del Pcc sulla società. Non solo la dimostrazione in sé e il luogo in cui si era svolta furono elementi visti dal partito come una minaccia, ma anche e soprattutto il valore della dimostrazione e le persone che l'avevano composta.

Le voci interne al partito che già si erano levate contro i movimenti religiosi negli anni precedenti guadagnarono dopo la protesta di Falun Gong ulteriore slancio e l'azione del governo si tradusse in un radicale, massiccio e diffuso sforzo volto alla soppressione di tutti i movimenti ritenuti dannosi e destabilizzanti, incluso Falun Gong.

Il 20 luglio 1999 il governo fece la sua mossa lanciando una campagna contro Falun Gong ed altri movimenti accusati di essere *"xiejiao"*, termine traducibili come *"sette"* o *"sette malvagie"*.

Un apposito corpo extra-costituzionale venne creato e incaricato di prendere misure contro i gruppi religiosi ritenuti dannosi per la società cinese.

Per tutta la Cina (esclusa Xianggang) venne portato avanti un movimento di soppressione e censura che in capo a pochi mesi stroncò tutte le organizzazioni religiose ritenute minacciose e sovversive. Qualche mese dopo l'inizio della persecuzione, venne creata una legislazione che metteva al bando le *"religioni eterodosse"* (quelle, cioè, senza un riconoscimento da parte dello Stato). Dimostranti e praticanti in tutto il paese vennero imprigionati e condannati a lunghe pene detentive quando non, secondo alcune fonti, torturati o addirittura condannati a morte.

Il governo cinese chiese anche l'arresto e l'estradizione di Li Hongzhi (che nel frattempo aveva chiesto ai governi, alle organizzazioni internazionali e alle persone di buona volontà in tutto il mondo di contribuire a risolvere la crisi in Cina) ma gli Stati Uniti rifiutarono, invitando piuttosto i cinesi a interrompere quella che al mondo occidentale appariva sempre più come una persecuzione religiosa su grande scala.

Falun Gong, colpito in misura maggiore dai provvedimenti del governo e demonizzato dai media del paese, fu costretto a continuare la sua protesta all'estero, mentre il suo leader incoraggiava i membri del suo movimento alla resistenza. La chiamata portò ad un certo numero di proteste dei membri di Falun Gong a piazza Tiananmen negli anni seguenti la repressione. La più tragica di queste proteste vide alcune persone, tra cui una bambina di dodici anni, darsi fuoco nel bel mezzo della piazza. Il governo sfruttò abilmente questo episodio per screditare ulteriormente Falun Gong, ottenendo buon seguito. L'opinione pubblica cinese, precedentemente indifferente oppure a favore di Falun Gong, cominciò a uniformarsi alla visione del partito.

Dopo questo evento, può ben dirsi che l'attività del movimento in Cina divenne molto meno visibile anche se non completamente inesistente.

Le proteste dei membri di Falun Gong continuarono all'estero, dopo il bando del governo cinese, specialmente in Europa, negli Stati Uniti, Canada e Australia.

In Mancanza di Credo. La reazione del governo alla minaccia, presunta o meno, di un movimento religioso come Falun Gong è interessante sotto molti punti di vista e contribuisce a capire il modo di guardare alla società che adottano i leaders cinesi oltre a quello che loro credono essere il livello di minaccia non tollerabile nei confronti del partito comunista.

Non solo la campagna di repressione che seguì la dimostrazione di fronte al complesso di Zhongnanhai conferma la natura autoritaria del sistema politico cinese, la sua ferma convinzione nel cosiddetto "ateismo scientifico", la sua intolleranza per i movimenti religiosi in generale (fatti salvo, sotto certi aspetti, solamente il Taoismo e il Buddhismo, molto più tollerati di altre religioni come il Cristianesimo, ad esempio) e il suo controllo su ogni livello della società, ma mostra anche un'interessante tendenza del sistema cinese in contrapposizione con la cultura democratica occidentale, ovvero quella che potrebbe essere chiamata una "tendenza alla conformità". Nel particolare, quando lo Stato decide che un certo sistema di credenze o più in generale un particolare costume X è un male per la società, diventa un dovere respingere, emarginare e denunciare il costume X.

In uno Stato in cui, su quasi un miliardo e quattrocento milioni di individui, oltre l'80% sono non-credenti (meno di trecento milioni di cinesi aderiscono ad una religione) il "trend" sembra comprovare bene questo stato di cose.

La "mancanza di credo" nel nuovo Regno di Mezzo si innesta bene nel sistema che vede il partito comunista come unica guida deputata a scegliere cosa sia bene per la società e in quale misura, ricordando sotto certi aspetti le modalità confuciane di ordine, disciplina e ovviamente di rispetto per le gerarchie.

Un movimento come Falun Gong, che si decida o meno di iscriverlo nella controversa e decisamente imprecisa categoria di "setta"[*], nel momento in cui venne percepito dal partito unico come una minaccia all'ordine delle cose, divenne un corpo estraneo e dannoso da espellere e perseguire con tutti i mezzi a disposizione.

Come verrà giustamente a sottolineare Michael Langone in proposito:

[I]t appears that the persecution of Falun Gong is a consequence of an authoritarian social system that stifles individual autonomy, restricts dissent, and seeks conformity from its citizens. When CCP leaders decided that religion, and Falun Gong in particular, was a threat to social order, the social system demanded compliance throughout the country. Central and local authorities then "put the squeeze" on targeted religious groups[xciii].

Eppure, curiosamente, proprio in questa particolarità

---

[*]Come afferma uno dei massimi esperti in materia di "movimenti religiosi" il sociologo, scrittore e saggista Massimo Introvigne, quello della definizione del fenomeno delle cosiddette "sette" o, per usare un linguaggio più politically correct, dei "movimenti religiosi alternativi" è una questione annosa come poche altre nella storia della letteratura in generale e così è anche l'altra questione parallela a quest'ultima, ovvero il ruolo di una materia come la psicologia di fronte alle nuove forme di culto. Per una indagine approfondita ed esplicativa riguardo questo interessante e controverso argomento si rimanda al libro della psicologa italiana Raffaella Di Marzio *Nuove religioni e sette. La psicologia di fronte alle nuove forme di culto*", Edizioni Scientifiche Magi, Roma, 2010.

sembrerebbe visibile, secondo l'esperto nordamericano di movimenti religiosi, un sottile spiraglio di luce.

> But since the system is not all-powerful, there are variations in the manner and degree to which the central authority's directives are enforced. These local aberrations provide hope to religious freedom advocates[xciv].

La Dinastia Hu. In meno di quindici anni Jiang (assistito da Zhu) era stato in grado di supervisionare con successo il secondo periodo di incredibile crescita economica della Cina. Non solo le riforme erano continuate (proprio come avrebbe voluto Deng) ma l'atteggiamento liberoscambista e l'apertura del paese al resto del mondo avevano subito un'accelerazione considerevole soprattutto dopo l'entrata della Cina nella WTO.

La sensazione generale che si avvertiva all'inizio del nuovo millennio nelle alte gerarchie del partito era che l'amministrazione Jiang-Zhu era stata in grado di svolgere un buon lavoro, evitando gravi stravolgimenti e mantenendo il paese in una condizione di relativa stabilità sociale; eppure, allo stesso tempo, era opinione comune che per Jiang fosse venuto il momento di lasciare la sua carica di leader della Repubblica Popolare (come la costituzione richiedeva) per far posto ad altri.

Per evitare rischi sensibili alla stabilità del partito già all'epoca di Deng Xioaping i leaders cinesi si erano dati delle regole per introdurre dei termini per le cariche, età di pensionamento, per regolarizzare una certa competizione e fluidità nei ranghi del partito e più in generale per evitare che all'interno dell'"oligarchia" si formasse la "dittatura" di un solo uomo.

Per questo motivo, nel novembre del 2002, nel corso del sedicesimo Congresso Nazionale del Partito Comunista della Cina, l'allora leader Jiang Zemin, conscio delle pressioni rispettose ma decise dei suoi compagni, si dimise volontariamente (ma non senza una certa riluttanza) dalla carica di segretario generale del Pcc e successivamente da Presidente della Repubblica (nel 2003) e, infine, da Presidente della Commissione Militare (nel 2004) spianando così la strada alla quarta generazione di leaders che avrebbero guidato il paese negli anni successivi. Allo stesso modo Zhu Rongji, vicino alla scadenza del suo mandato, si preparava ad essere sostituito da un nuovo primo ministro, il suo protégé Wen Jiabao.

Il progressivo ma inevitabile ritiro di Jiang dalle maggiori cariche del partito, dello Stato e dell'esercito, furono il primo esempio di successione premeditata, condivisa e pacifica fra una generazione di leaders comunisti cinesi ad un'altra (una successione, cioè, che non prevedesse la morte del leader precedente o un grave scontro di vedute tra fazioni contrapposte). Certo, Jiang Zemin non cedette il suo potere senza nulla in cambio. Per il suo *"carattere nobile"*, la sua *"integrità"* e la sua *"ampiezza di vedute"*[*] Jiang ottenne che a uomini a lui fedeli fossero garantiti posti di prestigio nelle alte sfere del partito e nel politburo.

Il nucleo di questa nuova, quarta generazione sarà rappresentato da Hu Jintao, anche lui a suo tempo protégé di Deng Xiaoping e, in effetti, scelto nel 1992 in modo seppur indiretto dal comunista dello Sichuan come successore di Jiang.

Hu Jintao nasce nel dicembre del 1942 nella città di Jiangyan (nella prefettura Taizhou), nella provincia di Jiangsu. Suo padre era un mercante di tè che ebbe cura di insegnare al figlio i valori confuciani. Sua madre morì quando era ancora un bambino.

A diciotto anni si guadagnò un posto nella prestigiosa università Tsinghua e nel 1965 si laureò in ingegneria idroelettrica. Hu era uno studente brillante, rispettoso delle gerarchie, leale, aveva un'ottima memoria ed era un bravo ascoltatore, caratteristiche queste che lo aiuteranno inizialmente a guadagnare il posto di presidente dell'Unione degli studenti della Tsinghua e più in generale nella sua futura scalata ai vertici del partito.

Poco prima della Rivoluzione Culturale, quando era ancora uno studente universitario, egli si unì al partito comunista.

---

[*]Proprio come sottolineerà ossequiosamente Hu Jintao poco dopo aver preso il posto di Jiang come Presidente della Commissione Centrale Militare (l'ultima carica ufficiale che Jiang cederà), dimostrando così di non dare ancora nulla per scontato.

Quando suo padre venne denunciato ed imprigionato durante la Rivoluzione Culturale, in una dimostrazione di dovere e abnegazione, tornò a Taizhou per tentare di proteggere proprio il nome del padre e recuperare il suo onore ma aspettò inutilmente che gli ufficiali del partito comunista locale venissero a parlare con lui.

Nel 1968 si trasferì nella provincia di Gansu dove lavorò alla costruzione di una centrale idroelettrica. Nel 1981 si trasferì a Beijing dove venne istruito insieme alla figlia di Deng Xiaoping, Deng Nan, ed ebbe modo di venire in contatto con personaggi di spicco del partito dai quali cominciò ad essere notato.

Nel 1988 Hu divenne segretario del partito nella provincia autonoma dello Xizang dove si distinse all'inizio del 1989 per aver schiacciato una rivolta di tibetani e aver garantito ordine alla regione imponendo due anni di legge marziale, azioni queste che gli valsero il riconoscimento e la stima del governo centrale di Beijing.

Nel 1992 Hu Jintao, con il benestare di Deng, divenne uno dei sette membri del più influente organo decisionale *de facto* in Cina, il Comitato Permanente dell'Ufficio Politico del Partito Comunista Cinese.

Nel 1998 Hu divenne vice-presidente della Repubblica Popolare e della Commissione Centrale militare. Era a questo punto pronto per sostituire Jiang.

Quando Hu finalmente guadagnò la leadership del paese i giornali di tutto il mondo avevano molto poco da dire su di lui, eccetto notizie sulla sua vita. Per loro era poco più di un volto che, di tanto in tanto, era spuntato quasi per sbaglio in tv o sui giornali. A tal proposito, ad esempio, su *Newsweek* si lesse «*la cosa più degna di nota che lo riguardi è quanto poco si sappia su di lui*[xcv]» mentre il *Chicago Tribute* riconobbe al nuovo leader cinese il fatto che «*deve essere stata necessaria una straordinaria abilità per rimanere un tale mistero*[xcvi]».

Quello che emerse nel corso dei suoi mandati furono caratteristiche come la cautela, l'attenzione a non procedere affrettatamente e una memoria ben allenata, in grado di memorizzare fatti, note e notizie molto velocemente. Per gli occidentali che ebbero occasione di incontrarlo, c'è chi lo descrisse come più chiaro e diretto del suo predecessore Jiang, al quale invece piaceva dilungarsi e mostrare la sua erudizione. Per altri era riservato e insieme fedele. Era, insomma, una persona che "teneva le carte vicino al petto", che non esprimeva mai opinioni proprie (tanto che molti osservatori non riusciranno mai a capire quali fossero i suoi orientamenti politici o più semplicemente le sue opinioni in merito a qualsiasi questione).

Nel profondo cambio di elite che caratterizzerà il sedicesimo Congresso Nazionale del Partito Comunista va notata anche l'ascesa al rango di primo ministro di Wen Jiabao, il quale nel marzo del 2003 prenderà il posto di Zhu Rongji.

Nato nel 1942 a Tianjin, all'università studiò geologia. Come Hu Jintao, al tempo della Rivoluzione Culturale venne mandato nella provincia di Gansu dove rimase per circa un decennio. Il suo lavoro meticoloso gli fece guadagnare l'attenzione della capitale e negli anni Ottanta ebbe una serie di promozioni.

Sebbene fosse vicino a riformatori come Hu Yaobang e Zhao Ziyang (era con quest'ultimo quando egli diede il suo ultimo discorso a Tiananmen), riuscì a sopravvivere alla tempesta politica che dilagò nel paese grazie al suo basso profilo e alla sua cautela.

Lavorò sotto Jiang e Zhu per favorire la seconda ondata di crescita economica del paese.

Wen è visto come meno intraprendente del suo predecessore, Zhu Rongji, ma ugualmente amato e rispettato dal popolo. Aperto, moderato, sorridente, spontaneo, è molto più presente nei media rispetto al suo Presidente e sembra più a suo agio con contadini e minatori che non con i burocrati del partito.

SARS. Una delle prime sfide in politica interna che la nuova amministrazione Hu-Wen si trovò ad affrontare fu rappresentata dalla SARS (Severe Acute Respiratory Syndrome). La SARS è una forma atipica di polmonite che sembra si sia sviluppata intorno al novembre del 2002 nella provincia del Guangdong. Gli ufficiali provinciali prima e alcuni membri del governo dopo decisero che per evitare il panico e scongiurare possibili ripercussioni sul piano economico sarebbe stato meglio insabbiare i casi sempre più lampanti di epidemia che si stavano verificando in Cina. Per questo motivo alcuni di loro esercitarono un forte controllo sui media affinché la notizia non si diffondesse. Questa mancanza di trasparenza ebbe diversi effetti negativi tra cui evitare una prevenzione efficace dell'epidemia e rallentare notevolmente una decisa azione del governo su di essa. Apparentemente il governo come totalità e la leadership cinese non seppe della reale gravità della situazione se non diversi mesi dopo il verificarsi dei primi casi a Guangdong, quando anche dalla comunità internazionale cominciavano ad alzarsi diverse, insistenti voci sull'epidemia che, dalla Cina, si era ormai diffusa in tutto il mondo.

Quando tuttavia la gravità della situazione apparve lampante e le pressioni dall'estero si fecero sempre più insistenti la politica del governo cinese cambiò radicalmente. Dall'aprile del 2003, quando la crisi della SARS era ormai approdata sui media ufficiali del paese, Beijing permise ad alcuni esperti internazionali di investigare sul posto i casi che si erano verificati. Alla fine del mese la distrazione del governo centrale, la sua incapacità di verificare la reale gravità dei fatti oltre agli enormi limiti del farraginoso e inefficiente sistema sanitario cinese vennero alla luce con allarmante chiarezza. La risposta del Presidente Hu Jintao alla leggerezza e all'incoscienza con le quali era stata trattata la crisi fu rapida e decisa: licenziò il ministro della sanità Zhang Wenkang e il sindaco di Beijing oltre a molti ufficiali locali; agì energicamente per evitare che l'insabbiamento delle informazioni si potesse ripetere ed incoraggiò una maggiore trasparenza su tutto ciò che concerneva la crisi SARS. Fu inoltre lanciata una poderosa campagna di igiene pubblica che coinvolse milioni di cinesi (furono disinfettate strade, uffici, case e prese significative misure per migliorare il sistema di comunicazione all'interno della sanità pubblica) e il governo cinese permise ad esperti dell'organizzazione mondiale della sanità (WHO) di esaminare i casi di SARS che si erano verificati. Il partito comunista, inoltre, diramò una scusa ufficiale e promise una totale trasparenza sui casi relativi all'epidemia.

Hu Jintao e Wen Jiabao, nel cuore della crisi, viaggiarono per il paese allo scopo di promuovere le misure di sicurezza e tranquillizzare l'opinione pubblica.

Finalmente, nel luglio del 2003, la WHO dichiarò la SARS contenuta anche se avvertì che si sarebbe potuta ripresentare nell'inverno successivo se non fossero state prese contromisure adeguate.

La SARS, seppure mostrò molti limiti e inadeguatezze non solo della sanità pubblica cinese, ma anche del modo delle autorità di gestire crisi di questo genere, preparò al contempo Beijing ad affrontare con maggiore efficienza e trasparenza eventi simili che si sarebbero presentati in futuro. Ciò venne provata qualche tempo dopo, quando si verificarono i primi casi di influenza aviaria in Cina, e il governo decise di adottare una politica di trasparenza per evitare quanto era già accaduto nella crisi SARS. Il premier Wen Jiabao, in particolare, fu molto fermo nel diramare direttive volte a penalizzare pesantemente tutti gli ufficiali che avessero anche solo tentato di nascondere casi di influenza aviaria. Da quel momento in poi il governo cinese non ha più dovuto affrontare una crisi simile a quella della SARS anche se i vistosi ritardi e le limitazioni nella sanità pubblica continuano ancora oggi a rappresentare una delle maggiori problematiche ancora irrisolte.

Ali di Drago nel Nuovo Millennio. L'apertura e la trasparenza sollecitate dal nuovo leader Hu e sostenute dal premier Wen nella crisi SARS avevano pochi precedenti simili nella storia della RPC. In passato, infatti, molto raramente era stato permesso a stranieri di controllare e giudicare i dati del governo in materie riguardanti la politica interna del paese e ancor meno raramente questi dati erano stati forniti dal governo stesso di sua spontanea iniziativa. Inoltre, licenziamenti per semplici "errori amministrativi" erano molto rari, specialmente se includevano figure di spicco come un ministro della sanità o il sindaco di Beijing. Quanto era accaduto come conseguenza della crisi SARS, effettivamente, potrebbe risultare normale routine in una democrazia occidentale ma un "mea culpa" come quello che fece il governo cinese in seguito a questa crisi dovrebbe essere fonte di importanti considerazioni.

Una di queste, senz'altro, potrebbe portare a riconoscere una certa differenza nel modo di gestire crisi di questo genere fra l'amministrazione Jiang e quella Hu. Altre differenze significative tra le due leadership non tardarono a manifestarsi con il passare del tempo e il crescere dell'influenza del nuovo leader nel complesso di Zhongnanhai. Hu Jintao, conscio di essere ancora circondato da uomini fedeli a Jiang e quindi al suo particolare modo di gestire gli affari, tenne per i primi anni del suo mandato un basso profilo e, almeno in pubblico, gratificò sempre con elogi e con rispetto il suo predecessore. Nel privato, tuttavia, lavorò diligentemente per crearsi una forte base di ufficiali a lui fedeli ed emarginare quelli che dovevano il loro posto alla precedente amministrazione. Già nel 2006 Hu insedierà molti suoi fedeli alleati a livello provinciale e nel 2008, al Congresso Nazionale del Popolo, quando verrà nominato ufficialmente Presidente per la seconda volta, la sua influenza sul politburo cinese potrà dirsi quantomeno significativa anche se, come già accennato, difficilmente perfino il Presidente cinese avrebbe potuto risultare più di un primo fra pari dopo l'era Deng.

Nel 2008 Hu conquistò quindi per la seconda volta le tre massime cariche: Segretario del Partito, Presidente della Repubblica e Capo dell'Esercito.

Anche e soprattutto per ciò che riguarda l'economia, e più in generale gli interventi nella società cinese, Hu Jintao ebbe modo di distinguersi dalla politica del suo predecessore.

Jiang Zemin aveva lavorato duramente per incoraggiare gli investimenti dei paesi stranieri in Cina e più in generale per seguire la politica della "porta aperta" iniziata da Deng. Eppure a lungo andare proprio questo spirito di emulazione cominciò a minacciare seriamente la stabilità sociale del paese. La Cina stava crescendo, ma lo stava facendo troppo rapidamente.

Cominciarono così ad essere ben visibili i primi sintomi di alcuni gravi problemi strutturali derivanti da oltre due decenni di trasformazione sfrenata e incontrollata del paese comunista in un'economia di mercato. Tra i più gravi e dilaganti vanno citati il crescente divario tra i cinesi benestanti (che aumentavano) e quelli bisognosi (che aumentavano ancora di più), la paura che il paese stesse per soffrire gli effetti di una gigantesca bolla economica (come era già accaduto qualche anno prima in Giappone e in Sud Corea), la debolezza di un sistema sanitario e di un sistema educativo che erano stati abbandonati dal governo per concentrarsi sulla crescita ad ogni costo e, infine, una corruzione talmente dilagante da essersi ormai infiltrata in tutti i livelli dell'amministrazione, della sanità pubblica, del governo e perfino della giustizia.

Questi problemi non potevano essere risolti da un giorno all'altro. Per questo motivo Hu, Wen e i loro collaboratori dovettero creare una "base ideologica" abbastanza credibile per dare supporto alle riforme di cui, secondo loro, necessitava il paese.

Sia Hu che Wen erano infatti convinti che, per evitare che la Cina implodesse, fossero necessari diversi e repentini cambi di rotta, e con ciò si intendono cambiamenti che andavano per molti aspetti contro la consolidata dottrina di Deng del "diventa ricco per primo".

Venne proposta in questo modo in quegli anni la parola chiave *"xiaokang"*, *"prosperità moderata"*, accompagnata da altre parole chiave, come aiuto ai bisognosi per diminuire il gap tra ricchi e poveri e incentivi dello Stato per i più svantaggiati il tutto racchiuso nella potente (e studiata) formula di "società armoniosa". In questo modo, con l'augurio che gli ufficiali locali *"governassero la nazione seguendo le regole della virtù"* Beijing riproponeva uno stile di governance (ma non solo) che strizzava l'occhio a Confucio.

Questa posizione della nuova amministrazione non va sottovalutata perché testimonia una presa di coscienza della leadership cinese dei problemi della propria società. L'idea di "società armoniosa", di "prosperità moderata" inaugurate da Hu e spalleggiate da Wen, sono sintomatiche in quanto mostrano sotto molti aspetti una consapevolezza che era sostanzialmente mancata sia a Deng che a Jiang e cioè che la crescita economica deve essere sostenibile, oltre che consistente e continuata, che qualsiasi misura che miri a far crescere e arricchire il paese non può prescindere dal considerare il fatto che ci saranno alcuni che si arricchiranno di più e più velocemente di altri e che questo potrebbe creare malcontenti e potenziali fermenti nella parte della popolazione meno fortunata.

In una situazione come questa componenti importanti come la crescente corruzione negli ambienti più disparati della vita pubblica, il pericoloso e incontrollato gap tra ricchi e poveri, l'inquinamento dell'ambiente derivante da una cieca crescita industriale insieme a decine di altre conseguenze simili potevano costituire una minaccia importante alla stabilità della società e, ovviamente, al controllo del partito comunista su di essa.

Se Jiang e Zhu si erano dunque preoccupati di far andare la macchina cinese a pieno regime per il maggior tratto possibile, Hu e Wen diminuirono la velocità, sforzandosi di sanare per quanto possibile le numerose mancanze che avrebbero potuto significare il tragico epilogo ad ormai decenni di sforzi per raggiungere il tanto agognato traguardo:

Jiang and Zhu were determined followers of Deng's open-door, getting-rich-first approach, and went even further than Deng in encouraging open trade, foreign investment and the development of private enterprises. It was Jiang who campaigned for private businesspeople to be allowed to join the Party, and it was Zhu whose efforts finally saw China admitted to the World Trade Organization in 2001.

Hu and Wen, however, have been more cautious in their approach to the market. Hu has focused on the wealth gap that has opened up between the rich and poor as a result of the liberalisations and the dismantling of state support. The wealth gap has increased social tension and sparked a dramatic rise in social protest over such issues as land grabs. Hu's avowed aim is to reduce this tension by addressing such issues to create a 'harmonious society'. What this means in practice is shifting the focus away from economic growth and paying more attention to welfare support, especially in rural areas, and redirecting more of the development investment away from the booming coastal regions towards the struggling interior in the

West[xcvii].

Per avvicinarsi all'ambizioso progetto di società armoniosa, quindi, la nuova amministrazione avrebbe dovuto seguire fondamentalmente due direttive: prodigarsi per "raffreddare" la vertiginosa crescita economica del paese e rimediare agli scompensi crescenti nella società cinese.

Verso la metà degli anni Dieci del ventunesimo secolo Beijing tentò di rallentare ed ordinare la crescita economica del paese aumentando i tassi di interesse, rafforzando le leggi che disciplinavano l'uso delle terre, perseguendo gli ufficiali locali che usavano sconsideratamente gli investimenti per scopi non previsti dal governo (e che minacciavano l'integrità dell'ambiente) ed, infine, incarcerando gli ufficiali delle banche che concedevano prestiti non approvati.

Ciò nonostante, l'obiettivo di una crescita che si stabilizzasse intorno al 7% non venne raggiunto (l'economia cinese crebbe in effetti molto di più negli anni precedenti la crisi economico-finanziaria del 2008) eppure il governo riuscì con successo a tenere a bada l'inflazione e fece capire a molti che il suo atteggiamento in campo economico era mutato.

Per quanto riguarda l'altro aspetto, quello relativo al risanamento degli scompensi crescenti nella società cinese, Hu Jintao ripeté in più occasioni nei suoi discorsi che avrebbe lavorato non solo per ridurre la povertà rurale e assottigliare il divario fra i redditi dei cinesi delle megalopoli e i bisognosi dell'entroterra e del lontano ovest ma anche per alzare gli stipendi (e permettere così una maggiore sicurezza economica) e per preservare l'ambiente. Il governo decise inoltre di investire un'importante quantità di risorse nell'educazione e nel sistema sanitario delle aree rurali e di abolire le tasse che riguardavano il settore agricolo.

Il Presidente cinese fu molto fermo anche nel condannare la corruzione dilagante, un problema di cui anche Jiang aveva sperimentato a suo tempo le negative conseguenze, e promise misure per aumentare la trasparenza del partito comunista e pubblicizzare più diffusamente le sue decisioni. Resta fermo che, a parte queste dichiarazioni, Hu non mirava neppure lontanamente a nessuna importante riforma in campo politico e il massimo che accade fu che qualche incontro fra i leaders venne aperto ad alcuni giornalisti e, nel 2008, qualche proposta di legge venne pubblicata perché i cittadini potessero commentarla prima che fosse votata. Da questo punto di vista la Cina di Hu non si dimostrò poi molto differente da quella di Jiang e in generale il sistema politico cambiava solo nei modi e nei tempi in cui la leadership riteneva fosse necessario per sopravvivere e mantenere il controllo sulla società. Più che cambiare, in effetti, può essere detto che il sistema si adattava mano a mano alle situazioni e alle circostanze, quando queste lo richiedevano.

Con il trascorrere degli anni gli effetti delle misure che il governo aveva varato per raggiungere il traguardo della società armoniosa cominciarono a dare i primi frutti. Con l'abolizione delle tasse nell'agricoltura la povertà nell'entroterra si ridusse notevolmente e gli incentivi che lo Stato immise nelle regioni più deboli contribuirono a dare più margini di manovra agli abitanti di quelle arretrare province. Nuove infrastrutture vennero costruite nelle regioni del lontano ovest ed Urumqi, in particolare, la capitale della vasta ed arretrata provincia dello Xinjiang, cominciò a sperimentare in quegli anni una forte crescita economica, insieme ad altre città che erano fino a quel momento state lasciate indietro. Le persone sotto la soglia della povertà diminuirono, il tasso di istruzione crebbe insieme alle aspettative di vita della popolazione sia femminile che maschile (decisamente superiori alla media dei paesi in via di sviluppo).

Malnutrizione e analfabetismo erano problemi che in generale andavano quasi scomparendo dal paese.

Tuttavia anche la classe media cinese aumentò notevolmente in quegli anni e con essa il suo reddito e conseguentemente l'impatto che aveva sulla società. Questo significava, sostanzialmente, che alcuni cinesi stavano meno peggio e che molti altri cinesi che già stavano bene, stavano ancora meglio. L'obiettivo di eliminare o almeno compensare il gap tra le due fasce della popolazione non era stata dunque raggiunto.

Nel complesso, comunque, può essere detto che alcuni degli obiettivi che l'amministrazione Hu si era riproposta in campo economico e sociale furono raggiunti e che, in generale, nei suoi primi anni la nuova amministrazione evitò che gravi stravolgimenti turbassero seriamente la stabilità della società cinese.

Non molto effetto ebbero tuttavia gli interventi di Beijing sul problema della corruzione o del nepotismo (due dei più gravi problemi di cui i cittadini cinesi si lamentavano), che il governo si accontentava di affrontare con qualche occasionale e poco incisiva purga. Da questo particolare punto di vista non aiutavano sicuramente i costumi sociali tipici e la natura dei vincoli interpersonali con i quali i cinesi sono soliti relazionarsi gli uni agli altri, vedi, ad esempio, il concetto radicato nell'anima confuciana della società cinese noto come *guanxi*[*].

Sul versante della crescita economica i primi cinque anni di mandato del Presidente Hu Jintao non ebbero nulla da invidiare a quelli già lucrosi della precedente amministrazione. La crescita economica annuale si manteneva stabilmente sulle due cifre. Le esportazioni di beni in quel periodo aumentarono notevolmente, il governo poteva permettersi di investire sempre di più in infrastrutture utili alla crescita economica del paese mentre il nutrito e continuato flusso di migranti dal centro e dall'ovest del paese riforniva di manodopera fresca e a buon mercato le fabbriche e gli stabilimenti sparsi per la Cina.

Sempre in questo arco di tempo il potere economico del vasto esercito noto come la "classe media cinese", (che guadagnava di più e si sentiva più sicura) andò aumentando.

I cinesi relativamente benestanti cominciarono a spendere di più e a risparmiare di meno, aumentando in questo modo la domanda interna del mercato (il mercato più vasto del mondo) e fornendo di nuovo carburante la poderosa macchina cinese. Questo ultimo elemento costituisce una componente molto importante, necessaria per capire il modo in cui il paese crescerà

---

[*]Il termine "guanxi" è formato dalle parole "*guan*", che significa "*vicino*" e "*xi*", che significa "*essere*". È un termine difficilmente traducibile in occidente ma in generale può essere inteso come "relazione o connessione speciale" tra due o più individui. Il guanxi non riguarda i legami familiari stretti, ma piuttosto una rete di contatti fondata sulla mutua fiducia. Una persona che voglia aspirare a ricoprire cariche importanti (specialmente nella politica e nel mondo del business) deve saper creare e sviluppare un "forte guanxi".

nel futuro e anche, per certi aspetti, per quale motivo reagì molto meglio di altri alla crisi del 2008: la sua crescita economica, infatti, comincerà a non dipendere più solo dall'esportazione esterna di beni verso altri paesi ma anche dai centinaia di milioni di cinesi che, stimolati anche da misure prese dal governo, spenderanno di più e più frequentemente, facendo in questo modo aumentare i consumi domestici e diminuendo sotto certi punti di vista la dipendenza del paese dalle esportazioni. La Cina comincerà insomma a divenire molto meno soggetta che in passato ai diversi turbamenti nei mercati esteri, ai possibili boicottaggi delle sue merci e più in generale ai problemi al di là dei suoi confini.

Seppur rapido e superficiale questo succinto elenco di fatti e avvenimenti ha come scopo quello di far capire come i primi anni del nuovo secolo per la Repubblica Popolare Cinese furono impegnativi come e forse ancor di più degli anni precedenti. Il potere economico e politico del paese e il suo peso nella comunità internazionale stavano crescendo notevolmente ma lo stavano facendo anche i problemi collegati a questo nuovo stato di cose.

Le azioni dell'amministrazione Hu-Wen, il bisogno di guardare non solo ed esclusivamente alla quantità della crescita ma anche alla sua qualità è un importante segnale di cambio dei tempi per la leadership di Beijing che, adattandosi ai nuovi stimoli provenienti dalla società, non poteva ignorare i problemi crescenti del paese e, per quanto possibile e per quanto fallì in più campi, doveva cercare di porvi rimedio per assicurare stabilità e coesione alla sua sterminata società.

Lo smisurato drago cinese aveva così cominciato a dispiegare le ali all'inizio di questo nuovo millennio e, come suggerirà la maestosità dei giochi Olimpici che si tennero a Beijing per la prima volta nella storia della RPC nell'estate del 2008, sembrava intenzionato a mostrare al mondo che stava giocando per vincere, e non solamente ori olimpici.

ENTRO I CONFINI DELLA GRANDE MURAGLIA

Sessanta Anni Dopo: Storia di una Repubblica Popolare.
Primo ottobre 2009. Ad esattamente sessanta anni dalla
fondazione della Repubblica Popolare Cinese il Presidente Hu
Jintao ha un appuntamento con la storia. In una maestosa
cerimonia studiata nei minimi particolari, il segretario del partito
comunista domina piazza Tiananmen dallo stesso balcone su
cui il fondatore, Mao Zedong, aveva proclamato la fondazione
della Repubblica. I media del paese trasmettono in tutto il
mondo il suo storico discorso:

> *"Sessanta anni fa questo stesso giorno, il popolo cinese
> ottenne la grande vittoria della rivoluzione cinese dopo oltre
> cento anni di lotta sanguinosa. Fu qui che il Presidente Mao
> Zedong dichiarò solennemente al mondo la fondazione della
> Repubblica Popolare Cinese. In quel momento, il popolo
> cinese si levò, e la nazione cinese, una civiltà di oltre
> cinquemila anni, iniziò una nuova pagina di sviluppo e
> progresso nella storia. Nei sessanta anni passati, con le tre
> generazioni di leadership del partito con il compagno Mao
> Zedong, il compagno Deng Xiaoping e il compagno Jiang
> Zemin come loro fulcro, e con la leadership del Comitato
> Centrale formata dopo il sedicesimo Congresso Nazionale del
> Partito Comunista Cinese con il duro lavoro e saggezza di
> tutti i gruppi etnici del paese, il popolo cinese si è unito per
> vincere le grandi avversità e si è prodigato per i grandi
> contributi che sono stati riconosciuti da tutto il mondo,
> provando la nostra perseveranza e resistenza. Oggi una Cina
> socialista si alza fieramente nell'est, segue la rotta verso la
> modernizzazione, sta abbracciando il mondo e il futuro!"* [*]

Nonostante le contraddizioni e le ingiustizie che nascevano

---

[*] Questo estratto del discorso del Presidente Hu Jintao è stato da me
tradotto dalla versione inglese dello stesso discorso andata in onda sulla
rete televisiva CCTV-9.

e crescevano in quegli anni nella società cinese, nonostante gli sbagli, i cambi di rotta, le insoddisfazioni di larghe fasce della società per la corruzione, il nepotismo dilagante e la mancata tutela dell'ambiente, nonostante le gravi lacune nel sistema di welfare, nella politica diretta da un solo, egemonico partito, nonostante, ancora, il crescente divario di benessere da una parte all'altra del paese e le condizioni inumane nelle quali decine di milioni di cinesi erano costretti a vivere, nonostante tutto questo, il primo ottobre del 2009 Hu Jintao parlava ad una nazione coesa come non lo era mai stata prima della fondazione della Repubblica Popolare, neppure negli anni d'oro dell'Impero. Una nazione, quella cinese, divenuta indispensabile per il mondo intero, con cui tutti i paesi volevano stringere rapporti commerciali e finanziari e con la quale nessuno si augurava di dover mai arrivare a scontrarsi.

Era la Cina che solo un anno prima aveva affrontato e superato come nessun altro Stato sulla faccia della Terra la più grave crisi economico-finanziaria dai tempi del "crack" del 1929 uscendone praticamente illesa mentre le grandi economie europee, del Giappone e degli Stati Uniti collassavano una dopo l'altra.

Più in particolare, per dare una vaga idea degli effetti di questa crisi (provocata, tra le altre cose, dalle "perversioni" della finanza, dai titoli tossici, dai mutui *subprime* e dai macro-squilibri fra le maggiori economie mondiali[xcviii]) è utile ricordare come soltanto negli Stati Uniti si persero centinaia di migliaia di posti di lavoro, tra il 2007 e il 2008 il mercato azionario calò di un terzo, le cessioni forzate degli immobili raddoppiarono, istituzioni finanziare con decenni di storia fallirono miseramente, l'industria dell'auto andò molto vicina alla bancarotta e la fiducia dei consumatori svanì nell'arco di poche settimane. Era la morte di un intero modo di pensare allo sviluppo economico, finanziario e sociale in cui la parte occidentale del globo aveva riposto tante aspettative. Mentre negli Stati Uniti il governo correva ai ripari utilizzando ingenti risorse per evitare che la crisi sviluppatasi nel 2008 degenerasse come era avvenuto quasi ottanta anni primi, in Europa il panico per il deficit fiscale e il debito pubblico inaugurava ufficialmente l'era dell'austerità[xcix].

Certo, per restare in argomento, è fuori dubbio che la grande crisi economica del 2008 ebbe degli effetti significativi anche sulla più popolosa nazione del pianeta, ma questi furono di natura assai differente rispetto a quelli sperimentati dalle grandi economie occidentali. Innanzitutto, per capire questa distinzione, va fatta una importante premessa. La Cina, sotto certi aspetti, è molto più vulnerabile ad una crisi economica di questo tipo rispetto ad altri Stati. Ciò perché, ovviamente, paesi come quelli europei o gli Stati Uniti, colpiti da una crisi di questo genere, diminuiscono drasticamente la domanda di prodotti perché i consumatori, più poveri ed insicuri sul futuro, consumano di meno e quindi spendono di meno. Ora, questo significa che la Cina, la fabbrica del mondo, produrrà di meno visto che la domanda di prodotti calerà e, quindi, sarà costretta di rimbalzo ad abbassare la produzione di merci. La conseguenza di tutto ciò è elementare: molti lavoratori nelle fabbriche (e non solo) verranno licenziati, dunque il tasso di disoccupazione aumenterà e, di conseguenza, saranno molto più probabili agitazioni e malcontenti nella popolazione. E di posti di lavoro in Cina durante la crisi del 2008 se ne sono persi, e molti anche.

Sicuramente, da questo punto di vista, luoghi come Guangdong, dove le fabbriche lavorano praticamente solo per l'esportazione all'estero, saranno i più duramente colpiti. Ma allora, date queste premesse, come si spiega l'ottima performance della Cina in termini di crescita economica anche nel bel mezzo di una crisi come questa? Ebbene in generale può essere detto che il governo cinese ha saputo reagire in maniera dinamica e veloce alla crisi, molto meglio in effetti di tutte le potenze occidentali messe assieme. La sua decisione di intervenire affinché la crisi non rallentasse troppo significativamente il suo sviluppo è testimoniata, tra le altre cose, dall'enorme pacchetto di stimoli (il più grande nel mondo in proporzione alle dimensioni dell'economia) approvato dal governo cinese per far fronte alle conseguenze deleterie di un marcato rallentamento della crescita economica.

Va anche detto che molte imprese cinesi hanno resistito meglio di altre alla crisi perché quello che producevano non era diretto all'esportazione e, come si è già accennato, il mercato interno cinese, cresciuto negli ultimi anni in proporzioni, ha tenuto bene.

Molti imprenditori, inoltre, hanno approfittato della crisi e dei generosi aiuti pubblici da parte del governo per reinventarsi letteralmente, praticare nuove attività, vendere nuove merci. Ci sono state fabbriche di batterie che si sono convertite in fabbriche di automobili elettriche (da produttore a bassa qualità e a basso costo a produttore tecnologicamente avanzato), chi vendeva giocattoli si è messo a vendere tartarughe, ad esempio, visto che la domanda di quella specie di animali era salita. Altre fabbriche, che si erano viste costrette a licenziare operai, hanno puntato decisamente sull'investimento nella tecnologia per sostituirli. Altri ancora hanno investito su meno forza lavoro, ma più qualificata.

Il governo, che punta a fare della Cina un grande mercato di automobili ibride ed elettriche, ha avvantaggiato inoltre con contributi alla ricerca chi si convertiva a questo tipo di produzione.

La Cina, in breve, è stata colpita dalla crisi come qualsiasi altro Stato ma, da una parte, l'intervento tempestivo del governo è stato importante per risanare e far riprendere l'economia nel minor lasso di tempo possibile (l'efficacia delle azioni del governo è testimoniata anche dal fatto che, se quando la crisi si manifestò la preoccupazione maggiore era che l'economia cinese avrebbe potuto rallentare troppo, due anni dopo il timore era, paradossalmente, che l'economia stesse andando fin troppo bene, che si stesse letteralmente "surriscaldando") dall'altra, la sua classe imprenditoriale, più dinamica, eterogenea, elastica e vivace di quanto molti osservatori occidentali potessero sospettare, ha sfruttato la crisi per fare un salto di qualità. Il nuovo Regno di Mezzo ha dunque, in sostanza, visto nella crisi un'opportunità, come suggerisce lo stesso antico adagio.

Questa rapidissima panoramica degli effetti della crisi del 2008 serve allora ad illustrare come il nuovo Regno di Mezzo non solo abbia saputo contenere i danni e gli effetti deleteri, ma come abbia sfruttato la nuova situazione indirizzando in maniera più attenta le sue risorse e i suoi investimenti.

Da un punto di vista più generale, inoltre, alcuni osservatori internazionali hanno visto proprio in questa crisi economico-finanziaria non solo un'ulteriore prova della diminuzione dello status di potenza egemonica degli Stati Uniti, ma anche un vero e proprio impoverimento e depotenziamento dei valori occidentali nei confronti del resto del mondo. C'è chi ha osservato che sarà molto difficile in futuro per un paese come gli Stati Uniti parlare ancora "impudentemente" in favore delle sue idee di libero mercato, se il suo stesso mercato è collassato seguendo quegli stessi valori.

Tra i vari esempi che si potrebbero citare in proposito risultano molto significative le parole del noto filosofo della politica John Gray il quale, vedendo nella crisi finanziaria e in generale nella diminuzione dell'influenza degli USA e dell'occidente sul resto del mondo un nuovo capitolo nella storia umana, affermava sul periodico *The Observer*: «*Here is a historic geopolitical shift, in which the balance of power in the world is being altered irrevocably. The era of American global leadership, reaching back to the Second World War is over. [...] The American free-market creed has self-destructed while countries that retained overall control of markets have been vindicated. [...] In a change as far-reaching in its implications as the fall of the Soviet Union, an entire model of government and the economy has collapsed. [...] How symbolic that Chinese astronauts take a spacewalk while the US Treasury Secretary is on his knees.*[ci]»

Dall'alto del palco che domina piazza Tiananmen, accompagnato dai leaders del politburo, architetti del nuovo Regno di Mezzo, Hu Jintao, a sessanta anni dalla nascita dello Stato cinese, sa bene di stare parlando alla nazione sulla quale gli occhi di un occidente scosso e insicuro e quelli di un'Asia crescente e consapevole sono attentamente puntati.

Essere o Non Essere Drago. Nel suo discorso in occasione del sessantesimo anniversario della fondazione della Repubblica Popolare Hu Jintao andò avanti parlando anche di sviluppo scientifico, apertura del paese al resto del mondo, sicurezza del popolo cinese di poter costruire il proprio paese, armonia sociale e di bisogno di migliorare sotto tutti gli aspetti la vita dei cittadini.

La Cina Alfa veniva così dipinta al resto del mondo: candida e immacolata, una nazione pacifica e laboriosa che cerca la pace e costruisce un futuro sereno nel quale le successive generazioni possano vivere e prosperare.

Non un accenno ai circa dieci milioni di cinesi affetti da HIV resi dei paria e lasciati morire dalle autorità provinciali per evitare problematiche ripercussioni sugli affari, al traffico di droga e del gioco d'azzardo crescenti come non mai sotto gli sguardi vigili degli ufficiali locali che governano la nazione *"seguendo le regole della virtù"*, alla prostituzione forzata a cui sono costrette decine di migliaia di ragazze cinesi nei molti "karaoke" sparsi per la Cina se vogliono mangiare e sostenere economicamente la propria famiglia. Neanche una parola sull'odio tra etnie che ha provocato nell'armoniosa società cinese sanguinose rivolte interne, come quella tibetana nel 2008 e quella uiguri l'anno dopo; ai 750.000 cinesi che la Banca Mondiale ha stimato essere morti prematuramente a metà di questo decennio a causa di un inquinamento senza pari sul pianeta o ai 106.000 ufficiali colpevoli di corruzione nel 2009, aumentati del 2,5% rispetto solo all'anno precedente[cii]. Silenzio sulla vampata di odio e intolleranza dal sapore di cieco nazionalismo a cui la pacifica e amichevole società cinese è soggetta quando vengono urtati i sentimenti "patriottici" di molti dei suoi più irascibili abitanti o, ancora, sull'esercito sempre crescente di pensionati e persone in età avanzata abbandonati al loro destino, che non hanno nessuno che si curi di loro grazie anche alla politica di un solo figlio la quale è vista e descritta in molte analisi demografiche come una bomba ad orologeria pronta ad esplodere[*].

Non un accenno, insomma, ai molti ed inevitabili rovesci della medaglia, alle zone d'ombra che ottenebrano porzioni sempre più consistenti della società cinese, alle limitazioni

---

[*]Per un'analisi approfondita dei possibili effetti futuri della politica di un solo figlio nella società cinese si rimanda al saggio di Nicholas Eberstadt, *"Will China (continue to) rise?"* compreso nella raccolta di saggi intitolata: *"The Rise of China: Essays on the Future Competition"* pubblicata nel 2009 da Encounter Books.
Xi Jinping, il nuovo leader succeduto a Hu Jintao, ha annunciato di voler rivedere questa controversa politica in occasione del terzo meeting del Comitato Centrale svoltosi nel novembre del 2013.

sempre più visibili in un sistema di governo che lascia milioni di persone indietro, senza fermarsi ad aspettare, scandendo i suoi ritmi secondo canoni rigidi e costruiti a tavolino, calcolati affinché si adeguino al mantra di progresso ad ogni costo che è la legge principale dell'onnipresente e indiscutibile partito unico.

In una società come questa, costruita secondo un'immagine ideale precisa e definita, non c'è posto per visioni che siano ritenute non salutari o inappropriate, discordanti dal campione prescelto, diverse o dissonanti. Non è permessa alcuna Cina Omega che scalfisca o adombri quella Alfa, che distragga gli architetti del progresso dalla meta tanto agognata.

In un clima come questo, dove gli equilibri dei poteri sono tenuti in piedi da una sottile ragnatela di cristallo, il governo può consentire solo cambiamenti "cosmetici" ma non "genetici", che riguardino la forma ma che non alterino troppo la sostanza delle cose. Eppure non sono pochi gli osservatori certi che molti dei cambiamenti di cui la Repubblica Popolare avrebbe bisogno per rimediare ai suoi molti scompensi necessiterebbero proprio di stravolgere l'amministrazione, la società, la giustizia e certamente la politica cinese, che vadano cioè ben oltre la superficie e arrivino al cuore dei problemi.

Non si può rimediare al cancro della corruzione, c'è chi argomenta, mettendo agli arresti alcuni ufficiali quando le stesse forze dell'ordine che mettono le manette accettano ogni giorno tangenti e favori, oppure rimediare al dilagante problema ambientale mettendo un filtro ad alcune bocche di scolo e, similmente, un sistema di welfare che miri a ridurre il gap economico fra le diverse fasce della popolazione, a rendere la sanità e l'educazione accessibili a più persone possibili, potrà essere davvero efficace solo se ci sarà una volontà politica disposta a rischiare qualcosa per renderlo effettivamente funzionante e non solamente un'elaborata messa in scena.

Seguendo queste premesse un dubbio amletico sembra allora affliggere i governanti della nazione più popolosa della Terra. Un problema che riguarda l'identità ed insieme l'esistenza stessa del nuovo Regno di Mezzo. È il problema di agire senza toccare, di rimediare senza cambiare, di capire senza sapere osservare. È una situazione in cui tutte le nazioni del mondo si sono trovate prima o poi ad un certo punto del loro percorso; la questione che riguarda la strada giusta da prendere per continuare il viaggio, il modo giusto per sopravvivere e portare avanti la propria cultura, il proprio popolo, la propria storia.

È nel vasto complesso di Zhongnanhai, dove i cuori della politica cinese risiedono, che le domande più importanti sul futuro di questo paese vengono fatte e per dare ad esse risposte si guarda alla società, ai suoi bisogni, e si cerca di intuire con i mezzi a disposizione la soluzione che sembra essere la più giusta o, almeno, la meno sbagliata.

I leaders cinesi hanno già dimostrato più volte di saper capire la propria società e la propria gente molto meglio di quanto gli occidentali credessero possibile e sono riusciti a sopravvivere e a prosperare in un clima quasi mai favorevole. Hanno insomma mostrato una capacità di adattarsi ai tempi, di dare le giuste risposte nel momento più adatto, e lo hanno saputo fare in più occasioni. Risolvere le numerose contraddizioni, le lacune, gli scompensi e, più in generale, dare nuove risposte alle esigenze della società in più rapido mutamento sulla faccia della Terra non è certo compito facile.

Consci come non mai delle problematiche da affrontare importanti leaders della nazione asiatica hanno più volte messo alla luce le deficienze più gravi che si manifestano nel loro paese. Lo stesso premier Wen Jiabao, in un importante quanto sponsorizzato discorso all'inizio della nuova sessione parlamentare, ha affermato nel marzo del 2010 che i benefici della crescita economica devono essere distribuiti in maniera più giusta e che la riduzione del gap tra ricchi e poveri rimane la priorità del governo: *"non faremo soltanto in modo che la 'torta' del benessere sociale diventi più grande sviluppando l'economia, faremo anche in modo che venga distribuita meglio"*, e ancora *:"[noi] rovesceremo con risolutezza la sempre crescente distanza fra i redditi*[ciii]*."*

Solo il tempo potrà dire se le nuove generazioni al comando del dragone cinese troveranno effettivamente la risposta al capitale punto interrogativo che divide sempre di più un paese ormai parcellizzato ed eterogeneo come pochi altri al mondo, in cui le diverse parti si guardano e si scoprono sconosciute, aliene in un paesaggio comune, oscillanti e in equilibrio precario dove, ai margini dell'Alfa e dell'Omega, c'è il burrone senza fine del disfacimento e della perdizione.

La Cina a Bordo di un Treno. È il primo gennaio del 2004 quando a Shanghai viene scritta una nuova pagina nella storia dei trasporti su rotaia. Quello stesso giorno viene inaugurato il primo treno a levitazione magnetica a servizio commerciale nella storia del genere umano.

La costruzione della guidovia sulla quale il treno avrebbe viaggiato ebbe inizio nel marzo del 2001, quando il governo cinese decise di investire 10 miliardi di renminbi (circa 1,33 miliardi di dollari all'epoca) nel futuristico progetto di trasporto civile basato su tecnologia tedesca. Per lo stesso governo tedesco, i cui ingegneri avevano ideato il progetto, l'idea di un treno a levitazione magnetica di tipo transrapid che avrebbe collegato l'aeroporto internazionale di Pudong con la città di Shanghai attraverso una guidovia lunga trenta chilometri era fin troppo costoso e rischioso. Ma non per i cinesi. Essi, infatti, vedevano il progetto come un vero e proprio investimento sul futuro.

Il Treno Maglev di Shanghai, o più semplicemente lo Shanghai Transrapid, è un veicolo a propulsione magnetica sospeso sopra una rotaia, o guidovia. Può raggiungere velocità di oltre 500 km/h sempre mantenendo una certa distanza dalla guidovia rimanendo, di fatto, sospeso nell'aria. Questo mezzo di trasporto non ha macchinisti e, potendo effettuare spostamenti extraurbani a velocità superiori a quelle di una vettura di Formula 1, combina la rapidità di un aereo con la comodità di un treno. Il Maglev, inoltre, non trasporta carburante (non dipende dal petrolio), è "environmentally friendly" e, per come è costruito, è quasi impossibile che deragli.

Lo Shanghai Transrapid rappresenta a tutti gli effetti un nuovo standard di trasporto di terra ad alta velocità. Al treno occorrono appena sette minuti e venti secondi per coprire l'intero tragitto di trenta chilometri tra l'aeroporto internazionale e la città di Shanghai e arriva puntuale il 99,92% delle volte; è dunque preciso al secondo, in ogni corsa.

A dispetto delle incredibili caratteristiche di questo futuristico mezzo di trasporto, della comodità che lo contraddistingue, della rapidità del suo servizio e della inevitabile curiosità che lo avvolge essendo unico nel suo genere, nella prima settimana in cui il transrapid divenne operativo i suoi vagoni erano praticamente vuoti. Su una capienza massima di 440 passeggeri, il treno ne ospitò in media in quel periodo poco più di settanta.

La ragione che spiega questo atteggiamento dei viaggiatori cinesi, apparentemente curioso e contraddittorio, è in realtà molto semplice: il costo del biglietto. Ancora sul finire degli anni Dieci del ventunesimo secolo, nel 2008, un biglietto di sola andata per l'aeroporto costava 50 renminbi mentre uno di andata e ritorno costava ben 80 renminbi. Fin troppo caro per le tasche di molti cinesi.

Dedicare attenzione a questo particolare atteggiamento del consumatore cinese non è un semplice esercizio di retorica, ma una finestra che, come molte altre, permette di capire un fondamentale elemento capace di descrivere con semplicità disarmante una caratteristica tipica della società cinese, ovvero la sua abissale differenza in termini di potere economico tra le diverse fasce della popolazione.

Se il governo, quando lo Shanghai Transrapid venne inaugurato, avesse ipoteticamente ordinato tassativamente a tutti i cinesi di salire sul treno e di pagare il biglietto molti di loro avrebbero dovuto spendere il ricavato di una settimana, se non di un mese, per saldare il conto. Questo perché decine di milioni di abitanti, soprattutto nel centro e nell'ovest della Cina, guadagnavano a stento il costo richiesto dal biglietto del transrapid. E questa è una realtà tutt'oggi.

Lo Shanghai Transrapid rappresenta con "poetico pragmatismo" la storia del paese divenuto la notizia del decennio e racconta ai suoi abitanti molto meglio di qualsiasi indagine statistica, saggio sociopolitico o articolo di giornale la realtà che si cela dietro l'Alfa e l'Omega del dragone.

La Cina, come il treno più rapido del mondo, ha raggiunto una velocità che non ha rivali e può permettersi imprese che molti altri Stati non perderebbero tempo neppure a concepire; può realizzare progetti che ad altri apparirebbero più che altro sogni su carta, può catalizzare l'attenzione su di sé come poche altre notizie potrebbero fare eppure, nonostante ciò, gran parte della sua popolazione non può permettersi il biglietto per salire su un treno.

VI. L'ARMATA DI CONFUCIO

Nell'estate del 1974 alcuni contadini intenti a scavare un pozzo nella provincia cinese di Shaanxi si imbatterono in una statua di terracotta. Superato l'iniziale smarrimento i contadini avvertirono le autorità del ritrovamento e ben presto furono mandati archeologi per investigare sull'accaduto.

Gli studiosi non impiegarono molto tempo per capire di essere davanti a un ritrovamento di inconsueta portata. Nessuno di loro, per la verità, si era mai imbattuto in qualcosa di simile. Quel che inizialmente li impressionò fu senz'altro l'estensione del sito: migliaia di metri quadrati ai quali se ne aggiungevano giorno dopo giorno altri.

Più sorprendente dell'estensione della fossa era però il suo contenuto: migliaia di soldati in assetto da battaglia, carri da guerra e cavalli, tutte statue di terracotta costruite a grandezza naturale. Gli archeologi scoprirono inizialmente solo una parte di questa fossa di cui riuscirono, dopo qualche tempo, a determinare l'estensione (10.000 m²). Nel mese di giugno continuarono i lavori e venne scoperta una seconda fossa più grande e in luglio una terza, più grande ancora. Fu ben chiaro a tutti che si era di fronte ad uno dei siti archeologici più grandi del mondo.

Il monumentale esercito di terracotta era rimasto nascosto per oltre duemila anni. Oggi è risaputo che venne costruito per ordine dell'imperatore Qin Shi Huangdi (primo imperatore della dinastia Qin), il sovrano cinese che unificò la Cina per la prima volta nella storia. Il suo stesso nome è l'indicatore principale del debito che questo paese ha nei suoi confronti.

Qin Shi Huangdi utilizzò circa settecentomila uomini per costruire l'armata di terracotta. Il suo scopo principale nel far costruire l'immane opera era quello di guadagnare l'immortalità e lo stupore delle generazioni a venire e pensò che realizzare una fedele replica dell'armata che unificò la Cina per la prima volta soddisfacesse questo suo desiderio.

Eppure quel che rappresenta oggi il monumentale ritrovamento nella provincia di Shaanxi (non molto distante dalla tomba dell'imperatore Qin stesso) trascende per molti versi questa limitata visione. La scoperta non è solo la testimonianza delle gesta di uno dei più grandi sovrani della storia cinese e neppure una semplice rappresentazione dettagliata della macchina militare cinese, ma è il vero e proprio vessillo che riconduce alle origini dell'odierna nazione del popolo dei "Cento Antichi Nomi".

Oggi, circa duemiladuecento anni dopo la costruzione dell'immane opera, la Cina dispone di un esercito di differente natura e con un differente proposito, un'armata che, sparsa ormai su tutto il globo, è la protagonista principale non dell'unificazione della patria, ma della sua ascesa indiscussa a rango di grande potenza mondiale. I componenti di questo nuovo e sterminato esercito non sono balestrieri, fanti o cavalieri ma minatori, operai, diplomatici, speculatori, emigranti, impresari, politici, ingegneri, azionisti, ristoratori, turisti e venditori di paccottiglia. Questi "soldati di seconda generazione" stanno offrendo al loro paese qualcosa che nessuna guerra è mai riuscita e mai riuscirà a garantire al rampante drago asiatico, vale a dire la sterminata mole di risorse necessaria alla sua sopravvivenza e il fondamentale periodo di stabilità utile per assimilarle e convertirle in tecnologia, infrastrutture, welfare e coscienza politica. Queste donne e uomini di diverse fasce sociali, con scopi ed obiettivi apparentemente diversi e scollegati fra loro, stanno a tutti gli effetti garantendo la sopravvivenza del gigante asiatico alla sua drammatica ascesa economica, evitando che il suo veloce metabolismo lo lasci senza cibo per un lasso fatalmente lungo di tempo.

Ancora, questi cinesi sono una delle cause più importanti dell'ascesa del miracolo asiatico, della sua crescita senza sosta, della sua avanzata politica quanto tecnologica, economica quanto militare e proprio come i militari agli ordini del primo imperatore cinese questi nuovi protagonisti con uno scopo tanto diverso eppure ugualmente necessario saranno riconosciuti nel futuro prossimo come i veri costruttori della potenza cinese nel ventunesimo secolo e, più in generale, come importanti catalizzatori del nuovo mondo che sorge ad oriente.

La seconda causa ugualmente importante dell'ascesa del drago riposa dietro le imponenti e inaccessibili mura del complesso di Zhongnanhai, il luogo che rappresenta il cuore della politica cinese e la dimora degli architetti della "strategia di sopravvivenza" che dovrà garantire al dragone asiatico qualche altro decennio di stabilità sociale mista a crescita economica. Un compito questo arduo come pochi altri e insieme la strategia politica più importante di questo secolo che deciderà se e quando la Repubblica Popolare Cinese (una volta divenuta uno dei centri di potere più importanti nel mondo multipolare) sorpasserà, si affiancherà o si scontrerà con l'ultima grande potenza rimasta sulla Terra: gli Stati Uniti d'America.

SEGNALI DI CONFUCIO NEL MONDO

Oltre il Cortile di Casa. A Luanda, capitale dell'Angola, le navi che trasportano i materiali e le merci più disparate sono ferme al largo perché il porto non riesce a scaricare i cargo abbastanza in fretta. Nella frettolosa città africana si accavallano i mastodontici profili di dozzine di gru in febbrile movimento mentre il vetro, il cemento e l'acciaio sostituiscono giorno dopo giorno il legno marcio e le mura cadenti.

La sanguinosa guerra civile durata tre decenni è ancora presente nella memoria degli abitanti eppure qualcosa di rivoluzionario sta accadendo al povero ma dinamico paese. La Repubblica Popolare Cinese è infatti approdata qualche tempo fa in questo angolo di Africa e il motivo per cui oggi l'Angola può vantare una delle economie in più rapido sviluppo di tutto il continente dipende in gran parte dall'appetito di questo gigante per le materie prime di cui l'Angola è ricco.

Questa è la strana storia di come l'insaziabile dragone asiatico si sia spinto nel continente più povero del pianeta per niente di meno che esigenze di sopravvivenza. Il caso dell'Angola è infatti solamente uno dei tanti esempi disponibili a testimonianza di questo stato di cose: Algeria, Guinea, Nigeria, Camerun, Congo, Sudan, Repubblica democratica del Congo, Zambia, Egitto, Zimbabwe, Sudafrica, questi sono solo alcuni dei paesi africani che hanno ricevuto la visita dell'armata di Confucio e in rapporti politici ed economici più o meno stretti con il gigante dell'est[civ].

Capire il tipo di rapporto che lega l'Africa al nuovo Regno di Mezzo è semplice perché semplici sono le sue premesse: i cinesi offrono manodopera (si è stimato che qualcosa come mezzo milione di cinesi lavorino oggi nel continente), skills, prestiti, tecnologia, costruiscono infrastrutture (aeroporti, ponti, strade, ecc.), ospedali e scuole ed investono pesantemente mentre gli africani contraccambiano esportando petrolio, rame, diamanti, oro, platino, legno, gas e molto altro ancora. Questo rapporto commerciale, sebbene abbastanza recente, sta già dando frutti visibili ben oltre il vecchissimo continente. Ai leaders di Bruxelles e di Washington non sono certo sfuggiti i sei viaggi in Africa fatti tra l'aprile del 2006 e il gennaio del 2008 dal Presidente cinese Hu Jintao, dal primo ministro Wen Jiabao e dal ministro degli esteri Li Zhaoxing (sostituito poi da Yang Jiechi). In totale trentuno paesi africani visitati in venti mesi, più di quanto il Presidente nordamericano George Bush Jr. abbia mai fatto nell'arco dei suoi due mandati.

C'è dell'altro. Non sono solo gli investitori, gli industriali, i minatori e gli ingegneri cinesi gli unici "soldati" sbarcati in Africa protagonisti di quella che, piuttosto ingenuamente, viene dipinta in gran parte dell'occidente come la "colonizzazione cinese dell'Africa". I politici cinesi, infatti, oltre a viaggiare e stipulare contratti commerciali, hanno instaurato forti e duraturi legami politici con il continente africano, stato di cose questo testimoniato dal sempre più rilevante e seguito Forum on China-Africa Cooperation (FOCAC), un importante meeting che si ripropone ogni tre anni per discutere, regolare ed incoraggiare i rapporti politici ed economici tra l'Africa e la Cina.

Questo rapido accenno dell'influenza crescente della Repubblica Popolare Cinese nel vecchissimo continente non è che un singolo esempio paradigmatico della più vasta influenza del paese asiatico nel mondo intero. Come già è stato accennato in precedenza, i bisogni sempre crescenti di Beijing sono sufficienti, ad esempio, a fare aprire schiere di miniere in Australia, paese questo che, incredibilmente, ha accusato gli effetti della crisi economico-finanziaria del 2008 in maniera blanda e limitata rispetto ad altri paesi occidentali proprio grazie all'appetito del suo potente vicino per le sue risorse. E proprio l'Australia è forse uno dei paesi più euforici riguardo la drammatica ascesa economica dello Juggernaut cinese. Come faceva notare tempo fa il giornalista e scrittore Ted C. Fishman, autore del best seller *China, Inc.*, vale la pena notare che la Cina e l'Australia ormai da anni sono reciprocamente legate da una moltitudine di contratti e patti commerciali di varia natura, la maggior parte dei quali volti soprattutto a garantire al dragone il gas e il carbone di cui ha urgentemente bisogno[cv]. Fishman faceva presente a questo proposito come gli australiani, più che smaniosi di mostrare ai cinesi l'importanza del loro rapporto commerciale, nella visita di Hu Jintao dell'ottobre 2003 avevano fatto più o meno di tutto per ingraziarsi i favori del ricco cliente asiatico: ovazioni ed elogi quando Hu parlò nel parlamento a Canberra, discorsi più che lusinghieri di molti politici nei confronti del Presidente cinese senza contare la buona pubblicità che la stampa diede all'evento.

All'opposto, durante la visita del Presidente George Bush Jr. (che era stato in Australia il giorno prima) egli venne interrotto continuamente nel parlamento, decisamente non ben visto dalla stampa e il massimo "tributo" che i politici australiani diedero all'uomo più potente del mondo fu quando gli fu offerto un barbecue con qualche star dello sport e un pugno di uomini d'affari conservatori[cvi].

Parlando dei sempre crescenti appetiti della Cina non può ovviamente essere trascurato di citare il bacino dal quale il dragone attinge maggiormente per saziare la sua sete di petrolio, vale a dire il Medio Oriente. Paesi come l'Iran e l'Arabia Saudita sono tra i suoi più grandi fornitori di greggio. Più in particolare l'Arabia Saudita è il più grande esportatore di petrolio verso la Cina del Medio Oriente e dal 2005 al 2009 il volume di scambi tra i due paesi è niente meno che raddoppiato. Circa sessanta compagnie cinesi operano nel ricco paese arabo e qualcosa come quindicimila cinesi lavorano entro i suoi confini. Sarà proprio una di queste compagnie, la China Railway Construction Corporation, a costruire una ferrovia che collegherà la Mecca alla Medina accorciando il viaggio tra le due città sacre da circa cinque ore a solo mezz'ora. La linea ferroviaria avrà una capacità di trasporto di cinque milioni di pellegrini all'anno e per il disturbo i cinesi incasseranno oltre un miliardo e mezzo di dollari[cvii].

Ben più che un accenno meriterebbero poi i miliardi di dollari di investimenti dei cinesi in America Latina, i legami sempre crescenti con il Venezuela, l'Argentina, il Perù, il Cile, il Paraguay, l'Uruguay e soprattutto il Brasile, (la potenza emergente sudamericana), il volume di scambi impressionante tra i paesi sudamericani e il gigante asiatico, cresciuto notevolmente negli ultimi anni: nel 2000 l'ammontare totale del commercio cinese con la regione sudamericana ammontava a circa 10 miliardi di dollari; nel 2010 aveva superato i 100 miliardi di dollari[cviii].

Senza soffermarsi sulla moltitudine di viaggi che i leaders cinesi compiono nel continente sudamericano ogni anno basti osservare come la Cina non abbia paura neppure di invadere con velocità e decisione persino il "cortile di casa" della potenza nordamericana quando si tratta di provvedere ai suoi urgenti bisogni. Ormai da diversi anni "distratta" ed indebolita dai dispendiosi conflitti che gli USA si sono procurati in Afghanistan e in Iraq e assorbita dalla guerra al terrorismo, l'amministrazione Bush ha dovuto assistere impotente all'arrivo del concorrente asiatico che stipulava contratti, concedeva prestiti e irretiva i leaders sudamericani che in cambio concedevano ben volentieri petrolio, legname, zinco, rame, semi di soia ed oro.

Mentre un sorridente Hu Jintao appare accanto a praticamente tutti i maggiori leaders latino americani è sempre più facile leggere (fra le righe), negli articoli e nei saggi dei commentatori più attenti e tra una "mezza" parola e l'altra dei politici nordamericani più conservatori qualcosa del genere: *"ecco come la defunta dottrina Monroe viene sepolta dalla falce e dal martello*."*

Quelli illustrati poc'anzi sono solo alcuni dei vistosi segnali di come il paese asiatico, casa di Confucio, stia espandendo le sue mire in tutto il globo. Di come sempre più rappresentanti del popolo dei "Cento Antichi Nomi" stiano viaggiando come mai avevano fatto prima nella loro storia per un'esigenza fortemente sentita quanto indispensabile per il futuro della loro nazione.

La Repubblica Popolare Cinese in Asia. "Ni hao! Ni ha-o!". Un gruppo di dipendenti giapponesi ripete all'unisono il saluto cinese sotto gli occhi vigili del proprio caporeparto. Per più e più volte il gruppo viene invitato a ripetere la frase: la pronuncia non è delle migliori e probabilmente pochi cinesi capirebbero immediatamente il tentativo di saluto che con così tanto impegno i loro vicino asiatici si stanno sforzando di memorizzare ma le cose cambieranno presto, molto presto. In poco tempo ognuno di questi zelanti dipendenti saprà come salutare un cinese, congedarsi da lui e più in generale offrirgli la propria assistenza.

Ormai risulta sempre più frequente sentire nei ristoranti, nei centri commerciali, negli hotel e negli aeroporti delle maggiori città del Giappone frasi di benvenuto in mandarino quando non in cantonese. Questa tendenza è la risposta naturale ad una situazione che solo qualche anno fa sarebbe stata inimmaginabile.

Un vero e proprio esercito di turisti cinesi sta cominciando a riversarsi nel vicino Giappone: famiglie, uomini d'affari, singles,

---

*Come è ben noto la dottrina Monroe introdotta nel dicembre del 1823 era rivolta ai soli paesi europei. Con il tempo, tuttavia, questo termine assunse una connotazione differente e in particolare nel periodo della guerra fredda si utilizzava per alludere alla "minaccia comunista" specialmente dopo la rivoluzione cubana che stabilì un governo socialista alleato di Mosca all'Avana. Oggi un concetto del genere perde gran parte del suo significato originario ma ha avuto fortuna in articoli e saggi quando viene utilizzato per esprimere gli interessi esclusivi che la potenza nordamericana ritiene avere su tutto il continente americano.

coppie, gente qualunque della media borghesia che ha beneficiato degli oltre trenta anni di crescita economica ora viaggia in massa in Giappone per comprare gli oggetti più disparati, dagli ultimi ritrovati della tecnologia della Sony fino alle borse firmate Gucci ed insieme per visitare i luoghi più caratteristici e sponsorizzati di questo paese carico di fascino e tradizioni.

Questa nuova tendenza è stata vista, tranne in rari casi, come poco più di una curiosità nel mondo occidentale ed è stata riportata proprio sotto questa veste (quando ha avuto la fortuna di essere riportata) dai media di questa parte del mondo.

Il fatto è che per comprendere almeno superficialmente un evento di questa portata occorrerebbe avere ben altre fonti ed informazioni a propria disposizione. Alcune di queste sono rappresentate e riportate da canali satellitari come NHK World (un servizio televisivo giapponese diretto agli ascoltatori di oltremare) oppure CCTV-9 (uno dei sedici canali della Televisione Centrale Cinese) oltre agli innumerevoli giornali di entrambi i paesi asiatici consultabili gratuitamente on-line in lingua inglese.

È infatti ascoltando e leggendo notizie riguardanti l'Asia da una prospettiva asiatica che le importanti implicazioni di un evento molto spesso sottovalutato in occidente mostrano la loro parte davvero significativa.

Appena trenta anni fa, quando le riforme economiche inaugurate da Deng Xiaoping erano un progetto appena agli inizi, l'immagine di un uomo d'affari cinese che si reca a Tokyo per comprare un orologio Rolex da 4.000 dollari o di un gruppo di giovani adolescenti di Shanghai che ad Osaka vanno vicino allo svaligiare un negozio di moda italiano con le loro carte di credito non avrebbe sfigurato in un racconto di fantascienza. Oggi questa è una realtà quotidiana.

Vale inoltre la pena aggiungere che la volontà di spendere dell'armata di turisti cinesi non ha implicazioni semplicemente economiche ma anche politiche.

Per adattarsi a questa nuova situazione il governo giapponese sta infatti ripensando completamente la sua politica riguardante il turismo. Uno dei più importanti effetti di questo nuovo stato di cose è senza dubbio la concessione ad una rosa sempre maggiore di cinesi della possibilità di viaggiare in Giappone, consentendo così con più facilità ai vicini asiatici di spendere oltre che di visitare l'antico Impero del Sol Levante. Cartelloni pubblicitari, spot televisivi, annunci sul giornale e su magazine vari vengono pagati dal governo giapponese e trasmessi in Cina per invogliare i suoi abitanti a visitare il paese. Non è un segreto per nessuno la speranza manifesta delle agenzie di turismo giapponesi di raggiungere sei milioni di turisti cinesi all'anno nel 2016[cix].

Guardare a particolari come questi per raccontare il lungo e travagliato percorso che ha compiuto e sta compiendo la Cina sulla strada che la porterà a diventare uno dei centri di potere più importanti del pianeta non è un vano esercizio di retorica.

Le vie dello shopping delle più grandi ed avanzate città giapponesi raccontano una parte non trascurabile di questa storia e suggeriscono lo "shift" di benessere che la popolazione del paese asiatico sta lentamente ma inesorabilmente sperimentando.

L'altra parte della storia è raccontata dalla strategia dei politici cinesi che grazie al sempre crescente "soft power" di cui dispongono possono plasmare con sempre maggiore facilità le relazioni con i vicini paesi asiatici.

Relazioni come quelle che la Repubblica Popolare Cinese sta coltivando da anni con il vicino Turkmenistan e che hanno già portato ad importantissimi risultati.

Il Turkmenistan, paese ricchissimo di gas, ha infatti permesso alla China National Petroleum Corporation di costruire un gasdotto di 1.800 km che attraverserà l'Uzbekistan e il Kazakistan fino ad arrivare nella provincia cinese dello Xinjiang. Ci si aspetta che questo gasdotto, quando sarà pienamente operativo, trasporterà qualcosa come 40 miliardi di metri cubi di gas all'anno (il che equivale a circa la metà dell'attuale richiesta cinese di questa particolare risorsa[cx]).

Quello che appare solo come un accordo di natura commerciale ha anche implicazioni politiche. La Cina, con un successo come quello riportato in Turkmenistan, non dimostra solamente di avere la capacità di costruire grandi opere e la volontà di perseguire il suo obiettivo di crescita accelerata ma rende palese come la sua influenza possa permettere ai piccoli paesi dell'Asia centrale di contare sempre di meno su potenze a cui erano storicamente legate, come la Russia, e diversificare i loro rapporti con quello che oggi vedono sempre di più come il loro potenziale cliente principale.

Potrebbe esserci chi si chieda a questo punto se una simile ascesa del gigante asiatico impensierisca i leaders della vicina ex superpotenza sovietica, dopotutto ancora una grande potenza militare degna di considerazione con profondi interessi commerciali con i paesi con i quali Beijing sta coltivando legami sempre più stretti.

Dubbi come questi possono forse essere dissipati dal tintinnio dei bicchieri colmi di champagne che il premier russo Vladimir Putin e il suo omologo cinese Wen Jiabao hanno sorseggiato per festeggiare in amichevole spirito di collaborazione la moltitudine di accordi firmati a Beijing sul finire del 2009, tra i quali spicca un'intesa tra la Gazprom e la già nominata China National Petroleum Corporation che garantirà uno scambio di 70 miliardi di metri cubi di gas all'anno in cambio di generosi prestiti.

Abbandonato il reciproco astio che i due paesi nutrivano ormai diversi decenni orsono il premier Putin ha forse meglio di tutti sintetizzato le odierne relazioni fra le due nazioni asiatiche definendole *"mai così buone"*[cxi].

Al di là dei soli rapporti bilaterali della Cina con il resto dei paesi asiatici, anche nelle organizzazioni regionali asiatiche più rilevanti il dragone riveste ormai un ruolo da protagonista.

La Cina, infatti, è membro nonché co-fondatore della Shanghai Cooperation Organization (SCO), un organismo intergovernativo che comprende anche altri cinque Stati membri: Russia, Kazakistan, Kirghizistan, Tagikistan e Uzbekistan. La carta di questo gruppo, firmata nel 1996 (nel giugno del 2001 a Shanghai venne stilata la Dichiarazione della Organizzazione di Shanghai per la Cooperazione) dichiara solennemente di volere combattere il "terrorismo, il separatismo e l'estremismo". Grazie al sostegno e alla solerzia della Cina la SCO è divenuta una delle organizzazioni asiatiche più istituzionalizzate e strutturate al mondo: prevede esercitazioni militari congiunte, cooperazione economica e culturale, scambio di informazioni e sostegno reciproco nello sradicare le minacce all'integrità del proprio territorio. Non sono pochi gli osservatori occidentali che, puntando il dito contro la SCO, la accusano di essere la versione asiatica della NATO, progettata e pensata per controbilanciare l'influenza militare occidentale. I paesi membri della SCO si sono sempre limitati a rispondere che non è questo lo scopo dell'organizzazione.

Nel 2010 la SCO ha approvato la procedura per ammettere nuovi paesi membri. I futuri candidati più probabili (già "membri osservatori" ufficiali di questa organizzazione) sono attualmente l'India, la Mongolia, il Pakistan e l'Iran, quest'ultimo forse più entusiasta di tutti gli altri di far parte della crescente organizzazione asiatica. Gli USA hanno fatto richiesta di entrare nella SCO ma senza successo.

La sempre maggiore rilevanza e visibilità della SCO non preoccupa solo gli occidentali ma anche paesi asiatici tradizionalmente sospettosi della crescente influenza cinese in Asia. Come disse un alto funzionario giapponese al riguardo: "*la SCO sta diventando un blocco rivale dell'alleanza statunitense. Non condivide i nostri valori. La stiamo osservando molto da vicino*[cxii]."

La Cina ha poi una forte influenza sul più antico e importante forum multilaterale esistente in Asia, vale a dire l'ASEAN (Association of Southeast Asian Nations).

Canzonata da molti occidentali come poco più che una farsa e ritenuta da una nutrita schiera di addetti ai lavori "*big on words and short on action*"[cxiii] l'ASEAN ha in realtà oltre quaranta anni di storia (venne fondata nell'agosto del 1967), una propria bandiera, un emblema, un motto (One Vision, One Identity, One Community) ed è formata da dieci Stati del Sud-est asiatico (Indonesia, Malesia, Filippine, Singapore, Thailandia, Brunei, Burma, Cambogia, Laos e Vietnam) che sono la casa di quasi seicento milioni di persone.

Lo scopo dichiarato di questa organizzazione economica, politica e culturale è l'accelerazione della crescita economica dei suoi paesi membri congiunta al progresso sociale, alla stabilità politica e al mantenimento della pace.

Per tutti coloro che tentano di forzare iperbolici paralleli tra l'Asia e l'Europa l'ASEAN dovrebbe rappresentare una specie di Unione Europea mal riuscita, con scarse capacità di incidere sulla politica dei propri paesi membri, limitati poteri decisionali e in generale un'importanza puramente di facciata.

Chiaramente, e per quanto sia oltremodo superfluo sottolinearlo, l'Asia non è l'Europa e parallelamente l'ASEAN non ha niente a che vedere con l'Unione Europea[*].

Al di là di queste precisazioni, è utile ricordare come la Cina segua da vicino e sia interessata oltre che coinvolta in molte delle iniziative facenti capo l'ASEAN, basti sottolineare a questo proposito la partecipazione della Repubblica Popolare all'ASEAN Plus Three (ovvero ASEAN più Cina, Giappone e Corea del Sud), un altro importante forum creato per favorire la cooperazione fra i paesi dell'ASEAN e le tre grandi economie asiatiche.

È giusto infine precisare che i legami tra la Cina e l'ASEAN non sono solo di natura politica. All'inizio del 2010 veniva instaurata un'area di libero commercio fra sei paesi dell'ASEAN e la Cina con lo scopo di eliminare le tariffe sui beni importati del 90%. In termini di popolazione questa nuova area commerciale è la più popolosa del pianeta, con circa 1.9 miliardi di persone coinvolte ed è formata da alcune delle economie in più rapida espansione sulla faccia della Terra.

Per dare una vaga idea del dinamismo di questa regione basti sottolineare inoltre come la WTO abbia stimato che nel solo 2010 diventarono operativi qualcosa come 400 accordi commerciali regionali e bilaterali tra vari paesi in diverse aree dell'Asia che si affaccia sul Pacifico[cxiv].

Influenza Globale. Quando il celebre giornalista nordamericano Robert Warren "Bob" Woodruff decise qualche tempo fa di girare un documentario riguardante l'influenza globale della Repubblica Popolare Cinese l'idea di base era che si sarebbe potuto fare senza neppure mettere piede in Cina, perché l'impronta cinese era ben visibile dappertutto nel

---

[*]Per tutti coloro che volessero approfondire il ruolo e la storia dell'ASEAN si rimanda all'interessante lavoro di Gary J. Schmitt "*Facing Realities. Multilateralism for the Asia-Pacific Century*" compreso nella raccolta di saggi intitolata "*The Rise of China: Essays on the Future Competition*" pubblicata nel 2009 da Encounter Books.

mondo.

Woodruff decise così di visitare tre paesi dove riteneva che l'influenza cinese fosse particolarmente significativa: l'Angola, il Brasile e la Cambogia. Raccontando la storia di tre paesi totalmente diversi tra loro, situati in tre continenti a migliaia e migliaia di chilometri di distanza l'uno dall'altro poteva essere illustrata, secondo lui, la storia "in progress" più significativa del ventunesimo secolo.

Come giornalista, tuttavia, Woodruff non seppe resistere alla tentazione di andare personalmente in Cina per constatare che tipo di cambiamenti stavano accadendo lì, così decise di viaggiare anche nella nazione del popolo dei "Cento Antichi Nomi".

Woodruff era già stato più volte in Cina e sul finire degli anni Ottanta, prima del massacro di Beijing, aveva anche insegnato legge nella capitale cinese. Era successivamente ritornato diverse volte come giornalista nella nazione asiatica, sperimentando ogni volta un forte senso di stupore constatando di trovarsi sempre e comunque di fronte ad un paese che cambiava radicalmente anno dopo anno. Una volta giunto a Beijing, tuttavia, nulla avrebbe potuto prepararlo agli ulteriori cambiamenti dei quali fu testimone nell'arco di questa sua ultima visita:

> When we first got to Beijing, I was once again astounded by the changes. For one thing, the city was jammed with cars, and the pollution is striking. There has clearly been a huge change in the sheer numbers of people living there, and the middle class has exploded. Now there are foreigners everywhere, and so much exchange of ideas and culture between China and the West -- from newspapers and magazines to the ubiquitous presence of the Internet.
> The biggest change, really, is the increase in their freedom. What's really surprising is to see that the Chinese people are now achieving through capitalism what Mao thought he would do through

communism -- making their country a real force to
be reckoned with.

Right now we are at a unique moment in history;
we have a chance to watch the world changing. In
the 19th century Britain was the driving power, the
20th century saw the United States took that title,
and now in the 21st century the world watches as
China grows and grows[cxv].

Woodruff, riassumendo in questo modo le conquiste e i
traguardi raggiunti dalla Cina, dimostrò una volta in più il suo
acuto spirito di osservazione e diede un'ulteriore prova non solo
del grande cambiamento che questa nazione sta sperimentando
su sé stessa giorno dopo giorno ma anche e forse soprattutto
della moltitudine di cambiamenti che il mondo intero è
costretto a subire come conseguenza dell'ascesa del colosso
asiatico.

L'AQUILA E IL DRAGONE

La Profezia del Disertore. Samuel David Hawkins nacque
nell'agosto del 1933 in Oklahoma City, nello Stato
dell'Oklahoma, Stati Uniti d'America.

La sua storia è simile a quella di molti altri giovani
nordamericani che combatterono la Guerra di Corea nei primi
anni Cinquanta ma ad un certo punto prende una piega
interessante ed inaspettata.

Il ragazzo dell'Oklahoma si arruolò nell' U.S. Army appena
sedicenne, combatté i nord-coreani e i cinesi ma dopo qualche
tempo, come molti altri compatrioti, venne catturato e fatto
prigioniero dall'Armata Popolare Volontaria cinese.

Negoziati tra le parti in lotta per una sospensione delle
ostilità in Corea erano iniziati già nel 1951 ma per anni
sembrarono trascinarsi senza possibilità di conclusione.

Finalmente nell'estate del 1953 venne firmato l'armistizio
nordamericano-coreano e si stabilì, tra le altre cose, che i

prigionieri di guerra delle due parti sarebbero dovuti essere restituiti ai rispettivi paesi di origine.

Malgrado alcune difficoltà nel rispettare gli accordi (dovute al fatto che su 132.000 sino-coreani catturati dalle forze delle Nazioni Unite in Corea, 48.000 sembravano essere non troppo entusiasti di tornare sotto regimi comunisti[cxvi]) con il tempo la "transazione" dei prigionieri procedette e la maggior parte degli asiatici e degli occidentali catturati furono restituiti al paese natio. Ma non tutti.

Ventidue appartenenti alle forze ONU, infatti, decisero volontariamente di rimanere in Cina dopo la firma del trattato e di non fare immediato ritorno a casa.

Quando i loro paesi vennero a conoscenza di questa incredibile decisione l'appellativo che venne dato loro fu quello di "*defectors*", "*disertori*".

Samuel David Hawkins fu il più giovane di questi "disertori".

Il fatto di essere il più giovane tra coloro che disertarono, tuttavia, non è l'unico né il più importante motivo per cui il nordamericano dell'Oklahoma viene oggi ricordato.

Nel tempo che Hawkins trascorse nella Repubblica Popolare egli studiò politica all'Università Popolare Cinese e più tardi lavorò nella città di Wuhan, capoluogo della provincia di Hubei, come meccanico. Nel giugno del 1956, circa tre anni dopo l'armistizio, Hawkins espresse il desiderio di tornare negli Stati Uniti nel mezzo di un'intervista con un giornalista inglese.

Così nel febbraio del 1957 lasciò la "Cina Rossa" e si diresse verso la britannica Xianggang. Successivamente prese un volo per gli States, destinazione California. Atterrò a Los Angeles il 2 marzo del 1957. In totale spese sette anni lontano da casa, tre dei quali come "disertore". Era chiaro che questo fatto faceva di lui una persona molto particolare. In quel momento, infatti, egli era probabilmente uno dei pochi nordamericani esistenti a poter dire di conoscere davvero la società comunista cinese perché aveva speso parte della sua vita nel paese orientale.

Questa sua particolarità non venne trascurata, né mancò di attirare l'attenzione sul giovane ragazzo dell'Oklahoma.

Qualche mese dopo il suo arrivo negli Stati Uniti Hawkins venne infatti contattato da un'emittente televisiva nordamericana che gli propose un'intervista. Egli accettò e il 23 giugno dello stesso anno si trovò di fronte il noto giornalista Mike Wallace.

La ragione di questa intervista, ovviamente, stava nel tentare di spiegare il perché ai compatrioti della sua "diserzione" e il motivo per cui aveva fatto ritorno negli Stati Uniti. L'origine della sua fama giace proprio in una particolare risposta che diede quel giorno.

Hawkins sapeva bene che più che un'intervista si trovava quel giorno ad affrontare un processo pubblico e Mike Wallace impersonò bene la parte dell'avvocato accusatore.

Il giornalista iniziò quel lontano "processo" rivolgendosi al suo paese:

«Cercheremo di scoprire questa sera, tra le altre cose, perché lui (Hawkins) divenne un disertore e perché tornò a casa quattro mesi fa» disse Wallace rivolgendosi alla telecamera, iniziando in questo modo l'intervista.

Il dialogo tra i due partì subito con alcune domande di "riscaldamento". Hawkins spiegò che era rimasto in Cina per mettere a confronto quello che aveva sentito sulla "Cina Rossa" con quello che effettivamente accadeva nel distante paese. Rimase perché, disse, era una persona incline alla curiosità. Spiegò per un po' il tipo di propaganda socialista in Cina e quello che il governo comunista voleva fare per migliorare la vita dei cinesi.

A questo punto Wallace interruppe Hawkins chiedendo con evidente curiosità: «ma per quale motivo sentiva questo senso di identificazione con loro, il bisogno di conoscerli? Non le era stato detto nulla dai nostri?»

«No» rispose Hawkins.

«Non hanno mai discusso riguardo i cinesi?»

«No.»

«Non le hanno mai detto cosa aspettarsi se fosse stato catturato?»

«Si, mi hanno detto che saremmo stati uccisi.»

A questo punto Wallace decise di incalzare il ragazzo, testare il sangue freddo che aveva dimostrato durante tutta l'intervista. «Ha sentito riguardo i sovietici e cosa hanno fatto in Ungheria?»

«Quella fu la ragione principale che mi fece decidere di tornare negli Stati Uniti» rispose Hawkins guardando negli occhi il giornalista.

«E quando prese questa sua decisione, tornare negli Stati Uniti, la intralciarono? Cercarono di persuaderla a rimanere?»

«No.»

Wallace decise allora di giocare la carta che aveva atteso a sfoderare per tutta la trasmissione ed entrare finalmente nel cuore della questione.

«Possiamo essere sicuri che lei non sia stato mandato indietro qui in qualche modo per lavorare per conto dei cinesi rossi?»

Hawkins questa volta rifletté un po' prima di dare la sua risposta. Poi affermò con decisione: «non lo potreste sapere con sicurezza.»

Silenzio. Dopo qualche secondo Wallace fece riprendere fiato alla conversazione e continuò il confronto domandando se i cinesi credessero nei valori di libertà occidentali. Il ragazzo spiegò dal suo punto di vista le differenze tra i due mondi.

L'intervista era ormai entrata nel vivo e Wallace sentì che era giunto il momento propizio per un'altra domanda "scomoda" a Hawkins.

«Lei crede che gli Stati Uniti dovrebbero riconoscere la Cina Rossa?»

«Personalmente penso dovrebbero» annuì Hawkins.

«Perché?»

«È qualcosa di... enorme» rispose il ragazzo soppesando le parole. «Possiedono un territorio molto vasto, con una popolazione di seicentocinquanta milioni di cinesi. Ed è come... come dire che c'è un grosso elefante di fronte a te e tu dici che non c'è, almeno fino a quando non diventa abbastanza potente da schiacciarti.»

Wallace attese qualche istante, come per metabolizzare le parole del ragazzo. Poi domandò: «lei si aspetta che loro diventeranno abbastanza potenti da schiacciarci?»

Samuel David Hawkins rispose senza alcuna esitazione a questa domanda.

«Non ne ho alcun dubbio.»

C'Era una Volta la "Cina Rossa". 27 luglio 2009. Il quarantaquattresimo Presidente degli Stati Uniti d'America, Barack Obama, davanti alle telecamere che diffonderanno la sua immagine in tutto il mondo, dà il suo benvenuto nella città di Washington al primo U.S.–China Strategic and Economic Dialogue (S&ED).

Seduti alla sua destra stanno il consigliere di Stato della Repubblica Popolare Cinese Dai Bingguo nonché il vice-premier cinese Wang Qishan intenti ad ascoltare il discorso del Presidente statunitense il quale inizia immediatamente presentando questo nuovo meeting ad altissimo livello fra i due paesi come: *"un indispensabile passo avanti per promuovere una relazione positiva, costruttiva e globale tra i nostri paesi".*

Lo S&ED è in realtà molto più di questo: è una vera e propria rivoluzione nei rapporti tra le due maggiori economie del pianeta, il punto di inizio di una nuova partnership tra grandi potenze e la definitiva presa di coscienza che le relazioni economiche e politiche fra la potenza statunitense e il paese asiatico divenuto la notizia più letta del decennio *"plasmeranno il ventunesimo secolo".*

Cinquantadue anni dopo l'intervista al "defector" Samuel David Hawkins la Repubblica Popolare Cinese e gli Stati Uniti d'America hanno completamente stravolto il loro modo di guardarsi reciprocamente.

Se mezzo secolo fa i due paesi escogitavano il metodo più efficace per annientarsi a vicenda dalla faccia della Terra oggi la situazione è esattamente l'opposta: entrambe le grandi potenze augurano all'altra con un sorriso a trentadue denti stabilità politica, crescita economica e sviluppo sociale.

La "Cina Rossa" si è trasformata progressivamente ma inesorabilmente nella necessaria locomotiva dello sviluppo mondiale, nel paese che ha trascinato via dalla povertà centinaia di milioni di individui, nella "nazione responsabile" mentre la "tigre di carta" nordamericana è divenuta l'indispensabile partner economico e l'alleato nella lotta contro il terrorismo e il proliferare della minaccia nucleare.

Se cinquanta anni fa un ragazzo come Hawkins per aver trascorso qualche anno in Cina veniva definito un traditore e accusato di essere una spia (magari sottoposta al "lavaggio del cervello") oggi una ragazza o un ragazzo nordamericani che decidano di partire per studiare il mandarino sono una quotidianità in un mondo in cui, qualcuno ha detto, chiunque abbia meno di venticinque anni dovrebbe imparare a parlare la lingua del popolo dei "Cento Antichi Nomi"[cxvii].

Capire un cambiamento di questa portata non è un compito facile ed implica un'analisi politica ed economica oltre che sociale del periodo che va dal massacro di Beijing fino alle varie crisi politiche che si susseguiranno negli anni Novanta tra la Cina e gli Stati Uniti e che si protrarranno fino all'inizio del nuovo millennio. Ciò è utile se si vuole cercare di comprendere come, al giorno d'oggi, il Presidente degli Stati Uniti d'America, casa della democrazia, dei diritti civili e del pluralismo, parli della Repubblica Popolare Cinese, il più vasto e potente Stato autoritario del pianeta, come il paese con il quale gli Stati Uniti hanno una *"relazione che riflette i sempre più profondi legami fra i nostri popoli."*

La Potenza Responsabile. La Repubblica Popolare Cinese ha una delle linee di frontiera più estese al mondo (circa ventiduemila chilometri di lunghezza) e confina con quattordici differenti Stati. Ciò significa che è il paese con il maggior numero di "vicini" sulla faccia della Terra.

Questa particolare situazione geografica è il motivo principale per cui ogni volta che Deng Xiaoping guardava la cartina della Cina con in mente l'obiettivo di restituirle la sua gloria passata si trovava di fronte ad uno spinoso dilemma: *come fare?*

Nel momento forse più difficile nella storia della Repubblica Popolare, all'inizio degli anni Novanta (dopo il massacro di Beijing), Deng sapeva bene che il suo paese stava vivendo un periodo di turbolenti cambiamenti e di forte instabilità. La Cina era stata resa un paria dal resto del mondo, il politburo cinese pensava che forse era ora di tornare ai metodi di ferreo controllo comunista sia della società che dell'economia, il colosso sovietico nonché baluardo principale del comunismo nel mondo era morto, gli Stati Uniti d'America erano visti come una presenza minacciosa che si stagliava nell'ovest senza contare che neppure il "cortile di casa" cinese poteva definirsi esattamente un'alcova di sicurezza: dei quattordici Stati con cui confinava, la Cina aveva avuto con tre di loro schermaglie più o meno importanti (con la Russia, l'India e il Vietnam) e con la Corea del Sud una vera e propria guerra; la Mongolia, a nord, si fidava dei vecchi padroni cinesi quanto un topo del gatto senza contare le dispute sul controllo di parti estese del mare della Cina (ad ovest e a sud) che il paese aveva con praticamente ognuno dei suoi vicini tra cui il Giappone, il Vietnam, le Filippine e la Corea del Sud. C'era poi l'annosa quanto apparentemente irrisolvibile questione di Taiwan, l'"isola ribelle" che minacciava di dichiarare la sua indipendenza un minuto si e uno no.

Affrontare in modo spregiudicato anche solo una di queste questioni avrebbe potuto significare la fine del partito comunista cinese.

Conscio di queste innumerevoli sfide che si frapponevano al raggiungimento del suo obiettivo finale Deng Xiaoping (assieme ai politici cinesi più lungimiranti) aveva già da diverso tempo escogitato una "strategia di sopravvivenza" che avrebbe dovuto garantire al suo paese l'unica cosa di cui aveva davvero bisogno: tempo.

Deng era infatti oltremodo convinto che la strategia della "porta aperta" e le riforme economiche rappresentassero la strada giusta per garantire al suo paese ciò di cui aveva bisogno ma era anche dolorosamente consapevole che per realizzare ciò la Cina avrebbe avuto bisogno di un clima di tranquillità e di pace duraturo. È seguendo questa convinzione che il piccolo comunista dello Sichuan elaborò quella che sarebbe divenuta famosa come la "keep a low profile strategy", la strategia del mantenere un basso profilo per evitare, per così dire, che le numerose avversità possano tagliare la testa ai progressi.

Deng Xiaoping diede allora le seguenti istruzioni alla intellighenzia cinese dopo la caduta dell'Unione Sovietica: "*tao guang yang hui you suo zuo wei*" che significa, più o meno, "*nascondete le nostre capacità e guadagnate tempo, ma assicuratevi anche che qualche cosa sia fatta*". Questa misteriosa istruzione di Deng non venne mai pubblicata ma fu spesso ripetuta dalle generazioni di leaders cinesi che gli successero.

Cosa significa tutto ciò? Ebbene, per i politici cinesi più accorti, che hanno preso frasi come questa e le hanno trasformate nella loro linea politica, l'avvertimento di Deng significa che finché la Cina non diventerà uno Stato forte e stabile dovrebbe adottare una politica internazionale di basso profilo, evitare di attirare l'attenzione su di sé e soprattutto mai e poi mai far pensare a qualcuno che il suo interesse sia quello di sovvertire lo status quo o di diventare una grande potenza che minacci l'ordine costituito o perfino l'egemonia degli Stati Uniti nel mondo.

A partire da queste considerazioni alcuni dei più "zelanti" osservatori occidentali (ma non solo) hanno ovviamente costruito mirabili storie sulla occulta strategia di Beijing mirante a conquistare nell'arco di poco tempo l'Asia e poi il mondo. Rifacendosi alle criptiche parole di Deng che, se opportunamente decontestualizzate, potrebbero apparire come l'inizio del silenzioso piano di conquista globale della Cina e mettendo sul tavolo (cosa effettivamente appurata) il crescente budget militare di cui dispone la PLA (l'Armata Popolare di Liberazione, *"People's Liberation Army"* nella dicitura inglese), la ricerca forsennata di risorse del gigante asiatico e il sempre crescente patriottismo che sa di nazionalismo a cui sono soggetti numerosi strati della popolazione cinese, non sono pochi gli osservatori che sentono il dovere di avvertire il mondo del pericolo rappresentato dal dragone.

Sfortunatamente per tutti gli osservatori esperti, membri di illustri organizzazioni internazionali, think tank, politici, diplomatici nonché ambasciatori la realtà dietro l'ascesa della Cina è molto meno semplice del monocromo ritratto sopra descritto.

Se la Repubblica Popolare Cinese avesse come scopo manifesto quello di "conquistare il mondo" la sua politica internazionale sarebbe palese e quindi prevedibile: sarebbe la politica baldanzosa, fortemente nazionalista, retorica e sicura che ha caratterizzato ad esempio la Germania di Hitler. Se volesse invece "conquistare il mondo" in modo meno manifesto, come suggeriscono gli amanti della fantapolitica sopra accennati, la sua attuale politica internazionale non avrebbe senso.

La Cina che oggi partecipa a più di cinquanta organizzazioni governative e ad oltre un migliaio di organizzazioni non governative (ONG) è da anni impegnata ad integrarsi nella comunità internazionale in una maniera che forse sarebbe giusto definire maniacale ed è utile sottolineare a questo proposito che integrarsi in questo tipo di "famiglie" significa seguire necessariamente le loro regole. Il sostegno che questo paese rivolge ad istituzioni come la WTO, all'APEC (Asia-Pacific Economic Cooperation) nonché l'interesse a preservare e difendere processi come la globalizzazione o il multilateralismo sono una prova indicativa di questo stato di cose. Ovviamente la Cina non sta facendo ciò per un qualche nobile spirito di sacrificio ma per puro e semplice interesse. Come ha già fatto notare l'attenta osservatrice Susan L. Shirk in proposito, è ovvio che la Cina abbracci la globalizzazione perché ha beneficiato più di ogni altro Stato di questo fenomeno. Ciò detto è utile aggiungere che l'economia cinese ha prosperato nei passati decenni in un clima di pace e di serenità e continuerà a farlo solo se un clima simile si ripeterà nel tempo.

Nel 1982 il governo cinese dichiarò che il suo scopo era di quadruplicare le dimensioni dell'economia cinese per il 2002. Questo obiettivo, ritenuto (per usare un eufemismo) spudoratamente ambizioso, venne raggiunto due anni prima del limite imposto. Nell'arco di poco più di venticinque anni, dal 1978 al 2004, il PIL cinese crebbe in media del 9,5% e se, come è giusto che sia, la crescita del PIL pro capite è ritenuta l'indicatore migliore per valutare non la dimensione di una economia, ma il grado di evoluzione di un sistema economico, è utile aggiungere anche che nello stesso periodo quest'ultimo crebbe in media dell'8% all'anno in Cina[cxviii].

Una situazione di crescita simile, necessaria se la Cina vuole davvero aspirare a far parte della "famiglia" dei paesi cosiddetti sviluppati, non può che continuare in un clima di stabilità e di serenità internazionale.

Le guerre costano, e non solo in termini di vite umane o di perdita di infrastrutture ma anche e soprattutto in termini puramente economici: inflazione galoppante, conversione forzata dell'industria per scopi bellici, annichilimento delle esportazioni, drastica salita delle importazioni sono solo alcune delle conseguenze di un conflitto, specialmente su larga scala e continuato nel tempo, che dovrebbe affrontare chiunque scelga questa dispendiosa strada. La Cina al momento non può permettersi assolutamente nulla del genere.

Gli sforzi del gigante asiatico non sono volti a costruire la sua macchina militare in previsione di una guerra ma, all'opposto e almeno per il momento, ha bisogno dell'identico clima politico che ha garantito per oltre trenta anni quella crescita economica costante e robusta necessaria per la sua sopravvivenza.

Seguendo la direttiva principale del progresso economico ad ogni costo la Cina ha dato concretamente prova della sua necessità di favorire un clima pacifico e disteso quando, tra gli anni '80 e '90 del ventesimo secolo, stabilì (o ri-stabilì) relazioni diplomatiche con Singapore, il Brunei e la Corea del Sud mentre migliorò le relazioni con le Filippine e l'India, normalizzò quelle con la Mongolia, la Russia e il Vietnam oltre, come già è stato accennato, ad iniziare ad allacciare relazioni sempre più strette con paesi come il Kazakistan, l'Uzbekistan, il Kirghizistan, il Tagikistan e il Turkmenistan. Con l'India, in particolare, era stato Deng in persona, già nel 1988, a dichiarare al primo ministro indiano Rajiv Gandhi: *"facciamo in modo che entrambi i nostri popoli dimentichino lo spiacevole periodo nelle nostre relazioni passate e cerchiamo di trattare tutte le questioni con un occhio al futuro"*.

Per quanto riguarda le relazioni con il Giappone andrebbe fatto un discorso che va ben oltre le esigenze espositive di questo lavoro[*], ci si limiterà dunque a far notare come dal periodo della guerra fredda i legami fra le due grandi potenze economiche, nonostante le profonde differenze e un astio che ha radici profonde (il Giappone invase la Cina diverse volte nella sua storia provocando scempi e umiliazioni di cui lo stupro di Nanjing è solo uno degli esempi più paradigmatici), si irrobustirono. Da un punto di vista puramente economico è

---

[*]Per un'analisi più approfondita di una prima fase delle relazioni sino-giapponesi, dagli anni '50 all'inizio degli anni '80 si rimanda al lavoro di Chalmers Johnson, *Japan: Who Governs? The rise of the developmental State*. Per un'analisi più recente si segnala inoltre il sesto capitolo del già citato libro della Shirk, *China: fragile superpower*.

indicativo notare ad esempio come la Cina rappresenti oggi per il Giappone il primo mercato di esportazione (perfino prima degli Stati Uniti).

Per finire, per quanto riguarda l'isola di Taiwan (e per le stesse esigenze espositive sopra descritte) può essere detto che, nonostante la crisi del 1995-96 nello stretto di Taiwan (di cui si parlerà fra breve) e altri episodi simili, i legami economici tra le due parti guadagnarono anno dopo anno spessore e valore e il periodizzante ECFA (Economic Co-operation Framework Agreement) sancito nel 2010 può essere visto senz'altro come uno degli ultimi e più significativi esempi di questo nuovo clima di distensione e di crescente interdipendenza economica[cxix].

La volontà della Cina di essere vista come una "potenza responsabile" dai suoi vicini asiatici è testimoniata anche da discorsi come quelli fatti nel 2004, nel Forum di Boao, da Hu Jintao. In quella che potrebbe essere definita la versione asiatica della conferenza di Davos il Presidente cinese dichiarò: "*noi ricerchiamo una politica che porti l'armonia, la sicurezza e la prosperità ai nostri vicini e ci dedichiamo a rafforzare la reciproca fiducia e cooperazione con i nostri compagni asiatici alleviando le tensioni, e ci prodighiamo per mantenere la pace e la tranquillità in Asia[cxx].*"

La Cina è stata più volte disposta a mostrare con i fatti quanto dichiarato dai suoi politici. Questioni territoriali e di frontiera sono state spesso risolte a vantaggio dei suoi vicini e ancor più spesso sono stati proposti accordi commerciali che beneficiavano di gran lunga l'altra parte e non la Cina anche se erano stati proposti da quest'ultima.

Ancora una volta non bisogna lasciarsi ingannare dalle apparenze. La Cina non è certo mossa da spirito altruistico, è mossa dal semplice interesse di guadagnare pace e stabilità per raggiungere l'obiettivo che si era prefisso Deng Xiaoping.

A conclusione di quanto detto fino ad ora può ben dirsi che la "politica responsabile" in Asia (per la quale la Cina ha dedicato tutta sé stessa negli ultimi anni) ha avuto buon esito. Il "cortile di casa" cinese è oggi più tranquillo di quanto Deng e il politburo cinese avrebbero mai potuto immaginare all'alba degli anni Novanta e una delle poche ragioni che potrebbero minacciare seriamente questo stato di cose è rappresentata dal "compagno nord coreano" che la stessa Beijing si è trovata costretta a dover "riprendere" più volte.

Non sarà facile per il nuovo Regno di Mezzo mantenere questa situazione di stabilità, cooperazione ed amicizia sebbene i politici cinesi si sforzino per l'ovvio tornaconto economico-politico di incoraggiare una situazione simile facendo concessioni, rassicurando gli animi, intessendo sempre più profondi legami commerciali e mantenendo un basso profilo.

È prevedibile secondo molti osservatori che, con l'andare avanti del tempo e con il rafforzarsi progressivo ed inevitabile della Repubblica Popolare, con l'affermarsi della sua crescita economica, militare e il maggiore "soft power" di cui disporranno i suoi politici, qualcosa cambierà progressivamente nel loro modo di guardare l'Asia e il mondo intero. Come è già stato detto un'ipotesi del genere non risulta provata dai fatti nell'immediato ma è senz'altro utile far notare che, con il passare del tempo (quando la Cina avrà abbastanza "potere politico ed economico"), non è affatto impossibile che qualcosa nei suoi atteggiamenti cambi.

Quando e se qualcosa del genere dovesse mai avvenire, c'è chi si augura che i politici cinesi tengano a mente quello che è considerato da molti il testamento politico di Deng Xiaoping. Egli, nel tramonto della sua vita, affermò con decisione: "*la Cina non cerca l'egemonia ora, e non lo farà neppure se diventerà più forte, facciamo in modo che le nostre generazioni future lo ricordino*[cxxi]".

La Potenza Imprevedibile. Il fatto che la Cina stia facendo di tutto per apparire una "potenza responsabile" non significa affatto che si comporterà sempre nello stesso modo e non significa neppure che questo paese non reagirebbe a una minaccia (presunta o meno), che credesse deleteria per il felice raggiungimento dei suoi obiettivi. Ripetuti slogan come "*pace e sviluppo*", "*politica estera non ideologica ma pragmatica*" o "*armonia e crescita sostenibile*" non fanno certo dimenticare ai più attenti osservatori internazionali come esistano alcune particolari questioni rispetto alle quali Beijing non accetta nessun compromesso: proteggere il regime contro qualsiasi minaccia interna (che sia rappresentata da Internet, da un movimento religioso ritenuto sovversivo, dalla rivolta di una particolare etnia, ecc.), evitare possibili secessioni da parte di Taiwan o di una qualche provincia dell'ovest, reagire a qualsiasi tentativo di "contenere" il paese o di screditarlo per quanto riguarda questioni come libertà di espressione e diritti umani e soprattutto garantire la stabilità politica, una modernizzazione diffusa della tecnologia e delle infrastrutture e una capacità militare sempre crescente sono e rimarranno negli anni a venire i dogmi che la leadership di Beijing affiancherà agli altri capisaldi della sua politica, ovvero crescita economica e coesione sociale.

Se dopo questa precisazione la politica internazionale cinese potrebbe risultare un po' "eclettica", simile ad un dado con infinite facce, è perché in fin dei conti è proprio in questo che consiste. Nessuno può prevedere la reazione di questo paese ad una crisi che minacci uno o più capisaldi a cui il partito comunista ha deciso di attenersi perché ritenuti il solo vero motivo per cui, dopotutto, essi ricevono dai propri governati quella parvenza di legittimità che serve per il raggiungimento dei propri obiettivi di sviluppo.

Crisi di questo genere, capaci di cambiare la postura del dragone dell'est, di rivelare il suo spirito combattivo e intollerante e di minacciare la tranquillità internazionale in Asia e nel mondo hanno già avuto modo di verificarsi e, dal punto di vista dei cinesi, a provocarle è sempre stata la maggiore potenza della Terra: gli Stati Uniti d'America.

LA STORIA DEI GIGANTI

La Crisi nello Stretto di Taiwan. Taiwan o Formosa è un'isola di circa 36.000 km^2 di estensione con oltre 23 milioni di abitanti. È situata nell'oceano Pacifico Occidentale, a largo della costa sud-est della Repubblica Popolare Cinese dalla quale è divisa da circa 180 chilometri di oceano. Questo braccio d'acqua dell'oceano Pacifico è chiamato stretto di Taiwan o di Formosa.

Questa piccola porzione del mare cinese orientale è forse una delle zone più "calde" del pianeta, un luogo nel quale è possibile che si verifichi uno scontro militare fra gli Stati Uniti d'America e la Repubblica Popolare Cinese.

L'isola di Taiwan apparteneva alla Cina della dinastia Qing prima che la guerra sino-giapponese del 1894-95 la trasformasse in un dominio dell'Impero giapponese. Persa la seconda guerra mondiale il dominio giapponese sull'isola venne meno e Taiwan passò sotto il controllo del Guomintang, il partito nazionalista cinese. Dopo la guerra civile tra i comunisti di Mao Zedong e i nazionalisti di Jiang Jieshi (risoltasi con la vittoria dei primi) il leader nazionalista decise di radunare i suoi sostenitori e partire per Formosa, dove stabilì la sua Repubblica Cinese. Nonostante diversi tentativi successivi compiuti dall'Armata Popolare di Liberazione per riconquistare l'isola ribelle nessuno di essi ebbe l'esito sperato.

Fino al 1972, l'anno del viaggio del Presidente Nixon nella Repubblica Popolare Cinese, era la Taiwan di Jiang Jieshi ad essere riconosciuta come l'unica "vera" Cina ma, come è già stato illustrato in una parte precedente di questo lavoro, la situazione venne ribaltata quando gli Stati Uniti riconobbero la Cina comunista e le consegnarono il seggio nel Consiglio di sicurezza dell'ONU al posto di Taiwan.

La Repubblica Popolare Cinese ha sempre considerato Taiwan una parte irrinunciabile dei suoi territori e i suoi abitanti dei compatrioti. La maggior parte dei taiwanesi, invece, sembra pensarla in modo diverso. Per molti di loro Taiwan è uno Stato distinto dalla Repubblica Popolare, uno Stato che non vuole e non deve essere parte della potente vicina. Incredibilmente ciò che rende ancor più complessa questa situazione (già di per sé poco chiara) non è ciò che vogliono i cinesi "continentali" e neppure i taiwanesi ma quello che vogliono gli Stati Uniti d'America.

Gli USA riconoscono oggi l'esistenza di una sola Cina e non supportano l'indipendenza di Taiwan ma sono storicamente legati da un atto del Congresso (il famoso "Taiwan Relations Act") che lascia trasparire il sostegno anche militare all'isola e che dichiara espressamente che gli Stati Uniti considereranno *"any effort to determine the future of Taiwan by other than peaceful means, including by boycotts or embargoes, a threat to the peace and security of the Western Pacific area and of grave concern to the United States"*.

Questa situazione intrisa di complessi accordi, di instabili negoziati, di muscoli tesi e comunicati minacciosi ha quasi portato ad un conflitto su vasta scala tra gli Stati Uniti e la Cina comunista nel 1995 e nel 1996: una situazione questa passata alla storia come "crisi dello stretto di Taiwan".

La crisi iniziò come spesso accade: con le migliori intenzioni. Nel gennaio del 1995 il Presidente Jiang Zemin tese la mano alle autorità di Taiwan proponendo loro di discutere sulla questione riguardante la possibile riunificazione dell'isola con la Repubblica Popolare. L'unica condizione che poneva era che Taiwan accettasse il fatto che *"esiste una sola Cina e che Taiwan era parte della Cina"*. Jiang sperava, con Xianggang e Macau che si approssimavano a divenire ufficialmente parte del paese, che Taiwan potesse presto seguirle. Oltre a ciò, ovviamente, non disdegnava il fatto che se i negoziati fossero andati a buon fine il suo nome sarebbe sfavillato sulle pagine dei libri di storia come colui che aveva riunificato definitivamente la Cina, cosa che non era riuscita né a Mao né a Deng. Non pochi membri della PLA e alcuni politici cinesi criticarono l'offerta di Jiang giudicando il tentativo di riavvicinamento come il segnale che la Repubblica Popolare si sbilanciava con una proposta che poteva far apparire debole il paese agli occhi degli statunitensi e delle autorità di Taiwan.

Sei mesi dopo la proposta di Jiang gli Stati Uniti garantivano a Lee Teng-hui (il Presidente di Taiwan fortemente contrario alla politica di una sola Cina e strenuo difensore dell'indipendenza di Taiwan) il lasciapassare per gli USA. Dopo sedici anni veniva concesso ad un rappresentante di alto livello della politica di Taiwan di calpestare il suolo statunitense. Per Jiang Zemin fu come aver ricevuto un pugno in faccia dopo aver abbassato la guardia.

Lee, dal canto suo, non si fece sfuggire l'occasione: parlando alla Cornell University il leader taiwanese sfidò apertamente l'autorità della Repubblica Popolare Cinese riferendosi al suo paese come una nazione sovrana che per la prima volta chiamò *"Repubblica Cinese in Taiwan"*.

La situazione, dopo la visita negli USA del 9 e del 10 giugno di Lee, precipitò rapidamente. I media cinesi accusarono Lee di essere un *"traditore"* che tentava di *"dividere la Cina"*. Ma questo non era che l'inizio. Agli occhi del politburo la Repubblica

Popolare aveva subito uno smacco senza precedenti. Gli Stati Uniti si sarebbero pentiti della loro inaccettabile attitudine nei confronti del tema "una sola Cina".

Sottoposto a forti pressioni a causa del suo approccio morbido riguardo la questione di Taiwan Jiang Zemin fu costretto a fare autocritica e a sostenere la risposta di tipo militare che non veniva solo dalla PLA ma anche da numerosi ideologi del Pcc che la ritenevano l'unica possibile per preservare la sovranità indiscussa del partito.

Dal 21 al 26 luglio la Repubblica Popolare Cinese testò alcuni missili in un'area a soli 60 chilometri a nord delle isole Pengjia e contemporaneamente mobilitò le sue forze nel Fujian. Altri test missilistici vennero effettuati dal 15 al 25 agosto. Seguirono varie esercitazioni navali e simulazioni di assalti anfibi fortemente pubblicizzate dai media cinesi (che per tutta l'estate condannarono aspramente Lee e la sua politica riguardo lo stretto di Taiwan).

Altre esercitazioni militari vennero effettuate nell'ottobre e nel novembre del 1995.

La più impressionante esercitazione avvenne però nel marzo del 1996, alla vigilia delle elezioni per la presidenza a Taiwan nelle quali Lee Teng-hui si era candidato. Era un chiaro avvertimento del governo comunista cinese ai suoi vicini taiwanesi: votare per Lee avrebbe significato gravi ritorsioni.

Gli Stati Uniti d'America non rimasero con le braccia conserte mentre la Repubblica Popolare fletteva i muscoli. Memori del Taiwan Relations Act, e risoluti nel difendere i propri interessi in quella porzione del Pacifico, gli USA risposero alle provocazioni dispiegando nei pressi dello stretto la più amplia forza navale dai tempi della guerra in Vietnam.

Il Presidente Bill Clinton ordinò a diverse navi, inclusa la USS Nimitz, di avvicinarsi[cxxii] (senza attraversarlo), allo stretto di Taiwan.

Paradossalmente le esercitazioni militari della PLA non ebbero l'effetto sperato dal politburo. L'atteggiamento provocatorio della Cina comunista servì solo a ridestare i sentimenti patriottici di molti taiwanesi. Come risultato di ciò Lee Teng-hui vinse le elezioni con un margine sorprendentemente amplio di consensi. L'atteggiamento intimidatorio del partito comunista si rivelò chiaramente controproducente. Come ulteriori conseguenze il Giappone e gli USA rafforzarono la loro alleanza in risposta ad una possibile escalation militare e negli States guadagnarono sostegno coloro a favore della vendita di armi a Taiwan.

A conti fatti, questa crisi diede molto su cui riflettere a tutte le parti coinvolte.

Visti i risultati deludenti la Repubblica Popolare interruppe le operazioni militari con la brutta sensazione di aver lasciato qualcosa di molto importante in sospeso.

Questa crisi aveva dimostrato al politburo e alla PLA fondamentalmente due cose: gli Stati Uniti d'America non si sarebbero fatti problema alcuno ad intervenire con tutta la forza di cui disponevano per difendere quelli che credevano i loro interessi nella regione. Come se non bastasse, i cinesi "continentali" avevano compreso che le esercitazioni militari e le minacce fatte ai vicini taiwanesi non avevano sortito l'effetto desiderato ma, al contrario, avevano unito ancora di più gli abitanti dell'isola sotto la bandiera di Lee Teng-hui (che continuerà per diverso tempo a difendere l'idea dell'indipendenza di Taiwan).

Lee e i suoi sostenitori, d'altro canto, non avevano molto da festeggiare. L'effimera soddisfazione nell'essere riusciti a sfidare i potenti vicini dovette essere pagata a caro prezzo: nel periodo in cui durò la crisi la borsa crollò di circa il 17%, le esportazioni diminuirono, gli uomini d'affari cancellarono molti viaggi e l'isola perse una quantità considerevole di capitale mentre il prezzo dei beni immobili diminuì drasticamente.

Per un'economia come quella di Taiwan, che dipende fortemente dalle esportazioni, scatenare crisi simili per tempi così lunghi significa sostanzialmente la fame.

Per finire, anche gli Stati Uniti ebbero modo di imparare qualcosa dalla crisi dello stretto. Sebbene avessero dimostrato inequivocabilmente la loro determinazione sull'assunto Taiwan e la loro volontà di preservare l'isola da qualsiasi tipo di minaccia, non poterono fare a meno di tirare un sospiro di sollievo quando tutto si risolse: la crisi era progressivamente sfumata in un "cessate il fuoco" ma gli statunitensi avevano avuto un'ulteriore conferma del fatto che la Repubblica

Popolare aveva "il grilletto facile" per tutte le questioni che riteneva vitali per la sua sopravvivenza e quando queste (secondo il politburo e la PLA) venivano minacciate il paese non rispondeva con semplici proclami, ma con potenti cacciatorpediniere della classe Sovremenny, con sottomarini di classe Kilo e caccia Su-30MKK2, tutti armamenti che la Cina domandò alla Russia per accelerare il suo programma di armamento durante la crisi del 1995-96.

Mentre gli Usa guardavano una taciturna e laboriosa Cina che, delusa ma decisa, aumentava i fondi alla PLA, ammodernava i suoi armamenti e diveniva più risoluta che mai, molti osservatori a Washington cominciarono a chiedersi con misto di impazienza e timore se, dopotutto, Taiwan valesse la California.

Da parte sua neppure la Repubblica Popolare Cinese voleva la guerra con gli Stati Uniti perché sapeva che un conflitto del genere l'avrebbe ridotta alla bancarotta.

Simili considerazioni fatte da entrambe le parti aiutarono a distendere notevolmente il clima negli anni che seguirono la crisi nello stretto di Taiwan. Può infatti essere detto che entrambi i paesi capirono che l'ultima cosa da fare era provocare un conflitto su larga scala. Per questo motivo Beijing e Washington, con una nuova consapevolezza, intensificarono i loro sforzi per evitare che una crisi simile potesse ripetersi, comportandosi come potenze pragmatiche, piuttosto che come antichi fossili della guerra fredda mossi esclusivamente dall'ideologia. Più nel concreto il Presidente cinese Jiang Zemin e quello statunitense Bill Clinton si recarono, rispettivamente nel 1997 e nel 1998, l'uno nel paese dell'altro in pubblicizzate visite di Stato.

Il Presidente Clinton, nella sua visita in Cina nel 1998, con il desiderio di rassicurare il partito comunista sulla "questione Taiwan", proclamò ad alta voce quelli che sarebbero divenuti famosi in tutto il mondo come i *"Tre No"*: gli Stati Uniti d'America non supportano l'indipendenza di Taiwan, non sostengono la politica di "due Cine" (o di "una Cina distinta da una Taiwan") e non supportano l'entrata di Taiwan in organizzazioni internazionali nelle quali solo Stati possono partecipare.

Dopo simili rassicurazioni i rapporti tra i cinesi e gli statunitensi tornarono ad essere cordiali.

Questa situazione non sarebbe tuttavia durata. Pochi anni dopo la crisi nello stretto di Taiwan, infatti, un altro evento imprevedibile avrebbe scosso dalle fondamenta i rapporti tra le due potenze e, questa volta, sarebbero stati coinvolti non solo il politburo e la PLA, ma centinaia di milioni di cinesi.

La Crisi di Belgrado. Il 7 maggio 1999 un bombardiere nordamericano B-2 entrava nello spazio aereo della Jugoslavia. Erano i tempi dell'operazione "Allied Force", quando le forze congiunte della NATO tentavano di piegare la Repubblica Federale di Jugoslavia con un massiccio bombardamento che durò per settimane.

Giunto a Belgrado il bombardiere sganciò cinque bombe guidate JDAM nel distretto di Novi Beograd.

L'operazione fu un successo: l'obiettivo designato dall'intelligence statunitense venne colpito e la parte sud dell'edificio completamente distrutta.

L'attacco provocò la morte di tre persone e altre venti risultarono ferite.

Furono queste le vittime civili che Washington non si rammaricò mai troppo di aver causato. Il bersaglio del B-2 si rivelò essere ben presto la fonte di una delle più gravi crisi internazionali che gli USA si trovarono a gestire negli anni Novanta.

Poco tempo dopo il bombardamento fu infatti ben chiaro a tutti il grave errore commesso: l'edificio colpito risultò essere l'ambasciata cinese a Belgrado e tutte le vittime erano cittadini cinesi.

La serie successiva di eventi viene ricordata oggi come la scaturigine di una delle più gravi crisi nella storia dei rapporti tra le due potenze. Il raid causò infatti in pochissimo tempo nella popolazione cinese un'ondata di forte risentimento contro gli USA.

Come ricorda Susan L. Shirk, che visse in prima persona questa delicata situazione, i nordamericani reagirono immediatamente con tutti i mezzi che avevano a disposizione per scusarsi del tragico accaduto.

Il Presidente Bill Clinton in persona telefonò al Presidente cinese ma Jiang Zemin non accettò la chiamata. Allora venne incaricato l'ambasciatore nordamericano a Beijing, James Sasser, di svolgere questo compito.

Clinton, conscio della gravità della situazione, parlò in televisione e si scusò dell'accaduto, firmò il libro delle condoglianze nell'ambasciata cinese a Washington e non perse occasione per dimostrare il suo più profondo rammarico.

Gli statunitensi si prodigarono velocemente affinché il traffico aereo a Belgrado non intralciasse l'aereo cinese venuto per recuperare i morti e i feriti. L'ambasciatore Sasser chiese il permesso di partecipare al ritorno dei feriti e delle salme ma il governo cinese non acconsentì. Il governo statunitense intanto chiedeva di poter mandare una delegazione di alto livello a Beijing ma i cinesi risposero negando ancora una volta il permesso.

Le scuse, la frustrazione e i numerosi tentativi di distendere il clima non ebbero alcun effetto sui cinesi.

Il giorno dopo il bombardamento dell'ambasciata il governo cinese faceva sapere attraverso la televisione che condannava "*l'attacco barbarico e la palese violazione della sovranità cinese*[cxxiii]". L'ambasciatore cinese alle Nazioni Unite, Qin Huasan, descrisse il bombardamento come barbarico e una violazione della carta delle Nazioni Unite. Chiese inoltre alla NATO di fermare immediatamente le operazioni militari per evitare altri disastri umanitari.

In Cina intanto l'iniziale shock per la notizia giunta dalla Jugoslavia aveva lasciato il posto all'odio e alla violenza. Le strade di Beijing vennero presto affollate dalle maggiori manifestazioni di protesta dai tempi dei movimenti pro democrazia degli anni Ottanta. Decine di migliaia di giovani cinesi protestarono fuori l'ambasciata nordamericana a Beijing: urlavano slogan anti-statunitensi e lanciavano oggetti e sassi contro l'edificio.

Qualcosa di simile avveniva contemporaneamente fuori dai consolati statunitensi a Chengdu e Guangzhou e in vari McDonald's e Kentucky Friend Chicken sparsi per tutta la Cina. Le foto di uno spaurito ambasciatore Sasser che (dall'ambasciata nordamericana sotto assedio a Beijing) guardava l'esercito di cinesi inferociti che gli tiravano contro sassi ed oggetti vari fece il giro del mondo.

Il governo cinese non solo ritardò a rendere note le scuse provenienti dalla Casa Bianca ma si espresse in favore dei dimostranti, definiti *"giovani patrioti"*, ed organizzò diversi pullman che dalle università avrebbero dovuto portare gli studenti fuori l'ambasciata statunitense. L'allora vice presidente Hu Jintao apparve in televisione dimostrando il supporto del governo ai dimostranti ma avvertendoli di *"condurre tutte le attività di protesta in ordine e secondo la legge"*.

Il governo cinese cancellò inoltre tutti i meeting diplomatici che aveva con gli USA per il resto dell'anno.

La reazione veemente del governo cinese ai fatti di Belgrado non deve stupire. Bisogna ricordare, infatti, che solo un paio di settimane prima si erano radunati di fronte a Zhongnanhai i circa diecimila sostenitori di Falun Gong e come è già stato detto in proposito la cosa aveva impressionato negativamente la leadership cinese e soprattutto il Presidente Jiang che si sentiva ora sotto duplice attacco. Ancora, il partito aspettava con ansia e preoccupazione il 4 giugno di quell'anno che avrebbe segnato il decimo anniversario del massacro di Beijing e, dunque, altre possibili proteste.

La leadership cinese reagì a queste molteplici, potenziali minacce nell'unico modo che credeva opportuno al momento: fomentando l'odio dei cinesi nei confronti dei nordamericani per distrarre l'opinione pubblica dai suoi molteplici grattacapi.

Anche ai media venne ordinato di concentrare l'attenzione sugli eventi di Belgrado e come risultato l'odio e la violenza nei confronti degli occidentali si intensificarono.

Ormai tutti i cinesi credevano che il bombardamento dell'ambasciata fosse stato intenzionale perché, a parte rarissime eccezioni, non c'era giornale o telegiornale, speciale televisivo o esperto del momento che non portasse prove a favore di questa ipotesi.

Con il passare dei giorni, mentre i fatti di Belgrado stavano cominciando a minare seriamente le basi dei rapporti fra Cina e Stati Uniti, il politburo cinese si trovò tuttavia di fronte ad uno spinoso dilemma. Se le cose continuavano a seguire un corso del genere, la Cina rischiava seriamente un distacco con la potenza occidentale e questo, la leadership cinese lo capiva bene, era forse peggiore del bombardamento di tutte le ambasciate che aveva sparse per il mondo. La ragione di ciò era molto semplice: la Cina aveva costruito negli anni passati la sua crescita economica in gran parte agganciandosi, per così dire, all'economia statunitense. Rischiare una rottura con gli occidentali non significava infatti solamente trasformarsi agli occhi della maggiore potenza del pianeta in un potenziale sostituto dell'Unione Sovietica nell'era post guerra fredda ma anche e soprattutto rallentare la necessaria crescita economica della macchina cinese. Investimenti e tecnologia statunitensi sarebbero stati i primi elementi che il governo cinese avrebbe dovuto sacrificare se avesse mantenuto la sua postura intransigente. Molti altri sarebbero seguiti.

Come risolvere dunque la crisi di Belgrado? I leaders cinesi decisero, dopo una attenta considerazione di tutti i fatti, come probabilmente avrebbe fatto Deng Xiaoping in persona: riaprirono le porte del dialogo.

La leadership cinese iniziò con il ridimensionare l'evento nei mass media e trasmise successivamente le scuse che il Presidente Clinton aveva fatto giorni prima. Clinton e Jiang, finalmente, parlarono il 14 maggio di quell'anno.

Per la fine del 1999 le relazioni fra le due potenze si erano notevolmente distese e si era ormai giunti ad un accordo sul compenso che gli USA avrebbero dovuto pagare alle vittime cinesi del bombardamento di Belgrado.

Sta di fatto (e vale la pena sottolineare) che i cinesi non accettarono mai la versione statunitense che dichiarava l'evento uno sfortunato sbaglio commesso dalla CIA (la quale sembra si sia basata su "mappe datate"). Per loro l'evento venne ordito, se non dall'amministrazione Clinton, da qualche cospirazione anti-cinese.

Al di là di simili considerazioni anche la crisi di Belgrado insegnò ad entrambe le parti qualcosa di importante. La leadership cinese ebbe un'ulteriore conferma del fatto che infiammare oltremodo gli spiriti nazionalisti di molti cinesi (specialmente i più giovani) rappresentava un'arma a doppio taglio e nel lungo periodo un evento dispendioso e controproducente.

Dall'altra parte la potenza occidentale ebbe la conferma del fatto che il paese asiatico non avrebbe accettato nessuna minaccia, reale o presunta, alla sua autorità e che piuttosto che perdere credibilità (e quindi rischiare la poca legittimità che aveva agli occhi dei cinesi) avrebbe piuttosto gettato al vento qualsiasi massima pacifista e sorriso a trentadue denti mostrando a chiunque che sfidare il dragone avrebbe significato pagare un prezzo molto alto.

Imparando a Coesistere. Non c'è alcun dubbio sul fatto che le crisi che costrinsero i leaders di Washington e di Beijing a confrontarsi e scontrarsi contribuirono anche a farli conoscere meglio. Non solo. Le due potenze capirono che ad un'azione corrispondeva una reazione e (cosa forse più importante) che quasi sempre valeva la pena non agire affatto per evitare di reagire sproporzionatamente in seguito.

Entrambe le potenze si resero conto insomma che garantire lo status quo era, almeno per il momento, la migliore via per tutelare i propri interessi.

Impedire che una miccia accesa per sbaglio incendiasse tutta la prateria cominciò a divenire il mantra che i leaders delle due potenze elessero come linea politica e "modus vivendi".

Il modo in cui gli Stati Uniti e la Cina gestirono l'ultima grande crisi che si trovarono ad affrontare può forse essere visto come un significativo esempio in tal senso.

La mattina del primo aprile del 2001 un aereo militare nordamericano di sorveglianza EP-3 con a bordo ventiquattro persone stava svolgendo una ricognizione di routine sopra il mare cinese del sud, a circa settanta miglia a sud-est dell'isola cinese Hainan. Un F-8II della PLA intercettò l'aereo statunitense ma, per qualche ragione, si scontrò con l'aereo di sorveglianza, cadde in acqua e il pilota, Wang Wei, morì.

L'aereo statunitense, gravemente danneggiato, dopo aver chiesto permesso di atterraggio, arrancò verso la base navale della PLA nell'isola di Hainan. L'equipaggio venne fatto immediatamente prigioniero.

Iniziava così la terza grave crisi nei rapporti sino-statunitensi.

Il governo cinese ricevette dalla PLA l'informazione che l'EP-3 nordamericano aveva *"improvvisamente virato"* verso il caccia cinese e si era schiantato contro quest'ultimo. Il governo, senza indagare oltre, adottò la versione della PLA e designò il pilota Wang Wei come martire.

Gli USA tentarono di contattare i cinesi ma senza esito. Allora il Presidente George W. Bush fece una dichiarazione pubblica nella quale si augurava che l'equipaggio dell'EP-3 tornasse sano e salvo. Anche Jiang Zemin fece una dichiarazione nella quale chiedeva che gli USA si prendessero tutte le responsabilità dell'incidente e che interrompessero tutti i voli di sorveglianza nel territorio cinese.

Il segretario di Stato Colin Powell e il Presidente Bush dichiararono allora "oralmente" il loro rammarico per la perdita di vite ma per il governo cinese ciò non era sufficiente: volevano una scusa formale e scritta per mostrare all'opinione pubblica cinese che l'onore della Cina era stato preservato.

I militari e alcuni politici cinesi fecero pressioni per una risposta rapida ed estrema alla crisi: alcuni di essi avrebbero voluto giudicare in Cina l'equipaggio prigioniero, altri proponevano di rilasciarli uno ad uno e tenere l'aereo, altri ancora consigliavano di prepararsi alla guerra contro la potenza occidentale.

Jiang Zemin non accettò nessuna di queste proposte. Il suo obiettivo primario, da pragmatico uomo politico quale era, consisteva nell'evitare qualsiasi deterioramento della crisi. Il politburo era d'accordo con lui.

Frattanto nelle università molti studenti avrebbero voluto una risposta forte ed inequivocabile da parte del loro governo, che mostrasse agli USA che non *"l'avrebbero passata liscia"* anche questa volta. Essi volevano scendere nelle strade e protestare, dimostrare il loro supporto a qualsiasi azione dura, anche militare, da parte del governo. Nulla di questo accadde.

Le autorità universitarie ricevettero l'ordine di mantenere gli studenti nelle loro classi e nessuna grande manifestazione fu permessa o incoraggiata dal governo. Il Dipartimento cinese della propaganda istruì i media affinché riportassero le notizie ma senza infiammare gli animi: cominciarono a diffondersi le voci che l'avvenimento, dopotutto, poteva anche non essere stato provocato da un insensato istinto omicida del pilota statunitense ma da un semplice incidente di traffico aereo.

I media sottolineavano costantemente l'importanza dei legami con gli USA e spesso e volentieri affiancavano questa constatazione al fatto che la maggior parte degli statunitensi erano amichevoli nei confronti dei cinesi. Allo stesso tempo, ovviamente, tutti chiedevano le scuse da parte dell'amministrazione Bush per l'incidente.

Finalmente (quando ormai da undici giorni l'equipaggio nordamericano era tenuto sotto custodia) da parte della potenza occidentale vennero le scuse scritte che i cinesi desideravano: nel comunicato gli statunitensi dichiaravano espressamente di essere "*molto dispiaciuti*" ("*very sorry*") per la perdita del pilota e per essere entrati nello spazio aereo cinese senza autorizzazione per atterrare nell'isola di Hainan. Non usarono tuttavia la parola "*scusarsi*" ("*apologize*")[cxxiv]. A Jiang e al suo seguito il compromesso andò bene e la crisi venne sostanzialmente risolta in questo modo.

Tutti i prigionieri vennero rispediti a casa assieme all'aereo, opportunamente fatto a pezzi dalle autorità cinesi.

Non potendosi scatenare nelle strade e nelle piazze delle città cinesi, gli studenti e in generale tutti coloro che avrebbero desiderato una risposta molto più dura da parte del governo riversarono la loro frustrazione su Internet: blog e forum vari traboccarono di critiche contro Jiang e il governo cinese e commenti pesantemente nazionalisti apparvero un po' dappertutto.

Il fatto che la crisi si fosse spenta nel "ciberspazio", assieme a niente altro che la delusione degli animi focosi di alcuni cinesi evidentemente non troppo consci delle ripercussioni di un conflitto armato con gli Stati Uniti (molti di loro dichiararono di essere pronti a morire per difendere l'onore della nazione), è un indicatore importante della nuova consapevolezza che, sia l'amministrazione statunitense, sia il politburo cinese, avevano acquisito.

I cinesi avevano capito che per risolvere una crisi che interessava anche la potenza occidentale bisognasse coinvolgere il meno possibile l'opinione pubblica, dare istruzioni ai media di riportare le notizie "salutari" per il suo graduale superamento e soprattutto evitare che il tempo la facesse degenerare in qualcosa di ingestibile.

Gli Stati Uniti, d'altra parte, avevano come scopo mantenere la loro influenza in Asia e quindi buoni rapporti con la Cina. Avevano capito che le autorità cinesi dovevano atteggiarsi a difensori dell'onore della Cina, se sentivano che la loro legittimità veniva minacciata, ma sapevano anche benissimo che mentre la leadership cinese parlava e gesticolava alle masse teneva contemporaneamente un orecchio teso verso l'immancabile proposta statunitense di risoluzione della crisi.

L'incidente aereo avrebbe potuto benissimo trasformarsi in qualcosa di molto più grave se entrambe le parti non avessero avuto la volontà politica di stroncare sul nascere qualsiasi sua possibile ripercussione. I due giganti avevano per il momento trovato un "modus vivendi" che permettesse loro di preservare i rispettivi interessi senza per questo innervosire l'altra parte.

Dopo l'episodio dell'incidente aereo non si verificarono altre crisi di portata significativa che minacciassero la relazione sino-statunitense. Dopo l'11 settembre 2001, più in particolare, gli USA si concentrarono anima e corpo nella "guerra al terrore" e la Cina poté tranquillamente tornare alla politica di basso profilo che più le si addiceva mentre, con il passare degli anni, accelerava la sua macchina economica, intesseva una rete sempre più fitta di legami politici ed economici con l'Asia e con il mondo e guardava ai suoi esclusivi interessi in attesa che la visione di Deng Xiaoping si trasformasse finalmente in realtà.

I Destini di Chimerica. Tucidide una volta scrisse che le nazioni sono mosse da tre preoccupazioni: interesse, onore e paura.

Gli Stati Uniti d'America e la Repubblica Popolare Cinese non sfuggono alla verità che si cela dietro la massima del grande storico greco.

Per ciò che riguarda la Cina, in particolare, i suoi interessi più pressanti non sono una novità per nessuno: crescita e sviluppo economico sostenibili, stabilità politica entro i suoi confini e all'estero, "armonia sociale" tra i diversi strati della sua popolazione.

Come per tutte le potenze emergenti, inoltre, c'è la questione dell'onore, dello status, del bisogno di essere riconosciuta dal mondo per quello che effettivamente sta diventando: uno dei centri di potere più significativi del pianeta dal punto di vista politico, economico e culturale.

A questo punto, per concludere compiutamente il senso dell'aforisma di Tucidide, non rimarrebbe che individuare l'ultimo elemento capace di muovere i destini di una nazione: la paura. Quale è la più grande minaccia che teme oggi la nazione del popolo dei "Cento Antichi Nomi"?

Parlando all'università cinese Tsinghua nel 2000, a Zhu Rongji venne fatta la domanda: *"quale è, secondo lei, la più grande minaccia internazionale per la Cina?"*

L'allora premier cinese rispose: *"problemi nell'economia statunitense"*.

In questa singola risposta Zhu aveva di fatto condensato il rapporto (senza precedenti nella storia) che legava il suo paese alla maggiore potenza economica, politica e militare del pianeta.

Era infatti nato (e si sarebbe ulteriormente sviluppato) un vero e proprio legame simbiotico tra le due potenze.

Questo legame ha al tempo stesso plasmato e diretto in modo assolutamente originale e imprevedibile la storia di entrambe queste nazioni, le ha rese più consapevoli l'una dell'altra, le ha costrette a dialogare, a costruire strategie congiunte e al tempo stesso ha fatto in modo che entrambe avessero bisogno dell'altra. Ma questo legame ha dato vita anche a notevoli problemi ed incomprensioni, squilibri e timori in entrambe le grandi potenza.

Lo storico scozzese Niall Ferguson, famoso per la sua assai "poco ortodossa" re-visione di tematiche come l'imperialismo e il colonialismo, coniò assieme all'economista Moritz Schularick nel tardo 2006 il termine "Chimerica" per descrivere sostanzialmente il legame finanziario che ha caratterizzato gli USA e la Cina in particolare nei primi anni del ventunesimo secolo. Ferguson descrive l'immaginaria "Chimerica" in questi termini:

If you think of it as one economy called Chimerica,

that relationship accounts for around 13 percent of the world's land surface, a quarter of its population, about a third of its gross domestic product, and somewhere over half of the global economic growth of the past six years.

For a time, it was a symbiotic relationship that seemed like a marriage made in heaven. Put simply, one half did the saving, the other half the spending. Comparing net national savings as a proportion of Gross National Income, American savings declined from above 5 percent in the mid 1990s to virtually zero by 2005, while Chinese savings surged from below 30 percent to nearly 45 percent. This divergence in saving patterns allowed a tremendous explosion of debt in the United States, for one effect of the Asian "savings glut" was to make it much cheaper for households to borrow money than would otherwise have been the case. Meanwhile, low-cost Chinese labor helped hold down inflation.

The crucial mechanism that bound the two halves of Chimerica together was currency intervention. To keep the renminbi (and hence Chinese exports) competitive, authorities in Beijing consistently intervened to halt the appreciation of their own currency against the dollar. The result was a vast accumulation of dollar-denominated securities in the reserves of the People's Bank of China, which became one of the world's biggest holders of U.S. Treasuries as well as bonds issued by the government-sponsored (now government-owned) agencies Fannie Mae and Freddie Mac. Had it not been for the Chinese willingness to fund America's borrowing habit this way, interest rates in the United States would have been substantially higher. It was Chimerica that kept the Age of Leverage going in its final phase, as total public and private debt as a percentage of GDP surged from 250 to 350 percent[cxxv].

Questo tipo di relazione che, volenti o nolenti, i leaders di Beijing e di Washington hanno creato assieme nell'arco del tempo, incoraggia entrambi i paesi a preoccuparsi dell'economia della controparte come se da quest'ultima dipendesse la sopravvivenza della propria. Il legame è profondo e sentito da entrambe le parti, visto come una vera e propria faccenda di sopravvivenza nazionale.

È talmente importante e urgente che non stupirebbe se, prima ancora di salutarsi e di stringersi la mano, i rappresentanti di una delegazione cinese sussurrassero alla controparte statunitense: *"allora, il dollaro sta manifestando un'instabilità decisamente preoccupante per il nostro governo. Volete forse creare le premesse di una iperinflazione? Cosa avete intenzione di fare in proposito?"* e la delegazione occidentale rispondesse di rimando: *"voi pensate a riciclare i nostri attivi commerciali acquistando Treasury Bonds. Del resto ce ne occupiamo noi"*. E solo dopo stretta di mano e sorrisi a trentadue denti verso le telecamere.

Il giocoso esempio di poc'anzi può forse fungere da premessa per un'analisi più approfondita di questo particolare legame che forma "Chimerica".

Alla fine degli anni Dieci del ventunesimo secolo le riserve della Banca Centrale Cinese (la più ricca del pianeta) avevano raggiunto la cifra record di oltre 2.100 miliardi di dollari, un terzo dei quali investiti nei titoli del debito pubblico statunitense. I "BOT" statunitensi, emessi per finanziare il debito pubblico USA, venivano "magnanimamente" comprati dai banchieri cinesi per la gioia del governo nordamericano. Che significa tutto ciò? Ebbene, in sostanza può essere detto che la Cina è diventata una sorta di grande creditore per gli Stati Uniti, che, conseguentemente, si sono trasformati nel debitore più "indebitato" del mondo.

Facendo ciò Beijing ha sovvenzionato quello che è diventato il costume della maggior parte delle famiglie statunitensi, ovvero vivere al di sopra dei propri mezzi usando la "magica" carta di credito. La crescita massiccia del "consumo a credito" è stata dovuta (anche se non solo) dalla computerizzazione delle operazioni preposte a tal fine, che hanno semplificato le operazioni di credito e soprattutto ridotto i loro costi rendendole più "appetitose" agli occhi dei consumatori. Questo fatto ha ovviamente contribuito a ridurre il risparmio delle famiglie statunitensi a livelli quasi inesistenti.

Tutto ciò, come è già stato fatto notare, ha creato dei forti scompensi tra le economie del pianeta: da una parte paesi come gli Stati Uniti avevano la "carta di credito facile" e consumavano molto, troppo; dall'altra c'era un eccesso di risparmi e di attivi commerciali in un paese come la Cina*.

Ciò detto è chiaro che i cinesi non impieghino gran parte dei loro risparmi in titoli del tesoro statunitensi perché mossi da spirito filantropico. I titoli del tesoro statunitensi sono tra i più sicuri al mondo e già per questo un intelligente impiego del risparmio. È allo stesso tempo ovvio che se il valore del dollaro crollasse e quello del renminbi schizzasse alle stelle il debito estero degli USA si svaluterebbe ma questo fatto creerebbe al contempo un danno patrimoniale enorme alla Cina, che ne è il detentore estero più importante.

Si è così finalmente arrivati ad intravedere le luci e le ombre di Chimerica, un rapporto che funziona benissimo fin quando esistono le giuste premesse, ma che, se mantenuto a lungo in un determinato modo, è capace di creare macro-squilibri nocivi per l'economia e la finanza globale.

Per risolvere o, meglio, per riequilibrare il rapporto fra le due potenze, alcuni tra i maggiori economisti del pianeta hanno elaborato una ricetta facile a dirsi e difficile a farsi: paesi come gli Stati Uniti devono cominciare a spendere di meno e a risparmiare (molto) di più mentre paesi come la Cina devono consumare ed importare di più e per fare ciò, secondo molti, non ci sarebbe altra strada se non permettere al renminbi, la moneta cinese, di rivalutarsi, fatto questo che permetterebbe all'export cinese di ridursi (merci più care, merci meno appetitose) ma permetterebbe anche alle famiglie del nuovo Regno di Mezzo di avere un potere di acquisto maggiore e quindi di spendere di più.

I cinesi, da parte loro, sentono di aver già fatto la loro parte

---

*Per un'approfondita analisi della politica di *soppressione dei consumi* e più in generale del *regime di risparmio* portata avanti dagli architetti dell'impalcatura economica della Repubblica Popolare Cinese si rimanda al lavoro del giornalista irlandese Eamonn Fingleton, *In the Jaws of the Dragon: America's Fate in the Coming Era of Chinese Dominance.*

per impedire alla crisi "*nata negli Stati Uniti*" di peggiorare ulteriormente varando l'enorme manovra di spesa pubblica del 2008 che ha mantenuto la crescita del PIL cinese quell'anno superiore all'8%, un risultato certamente ragguardevole. Rivalutare in modo drastico il renminbi e quindi tagliare le gambe al loro export solo per compiacere gli interessi degli occidentali non è certo una loro priorità.

I leaders cinesi sanno bene che se in circa dieci anni, dal 2000 al 2010, la quota cinese sulle esportazioni mondiali si è trasformato dal 3% al 10% è stato anche grazie alla loro intelligente politica monetaria.

Quanto fino ad ora descritto non è in realtà che un singolo aspetto del rapporto che lega le due potenze ma contribuisce ad illustrare, anche se solo parzialmente, quella che Barack Obama ha definito come la "*relazione bilaterale più importante del mondo*" nel corso del già citato U.S.–China Strategic and Economic Dialogue.

Non sono pochi gli osservatori che sono pronti a scommettere che un tipo particolare di relazione come questa non possa durare. C'è chi dice che, prima o poi, i sentimenti degli statunitensi che temono l'ascesa dello Juggernaut asiatico o dei cinesi che temono che gli USA vogliano contenere la crescita del loro paese e negare il suo futuro di grande potenza alla fine trionferanno sotto la veste di una qualche incomprensione in uno dei molteplici temi sui quali i due paesi si confrontano e si scontrano ogni giorno: diritti umani, economia, protezione dell'ambiente, proliferazione nucleare, libertà religiosa e simili. Lo strano matrimonio tra la più potente democrazia del pianeta e il più grande Stato autoritario non può che essere destinato a terminare in modo brusco e probabilmente pericoloso.

Ma c'è anche chi crede che Chimerica possa e debba continuare, magari rivista e corretta, aggiornata e adattata alle nuove sfide del ventunesimo secolo. Impedire ad una Cina in ascesa di diventare una minaccia e una fonte di instabilità è un compito delicato che può essere portato a termine solo consegnando a questo paese le chiavi per entrare a tutti gli effetti nella comunità delle nazioni, rivestendo il ruolo che la storia vuole assegnarle: quello di potenza effettivamente responsabile, pacifica, laboriosa, dinamica anche se legata alle sue tradizioni.

Al raggiungimento di un futuro simile a questo sembra essersi votata l'amministrazione Obama che sta facendo più o meno di tutto per dimostrare a Beijing che il loro può essere, nonostante le differenze, nonostante i contrasti, nonostante i sistemi di governo incompatibili per storia e tradizioni, un rapporto "vincente-vincente".

Dal palco che dominava il pubblico intento ad ascoltarlo, con alle spalle la bandiera a stelle e strisce assieme a quella rossa stellata, il Presidente statunitense concluse il suo discorso del 27 luglio a Washington dichiarando:

> I believe in a future where China is a strong, prosperous and successful member of the community of nations; a future when our nations are partners out of necessity, but also out of opportunity. This future is not fixed, but it is a destination that can be reached if we pursue a sustained dialogue like the one that you will commence today, and act on what we hear and what we learn.

Solo se sarà *interesse* degli Stati Uniti riconoscere e accogliere pienamente lo status e *l'onore* della Repubblica Popolare, facendo in modo che essa possa integrarsi efficacemente nella comunità internazionale, potrà dirsi che la grande *paura* che nasce da coloro che si aspettano un infelice divorzio di Chimerica non governerà da sola il destino di queste nazioni.

SULL'AUTORE

Michele Amitrani è laureato in Science Politiche e Relazioni Internazionali.

Interessato alla globalizzazione e all'ascesa dei paesi in via di sviluppo, ha scritto diversi articoli e saggi incentrati sul concetto di superpotenza, sul nuovo ruolo internazionale del G-20, sulla problematica situazione geopolitica nella penisola coreana, sul crescente impatto economico e politico della Repubblica Popolare Cinese e sul suo imponente programma spaziale.

Scrittore, blogger, saggista e vorace lettore, Michele è un autore indipendente appassionato del genere fantasy e fantascientifico. Ha pubblicato su Amazon "Quando gli uomini sognavano petrolio" e "When Gold Was Black", un racconto breve di fantascienza che è stato definito "originale, lucido, dinamico ed innovativo" e "una storia potente, intensa e stimolante".

Quando non è immerso nella lettura di ponderosi volumi di storia, sociologia, astronomia e science politiche, lo si può trovare su www.micheleamitrani.com, intento a pubblicare sul suo blog un nuovo consiglio per i giovani scrittori del ventunesimo secolo o sul suo gruppo Facebook a /MicheleAmitraniAuthor, dove prova a essere loquace e divertente, con poco successo.

BIBLIOGRAFIA E FONTI

[i] *Le notizie più lette del decennio*, Corriere della sera.it, 10 dicembre 2009.

[ii] *It's Official: China Is the Biggest News Story in the World*, The Wall Street Journal, 9 dicembre 2009.

[iii] E. J. Hobsbawm, *Il secolo breve. 1914-1991: l'era dei grandi cataclismi*, Rizzoli, Milano, 1995.

[iv] A. Giardina, G. Sabbatucci e V. Vidotto, *Guida alla Storia. Dal Novecento a oggi*, Editori Laterza, Bari, 2001, p. 233.

[v] Kenneth G. Henshall, *Storia del Giappone*, Oscar Mondatori, Milano, 2005, p. 234.

[vi] A. Giardina, G. Sabbatucci e V. Vidotto, op. cit., p. 328.

[vii] *Ibidem*, p. 234.

[viii] Dal "Policy Brief" dell'OECD, *Economic Survey of India, 2007*, Ottobre 2007.

[ix] The New York Times-International Herald Tribune, 31 agosto, 2009.

[x] Statistiche della World Bank. Maggiori notizie nel seguente link: http://data.worldbank.org/indicator/NY.GDP.MKTP.KD.ZG

[xi] *Ibidem*.

[xii] Federico Rampini, *L'impero di Cindia*, Arnoldo Mondadori Editore (Piccola biblioteca Oscar), Milano, 2009, p. 30.

[xiii] *Ibidem*, p. 9.

[xiv] *A fines de 2010 habrá más de 2.000 millones de internautas*, BBC Mundo, 20 ottobre 2010.

[xv] *Internet addresses set for change*, BBC World News on line, 30 ottobre 2009.

[xvi] Samuel P. Huntington, *The clash of civilizations and the remaking of world order*, Simon & Schuster paperbacks, New York, 1996, pp. 85-86. Il corsivo è mio.

[xvii] Zheng Yu, *The Primary Goals of Chinese Diplomacy at the Beginning of the Century*, Huangiu Shibao, 5 settembre 2003.

[xviii] Confronta a questo proposito Samuel P. Huntington, op. cit., p. 144 e seguenti e il lavoro di Michele Amitrani *"Dall'Impero alla Repubblica. Genesi e sviluppo della moderna realtà kemalista"*, Roma 2008.

[xix] David Von Drehle, *The Multipolar Unilateralist*, The Washington Post, 5 marzo, 2006.

[xx] Sergio Romano, *Chiuso il «Sogno Imperiale» resta una Crisi di Identità*, Corriere della Sera, 4 novembre 2009.

[xxi] Martin Jacques, *This is the relationship that will define global politics*, The Guardian, 15 giugno 2006.

[xxii] Riportato in Federico Rampini, *L'impero di Cindia,* op.cit., p.46.

[xxiii] *Ibidem*, p. 75.

[xxiv] *Asia 'leading world out of slump'*, BBC World NEWS on line, 13 novembre 2009.

[xxv] Jhon Ross, *China's growth will continue*, New Statesman, 17 settembre 2009.

[xxvi] Claudio Zanghì, *La Protezione Internazionale dei Diritti dell'Uomo*, G. Giappichelli Editore, Torino, 2006, pp. 16-17.

[xxvii] Riportato in *Omaggio alla Cina*, Yann Layma, Mondadori, Milano, 2008, p. 59. Il corsivo è mio.

[xxviii] Rob Gifford, *China Road. A journey into the future of a rising power*, Random House Trade Paperback Edition, 2008, p. 104.

[xxix] Lois Mitchison, *La rivoluzione cinese*, Arnaldo Mondatori Editore, Milano, 1972, pp. 34-35.

[xxx] Roderick MacFarquhar, *"The Post-Confucian Challenge,"* Economist, 9 febbraio 1980, pp. 67-72.

[xxxi] Riportato in Omaggio alla Cina, Yann Layma, Mondadori, Milano, 2008, p. 59.

[xxxii] A. Camera e R. Fabietti, *Elementi di storia antica – Volume secondo: Roma*, Zanichelli, Bologna, 1972, p. 249.

[xxxiii] Lois Mitchison, op. cit., p. 35.

[xxxiv] Samuel P.Huntington, op. cit., p. 49.

[xxxv] J.A.G. Roberts, *Storia della Cina*, il Mulino, 2001, p. 162.

[xxxvi] Karl Marx, 'Revolution in China and in Europe', New York Daily Tribune, 20 Maggio 1853, ristampato in Karl Marx & Friedrich Engels, On Colonialism, New York: International Publishers, 1972, p 20.

[xxxvii] Friedrich Engels, 'Persia and China', New York Daily Tribune, 5 giugno 1857, ristampato in Marx & Engels, On Colonialism, pp. 120, 124.

[xxxviii] Enrica Collotti Pischel, *La rivoluzione cinese*, Casa editrice G. D'Anna, 1973, p. 10.

[xxxix] Riportato da Franz Shurmann, Orville Shell, *Cina 3000 anni*, Casini, Roma, 1968.

[xl] J.A.G. Roberts, op. cit., p. 269.

[xli] R. Pisu, *Le cause della rivoluzione cinese*, Editore ISEDI Istituto Editoriale Internazionale, Milano, 1977, pp. 61-62.

[xlii] *Ibidem*, p. 65.

[xliii] Enrica Collotti Pischel, op. cit., p. 30-40.

[xliv] *Ibidem*, p. 101.

[xlv] Chalmers Jhonson, *"Chinese Communist Leadership and Mass Response"*, in *China's Heritage and the Communist Political System*, cit.

[xlvi] Riportato da R. Pisu, *Le cause della rivoluzione cinese,* op. cit.

[xlvii] J.A.G. Roberts, op. cit., p. 314-315.

xlviii Barry Naughton, *The pattern and legacy of economic growth in the Mao Era*, in *Perspectives on Modern China: Four Anniversaries*, a cura di Kenneth Lieberthal, Joyce Kallgren, Roderick MacFarquhar e Frederick Wakeman, New York, M.E. Scharpe, 1991, pp. 226-254.

xlix J.A.G. Roberts, op. cit., p. 324.

l *Ibidem*, p. 325.

li Lois Mitchison, op. cit., pp. 98-100.

lii Alan S. Whitingm, *The Sino-Sovietic split*, in CHC, XIV, pp. 478-538.

liii J.A.G. Roberts, op. cit., p. 328.

liv Chang Jung, *Cigni selvatici. Tre figlie della Cina*, Milano, Longanesi, 1994.

lv Philip Short, *Mao: a life*, Henry Holt, New York 1999, p. 550.

lvi Dalla presentazione di Federico Rampini a *Il Libretto Rosso* di Mao Zedong, Roma, Newton Compton editori, 2008, pp. 18-19.

lvii Jiaqi Yan e Gao Gao, *Turbulent Decade: A History of the Cultural Revolution*, Honolulu, University of Hawaii Press, 1996, p. 529.

lviii Robert Service, *Compagni. Storia globale del comunismo nel XX secolo*, Editori Laterza, Bari, 2008, p. 554.

lix Chalmers Johnson, *Blowback*, Holt Paperback, New York, 2004, pp. 143-144.

lx J.A.G. Roberts, op. cit., pp. 349-350.

lxi *Ibidem*, p. 351.

lxii *Ibidem*, p. 357.

lxiii Jeffrey N. Wasserstrom, *Student Protests in Twentieth-Century China: The View from Shanghai*, Stanford, Calif., Stanford University Press, 1991, p. 304.

lxiv J.A.G. Roberts, op. cit., p. 358.

lxv *Ibidem*, pp. 359-360.

[lxvi] John Farndon, *China Rises*, Virgin Books (Random House), London, 2007, p. 23.

[lxvii] *Ibidem*, pp. 25-27.

[lxviii] BBC News, 19 febbraio, 1997.

[lxix] John Farndon, op. cit., pp. 27-28.

[lxx] Alan M. Field, *China Becomes World's Largest Exporter,* The Journal of Commerce Online, 26 agosto 2009.

[lxxi] *China Becomes Second Biggest World Economy*, CNBC on line, 30 luglio 2010. Si veda anche *China overtakes Japan to become world's second-biggest economy*, Telegraph.co.uk, 17 agosto 2010.

[lxxii] Michael Bristow, *China's economic growth slows*, BBC World News on line, 22 gennaio 2009.

[lxxiii] *China economy sees strong growth*, BBC World NEWS on line, 21 gennaio 2010.

[lxxiv] I dati del 2010, 2011 e 2012 sono stati presi dalla World Bank: http://data.worldbank.org/indicator/NY.GDP.MKTP.KD.ZG

[lxxv] *Auto, Cina leader del mercato, cade il primate Usa dopo 100 anni*, la Repubblica.it, 11 gennaio 2010.

[lxxvi] *China's growing pains*, The Economist, 19 agosto 2004.

[lxxvii] *Google sfida la Cina «Non accetteremo più nessuna autocensura»*, Corriere della Sera, 14 gennaio 2010.

[lxxviii] Vedi il National Statistics Bureau of China, Annuario statistico della Cina (China Statistical Yearbook), 2004.

[lxxix] Barry Naughton, *The Chinese Economy: Growth and Transitions*, MIT Press, Cambridge, 2006, p. 127.

[lxxx] *China Academy of Science describes the well-off society in 2020*, Beijing Youth Daily, 18 settembre 2003.

[lxxxi] Massimo Gaggi, *Sorpasso di Pechino sugli Usa. Più brevetti e supercomputer*, Corriere della Sera, 29 ottobre 2010.

[lxxxii] John Farndon, op. cit., p. 95.

[lxxxiii] China Daily, 12 febbraio 2006.

[lxxxiv] Per saperne di più confronta l'articolo di Michele Amitrani *"Cinque Stelle in Più nello Spazio"*, Vancouver 2013, reperibile su www.micheleamitrani.com.

[lxxxv] R. Pisu, *Un ristorante di nome Mao*, la Repubblica, 9 settembre 1996.

[lxxxvi] Ci si riferisce in particolare al programma "The NewsHour with Jim Leher", trasmesso dalla PBS negli Stati Uniti.

[lxxxvii] Susan L. Shirk, *China Fragile Superpower*, Oxford University Press, New York, 2007, pp. 44-45.

[lxxxviii] Art. II, par. 1 dell'Accordo Istitutivo della WTO.

[lxxxix] Sergio M. Carbone, Riccardo Luzzatto, Alberto Santa Maria (a cura di), *Istituzioni di Diritto Internazionale*, Giappichelli Editore, Torino, 2006, p. 484.

[xc] *Ibidem*, pp. 491-492.

[xci] David Ownby, *A history for Falun Gong: Popular religion and the Chinese state since the Ming dinasty*. Nova Religio: The Journal of Alternative and Emergent Religions, 6(2), 2003, pp. 348-364.

[xcii] Catherine Wessinger, *Falun Gong symposium: Introduction and glossary*. Nova Religio: The Journal of Alternative and Emergent Religions, 6(2), 2003, pp. 215-222.

[xciii] Michael D. Langone, *The PRC and the Falun Gong*, Cultic Studies Reviews: An Internet Journal of Research, News & Opinion, Print Version, Vol. 6, No.3, 2007.

[xciv] *Ibidem*.

[xcv] Riportato in John Farndon, op. cit., p. 52.

[xcvi] *Ibidem*, p.52.

[xcvii] *Ibidem*, p.54.

[xcviii] Federico Rampini, *America-Cina, il grande duello*, la Repubblica (Affari&Finanza), 18 gennaio 2010.

[xcix] *Europa: la era de la austeridad*, BBC Mundo, 20 maggio 2010.

[c] *China desacelera sus máquinas, pero no se frena*, BBC Mundo, 2 agosto 2010

[ci] Paul Reynolds, *US superpower status is shaken*, BBC World NEWS on line, 1 ottobre 2008.

[cii] *Increase in corruption in China*, BBC World NEWS on line, 8 gennaio 2010.

[ciii] *China 'must reverse inequalities'*, BBC World NEWS on line, 5 marzo 2010.

[civ] Si veda a questo riguardo il lavoro: *Cina e Africa con particolare riguardo all'Angola e al Sudan* di Michele Amitrani, 2010.

[cv] *Australia in huge China coal deal*, BBC World NEWS on line, 6 febbraio 2010.

[cvi] Ted C. Fishman, *China, Inc. How the rise of the next superpower challenges America and the world*, Scribner, New York, 2006, p. 151.

[cvii] *China will build special railway for Muslim pilgrims in Saudi Arabia*, Telegraph.co.uk, 11 febbraio 2009.

[cviii] *Economía mundial: ¿y si China se pincha?*, BBC Mundo, 19 agosto 2010

[cix] *Chinese Tourism to Japan on the Rise*, VoA News, 8 luglio 2010.

[cx] *Turkmenistan-China gas link opens*, BBC World News on line, 14 dicembre 2009.

[cxi] Marco Del Corona, *Cina-Russia, grande patto sul gas*, Corriere della Sera, 14 ottobre 2009.

[cxii] *Shanghai surprise*, Gurdian.co.uk, 16 giugno 2006

[cxiii] Si veda il profilo dell'ASEAN su BBC World News on line all'indirizzo:
http://news.bbc.co.uk/2/hi/asia-pacific/country_profiles/4114415.stm

[cxiv] *China and ASEAN trade deal begins*, BBC World News on line, 1 gennaio 2010.

[cxv] Bob Woodruff, *An Emerging Superpower*, ABC News/International, 1 agosto 2008.

[cxvi] Jean-Baptiste Duroselle, *Storia diplomatica dal 1919 ai nostri giorni*, Edizioni Universitarie di Lettere Economia Diritto (LED), Milano, 2008, p. 516.

[cxvii] Si veda il supplemento al numero del 18 gennaio 2010 de la Repubblica dove è apparso, nella sezione Opinion & Commentary del The New York Times, il commento intitolato: *The Chinese Experiment*.

[cxviii] Susan L. Shirk, op. cit., pp. 19-20.

[cxix] *Taiwan and China sign landmark trade agreement*, BBC World News on line, 29 giugno 2010.
Si veda anche: *Se activa acuerdo entre China y Taiwán*, BBC Mundo, 12 settembre 2010.

[cxx] Xinhua, 12 agosto 2005.

[cxxi] Riportato in *Speeches of Zheng Bijian, China's Peaceful Rise*, Brookings Institution Press, Washington, D.C., 2005, p. 8.

[cxxii] Susan L. Shirk, op. cit., p. 189.

[cxxiii] *NATO hits Chinese embassy*, BBC News on line, 8 maggio 1999.

[cxxiv] Susan L. Shirk, op. cit., p. 239.

[cxxv] Niall Ferguson, *What "Chimerica" Hath Wrought*, The American Interest Online.

www.ingramcontent.com/pod-product-compliance
Lightning Source LLC
Chambersburg PA
CBHW070849290526
45795CB00001B/43